高等学校会计学系列教材

会计学原理

Principles of Accounting

王合喜　王　琨　杨喜梅　编著

武汉大学出版社

图书在版编目(CIP)数据

会计学原理/王合喜,王琨,杨喜梅编著. —武汉:武汉大学出版社,2012.1(2016.1 重印)
高等学校会计学系列教材
　ISBN 978-7-307-09185-6

Ⅰ.会… Ⅱ.①王… ②王… ③杨… Ⅲ.会计学—高等学校—教材 Ⅳ.F230

中国版本图书馆 CIP 数据核字(2011)第 189091 号

责任编辑:辛　凯　　责任校对:刘　欣　　版式设计:马　佳

出版发行:武汉大学出版社　(430072　武昌　珞珈山)
　　　　　(电子邮件:cbs22@whu.edu.cn　网址:www.wdp.com.cn)
印刷:荆州市鸿盛印务有限公司
开本:787×1092　1/16　印张:18.75　字数:434 千字
版次:2012 年 1 月第 1 版　　2016 年 1 月第 2 次印刷
ISBN 978-7-307-09185-6/F·1586　　定价:30.00 元

版权所有,不得翻印;凡购我社的图书,如有质量问题,请与当地图书销售部门联系调换。

前 言

2007年1月1日，我国开始执行新修订的《企业会计准则》以及《企业财务通则》。2011年2月，企业会计准则编审委员会正式出版了《企业会计准则案例讲解》一书，全面、系统地阐述了《企业会计准则》的具体运用方法以及有关的重要理论问题。为配合广大理论及实务工作者对《企业会计准则》的进一步深入学习，以及满足高等学校师生对新理论、新知识的教学急需，我们编写了这本《会计学原理》教材。

《会计学原理》是会计学专业的一门重要基础课，也是经济类、管理类各专业的必修课程。本书至少有以下三个方面的特色：第一，对会计的一般对象是扩大再生产过程中社会总资金运动等理论问题进行了详尽的说明。第二，资金运动理论、会计核算基本方法以及确认、计量、记录、报告会计核算基本程序紧密结合的贯穿于全书之中。第三，将会计理论与会计实务紧密联系起来，在"账户与复式记账的应用"、"会计报表"、"会计报表分析"等章节里，有若干企业的真实会计核算案例，数据有一定的连贯性，便于读者全面掌握一个企业完整会计期间的业务流程，为掌握会计理论及从事实际工作奠定坚实的基础。

本书可供高等院校本专科等财经类专业教学使用，也可供广大财会人员业务学习参考。

本书由武汉大学经济与管理学院会计系副教授王合喜博士设计写作大纲、编写要求，并负责全书总撰工作。第七章、第八章由王琨撰写；第十章、第十四章由杨喜梅撰写；其余章节由王合喜撰写。

在本书的编写过程中，参考了大量的新制度讲座资料、最新科研成果以及同类相关教材。在此，一并向有关专家和学者表示真挚的谢意。

本书的编写，是作者在承担繁重的教学任务和科研工作的同时完成的。由于时间仓促，水平有限，书中错谬在所难免，诚望读者不吝批评指正。

作 者

2012年元月

目 录

第一章 总论 1
  第一节 会计的基本概念 1
  第二节 会计的对象 6
  第三节 会计核算的基本前提 10
  第四节 会计确认基础与会计计量属性 12
  第五节 会计信息质量要求 14
  第六节 会计核算方法 17
  第七节 会计学科体系 19

第二章 会计科目与账户 23
  第一节 会计要素 23
  第二节 会计等式 29
  第三节 会计科目与账户设置 37

第三章 复式记账 47
  第一节 复式记账原理 47
  第二节 借贷记账法 48
  第三节 总账与明细账 57

第四章 账户与借贷记账法的应用（上） 64
  第一节 工业企业的主要经济业务 64
  第二节 资金筹集业务的核算 65
  第三节 生产准备业务的核算 69

第五章 账户与复式记账的应用（下） 79
  第一节 产品生产业务的核算 79
  第二节 产品销售业务的核算 85
  第三节 利润形成与利润分配业务的核算 90

第六章 账户分类 101
  第一节 账户按经济内容分类 101

第二节　账户按用途和结构分类……………………………………………… 104

第七章　会计凭证…………………………………………………………… 115
　　第一节　会计凭证的意义和种类……………………………………………… 115
　　第二节　原始凭证的填制和审核……………………………………………… 122
　　第三节　记账凭证的填制和审核……………………………………………… 124
　　第四节　会计凭证的传递和保管……………………………………………… 130

第八章　会计账簿…………………………………………………………… 135
　　第一节　账簿的意义和种类…………………………………………………… 135
　　第二节　账簿的设置和登记…………………………………………………… 138
　　第三节　账簿的启用、登记规则和错账更正………………………………… 147
　　第四节　对账和结账…………………………………………………………… 151

第九章　成本计算…………………………………………………………… 156
　　第一节　成本计算概述………………………………………………………… 156
　　第二节　产品成本计算的基本要求…………………………………………… 158
　　第三节　成本计算的一般程序………………………………………………… 160
　　第四节　工业企业生产经营过程的成本计算………………………………… 161

第十章　财产清查…………………………………………………………… 169
　　第一节　财产清查的意义和种类……………………………………………… 169
　　第二节　存货的盘存制度……………………………………………………… 172
　　第三节　财产清查前的准备工作及财产清查方法…………………………… 176
　　第四节　财产清查结果的处理………………………………………………… 181

第十一章　会计报表………………………………………………………… 186
　　第一节　会计报表概述………………………………………………………… 186
　　第二节　资产负债表…………………………………………………………… 189
　　第三节　利润表………………………………………………………………… 192
　　第四节　现金流量表…………………………………………………………… 193
　　第五节　综合举例……………………………………………………………… 196

第十二章　账务处理程序…………………………………………………… 240
　　第一节　账务处理程序的意义………………………………………………… 240
　　第二节　记账凭证账务处理程序……………………………………………… 242
　　第三节　科目汇总表账务处理程序…………………………………………… 244
　　第四节　汇总记账凭证账务处理程序………………………………………… 247

第五节　日记总账账务处理程序························ 251
　　第六节　电算化会计账务处理程序······················ 253

第十三章　会计报表分析································ 257
　　第一节　会计分析的意义和原则························ 257
　　第二节　会计报表分析的步骤和方法···················· 259
　　第三节　主要经济指标的计算与分析···················· 263

第十四章　会计工作组织································ 273
　　第一节　会计工作组织的意义和要求···················· 273
　　第二节　会计机构···································· 275
　　第三节　会计人员···································· 279
　　第四节　会计法规与制度······························ 283
　　第五节　会计档案···································· 286

第一章 总 论

◎**教学目的与要求** 通过本章的学习，应了解会计产生与发展的历史进程；理解会计的职能；掌握会计的含义；掌握会计的一般对象和具体对象；掌握会计核算的基本前提、会计确认基础、会计计量属性和会计信息的质量要求；掌握会计核算方法；理解会计学科体系。

◎**教学重点与难点** 本章的教学重点是会计的职能、会计的含义、会计的一般对象和具体对象、会计核算的基本前提、会计确认基础、会计信息质量要求、会计核算方法。本章的教学难点是会计的含义、会计的对象、会计核算的基本前提、计量属性和会计信息的质量要求。

第一节 会计的基本概念

一、会计的产生和发展

物质资料的生产是人类社会生存和发展的基础，也是人类最基本的生产实践活动。自然界的经济资源终归是有限的，而人类对物质、文化生活的需求却是永无止境的。因此，在生产实践中，用较少的物化劳动和活劳动消耗，创造较多的适合社会需要的物质财富，就必然成为生产发展的客观要求和劳动者的共同愿望。要使这种客观要求和主观愿望得以满足和实现，人们就必须对生产活动的过程和结果进行严格的核算和监督。会计，作为一种管理活动正是顺应于这一需要而产生和发展，并形成一门独立的、日臻完善的管理科学。

（一）会计的产生

会计是随着人类社会生产活动的需要而产生的。人类要生存，就必须进行物质资料的生产，以满足衣、食、住、行等方面的需要。当生产过程还处于比较低级的发展阶段时，人们只要借助于头脑的记忆作为计量工具，就可以了解生产活动中发生的劳动投入和产出情况了。

随着社会生产的发展，社会分工的深入，私人劳动和社会劳动相对分离，社会再生产过程日趋复杂，仅仅依靠头脑的记忆来作为计量工具已经不能满足生产活动的需要了。这时，就需要把有关的事项和数字用文字记录下来，于是出现了原始的计量、记录行为，如"结绳记事"、"刻契记数"等，这便是会计的萌芽。

在早期，会计只是生产的附属职能，是在生产活动之外附带进行的，后来才从生产职能中分离出来，成为一项独立的职能。根据历史考证，早在西周时期，我国就设有官员负责朝廷的会计工作。据《周礼》记载：在周王之下设天官之长大宰，他除辅佐周王管理国务大事之外，国家财政大权也由他总揽。在财政会计管理方面，天官之长大宰主要抓两大部门：一是财物保管部门；二是会计部门。在天官之下，再设司会官职，司会中大夫为计官之长，主管王朝财政经济收支的全面核算，负责所属计官的工作，正确反映王朝的财政收支情况，监督王朝财物在各个部门、各个环节的动态，以维持统治阶级的既得利益。

"会计"一词也最早出现在西周时期，《孟子·焦循正义》中给会计赋予了明确的含义，"零星算之为计，总合算之为会"。

由上述内容可见，我国西周时期就有了由会计机构、会计官员组成的较为完整的官厅会计。在世界会计发展史上，它具有领先的地位，是我国古代灿烂文化的一页。

（二）会计的发展

会计与其他任何事物一样，无论是在中国还是在外国，它都经历了一个蜿蜒曲折、不断进步的漫长历史。

西汉时期开始出现"计簿"或"簿书"的核算账册，用以登记会计事项。唐宋时期，我国封建经济得到了进一步的发展，经济的繁荣促进了会计方法的进一步发展，在此时期产生了比较完善的官厅会计，创立了"四柱计算法"。当时官厅办理钱粮收支需要编制"四柱清册"。所谓"四柱"，就是"旧管"、"新收"、"开除"、"实在"，相当于现在账簿中的"期初结余"、"本期增加"、"本期减少"、"期末结余"。四柱之间的结算关系可以用会计方程式表示为"旧管+新收-开除=实在"。可以看出，在唐宋时期会计账册中的平衡关系已经形成，已经有了一整套相互联系的会计核算方法。"四柱清册"的出现为我国古代会计的发展作出了重大的贡献，为我国以后通行多年的收付式记账方法奠定了理论基础。

明末清初，我国的商业和手工业得到了空前的发展，已经出现了资本主义的萌芽。在"四柱清册"原理的启示下，我国会计工作者又创立了一种较为完善的会计核算方法——"龙门账"。"龙门账"把全部账目划分为"进"、"缴"、"存"、"该"四大类，分别表示全部收入、全部支出、全部资产、全部负债，运用"进-缴=存-该"这一平衡公式计算利润，分别编制"进缴表"和"存该表"。在两表上计算得出的利润数额应当相等，称为"合龙门"，以此钩稽全部账目的正误。

到了清代，商品货币经济进一步发展，我国会计工作者在"龙门账"的基础上，创造了"天地合账"。在这种方法下，无论是现金出纳、商品购销、内外往来等一切会计事项，都要在账簿上记录两笔，既登记"来账"，又登记"去账"，以反映同一账项的来龙去脉。账簿采用垂直书写的方法，直行分上下两格，上格记收，称为"天"；下格记付，称为"地"，上下两格所记数额必须相等，称为"天地合"。

四柱清册、龙门账和天地合账彰显了我国历史上各个时期传统的中式簿记特色。其中的"龙门账"和"天地合账"是我国最早的复式记账形式。复式记账的出现，是会计史上一次重大变革。可见，我国早期的会计工作者为近代会计的复式记账原理作出了重大贡献。

从13世纪开始，我国的四大发明催生了欧洲的文艺复兴运动，它成为产业革命的先导。13世纪至16世纪，世界科技中心由东方转移到了以意大利为中心的欧洲。意大利的威尼斯、热那亚等城市成为商业贸易的集散地，经济空前繁荣，资本借贷业务已经兴起，资本主义生产关系已经诞生。在这种情况下，传统的簿记方法已经不能满足核算资本借贷这类经济业务的需要了，于是借贷复式记账方法经过民间200多年的流传，终于在1494年被近代会计之父卢卡·帕乔利总结问世，成为其著作《算术、几何与比例概要》的重要组成部分，这是近代会计产生的标志，也是会计发展史上公认的第一座里程碑。借贷复式记账方法被上升到理论高度以后，很快引起世界各国的关注，迅速传遍欧洲，流行世界各地，成为国际上通用的记账方法。半个多世纪后的1581年，威尼斯建立了世界上第一家会计学院，从此会计作为一门专业知识被传授，它宣告会计作为一门学科登上了科学的殿堂。

17世纪至1830年，是世界第二次生产力的高潮时期，世界科技中心由意大利转移到了英国。随着19世纪中叶工业革命的完成，人类进入了机器大生产时代，与迅速发展的生产力相适应，新的经济组织形式股份公司使财产所有权与经营管理权发生分离。为评价和证实会计报表的可信性，审计事业得以发展，1854年成立的英国苏格兰会计师协会，被誉为会计发展史上的第二座里程碑。与此同时，会计循环实务和理论不断完善，账务处理程序日渐标准化、规范化，会计信息的披露方法也基本定形。

20世纪初期前后，西方发达国家电力技术革命的兴起，使得交通运输业、农业、轻纺业、钢铁、汽车等行业得到了空前的发展。一些国家实现了工业化，发展的市场经济也进一步加剧了企业间的竞争，客观上要求企业会计朝着预算管理和标准成本管理的方向发展。为加强内部管理服务，成本会计日益成熟并成为财务会计的核心，会计的两大报表即资产负债表和利润表已经成为规范化的对外报表。

第二次世界大战以后，科学技术的进一步发展，显示出科学管理对企业的兴衰存亡有着举足轻重的作用。如何利用会计报表提供的信息为企业内部管理服务，使之成为分析经营活动现状、考核经营成果、预测经济活动前景、为经营决策提供依据的现代管理方法，就成为会计研究的重要课题。人们在已经形成的成本会计的基础上，运用现代管理科学理论，逐步总结并形成了管理会计。管理会计的产生标志着会计发展史上第三个里程碑的树立，从而结束了几千年来会计基本上处于事后反映经济活动的被动局面，迈向了主动控制生产过程的新征程。从此，管理会计与财务会计一起，被人们称为会计的两大分支。

1946年，第一台电子计算机在美国诞生了，人们开始探求如何将它运用到会计工作中去。到了20世纪50年代初期，人们开始利用电子计算机计算职工工资，从而实现了电子技术与会计的初步结合。后来人们模拟手工会计的程序在计算机上进行会计数据处理，20世纪60年代后期，电脑已在会计工作中得到广泛运用，并逐步形成了电子计算机会计。电子计算机会计的出现使沿用了数千年的手工会计方法发生了重大的变革，被会计学界认为它是会计发展史上的第四座里程碑。

综上所述，会计的发展经历了一个由简单到复杂、由低级到高级不断完善的漫长过程。会计是伴随着人类的生产实践活动而产生的，是社会生产发展到一定阶段的产物。社会生产的发展推动了会计的发展，而会计的发展也影响了社会生产的发展。会计为社会发展和经济管理提供服务，对社会经济的发展起着不可低估的促进作用。由此可以看出：经济越发展，会计越重要。

二、会计的职能

会计的职能是指会计在经济管理中所具有的功能。会计职能伴随着会计的产生而出现，伴随着会计的发展而发展。我国《会计法》第五条规定："会计机构、会计人员依照本法对经济业务事项进行会计核算，实行会计监督。"可见，会计有会计核算和会计监督两个职能。

（一）会计核算职能

会计核算职能是指会计以货币为主要计量单位，通过确认、计量、记录、报告等环节，以会计凭证为依据，对特定主体的经济活动进行记账、算账、报账，为经济管理提供会计信息的功能。会计核算职能具有如下特点：

1. 从数量上综合反映经济活动

任何单位的经济活动，如资金的取得、劳动的耗费、产品的生产和销售等，都可以从数量方面进行确认、计量、记录和报告，求得一定的数量指标，以便在一定程度上说明经济活动的效果。会计从数量方面反映经济活动，可以采用三种量度，即劳动量度、实物量度和货币量度。劳动量度是按劳动时间来衡量劳动耗费与劳动成果的量度，如生产工人的工作日、工作小时等；实物量度是按物质的自然属性来衡量劳动耗费与劳动成果的量度，如反映生产产品耗用材料重量的公斤、件数等；货币量度是按物质的价值符号来衡量劳动耗费与劳动成果的量度，如支付水电费的元、角、分等。以上三种量度中只有货币量度具有综合性，它可以把各种性质相同或不同的经济活动进行综合和汇总，求得各种综合性的价值指标。在市场经济条件下，为了有效地进行管理，会计除了利用劳动量度和实物量度以外，还必须广泛地利用综合的价值形式，在会计凭证、会计账簿和会计报表上反映经济活动的数量。

2. 必须以会计凭证为依据来反映经济业务事项

由于会计所提供的数据是会计信息使用者进行宏观管理、投资决策以及内部经营管理的依据，所以，会计必须以能够明确经济责任和记录经济业务内容的会计凭证为依据，才能使最终的会计信息具有真实性和可验证性，以便投资者、债权人和企业管理人员了解并考核经济活动的过程和结果，保证宏观管理、投融资决策以及内部管理的有效性。

3. 必须完整、连续和系统的记录经济业务事项

完整记录是指凡属会计核算的内容都必须加以记录，不能遗漏。连续记录是指对各种经济业务应当按照发生的时间顺序依次进行登记，而不能有所中断。系统记录是指会计提供的数据资料必须在科学分类的基础上形成相互联系的有机整体，而不能杂乱无章。只有依据完整的、连续的和系统的数据资料，才能全面、系统地反映各单位的经济活动情况，考核经济效益。

（二）会计监督职能

会计的监督职能是指按照一定的目标和要求，对经济活动进行控制的功能。会计人员在进行会计核算的同时，对特定主体经济活动的合法性、合理性进行监督。合法性监督是对经济主体在履行职责时是否执行了国家的有关法规和政策进行监督；合理性监督是对经济活动是否符合经济规律，是否具有经济效益进行的监督。会计监督的特点主要有：

1. 利用会计核算职能提供的经济指标进行监督

企业通过会计核算，编制会计报表，可以提供一系列经济指标。利用这些经济指标进行经济活动分析，可以加强对经济活动的监督。利用资产指标，可以了解企业一定时期的资产总额及其结构，考核企业资产利用情况，提高资产使用效率。利用成本费用指标，可以综合考核各项费用支出情况，控制各项消耗，防止浪费的发生。利用收入、利润等经营成果指标与成本费用、资产指标对比，可以考核劳动耗费和资源利用的经济效率等。通过这些经济指标对各单位的经济活动进行监督，不仅可以比较全面地控制各单位的经济活动，而且还可以经常和及时地对经济活动进行指导和调节。

2. 会计监督包括事前监督、事中监督和事后监督

事前监督是指会计在参与编制计划和预算时，根据有关的法规、政策、制度，对未来的经济活动进行审查。事中监督是指在日常会计工作中以计划、预算及有关法规、制度为标准，对发生的经济活动检查其合法性、合理性，掌握计划、预算的执行情况，及时发现有利或不利差异，以便采取措施，促使企业达到或超过计划、预算的要求。事后监督是指对已经完成的经济活动进行检查分析，查明完成或未完成计划的原因，总结经验，发现问题，提出改进措施。

会计的核算和监督职能是相辅相成、密切联系的。会计核算是会计监督的前提，没有会计提供的会计信息，会计监督就失去了监督的资料依据。会计核算必须以会计监督为保证，如果会计的监督职能发挥作用，则会计核算的资料的真实性才有保证；同时，如果只有会计核算，没有会计监督，则会计核算资料难以发挥应有的经济管理作用。

三、会计的含义

根据以上对会计的产生、发展和职能的阐述，我们可以对会计的含义作出如下界定：会计是以货币为主要计量单位，对社会扩大再生产过程中的资金运动进行完整、连续和系统的核算和监督，旨在提高经济效益，并向利益关系人提供会计信息的一种管理活动。

（一）会计的本质

会计的本质是会计本身所固有的、决定其性质和发展的根本属性。会计通过核算，提供一系列经济指标，满足内部管理的需要。会计通过监督，保证国家的各项财经法规制度得以执行。通过向外界提供会计报表，满足投资者、潜在投资者、债权人以及有关行政管理部门的决策需要和进行宏观调控的需要。因此，会计的本质在于它是一种管理活动。

（二）会计的特点

会计的特点是指会计作为一种管理活动所具有的个性，与其他管理相区别的特殊性。现代会计的特点包括以下几个方面：

1. 以货币为主要计量单位

会计同时需要运用实物量度、劳动量度和货币量度对单位的经济业务事项进行核算和监督。但是，运用实物量度和时间量度的目的是更好地利用货币量度。只有以货币为主要计量单位，才能够把同质与不同质的事物客观、真实、明细、概括的表现出来。

2. 对经济活动进行完整、连续和系统地计量和记录

会计通过货币量度对经济业务事项进行综合核算，以求得反映经济活动过程和结果的

各种总括的价值指标,这就需要会计核算的记录必须是完整、连续和系统的。只有这样,才能全面核算和监督经济活动的过程和结果,考核经济活动的效益。

3. 以提高经济效益和提供会计信息为目标

对于任何一个营利性单位而言,一切经济工作都以提高经济效为宗旨。即使是非营利性的行政事业单位,在主要讲求社会效益的同时,也必须讲求经济效益。人们所从事的各种经济活动,都是会计进行价值管理的核心,也是进行价值管理的目标。同时,在现代企业里,由于所有权与经营权相互分离,会计还必须向企业的利益相关者提供会计信息,以满足各种利益关系人进行决策和管理的需要。

第二节 会计的对象

会计对象是指会计所核算和监督的内容,也称为会计的客体。从会计的含义看,会计的对象是社会扩大再生产过程中的资金运动。资金运动可以分为社会总资金运动和个别资金运动两类。因此,会计对象也就有一般对象与具体对象之分。

一、会计的一般对象

会计的一般对象是指不针对任何行业,也不针对任何一家企业或其他单位而言的会计对象,是泛指的会计对象。会计的一般对象是社会扩大再生产过程中的社会总资金运动。

马克思在《资本论》中对会计的有关阐述是,"对生产过程的控制和观念的总结",此话已经明确了会计所要核算和监督的对象是社会再生产过程。社会再生产过程是由生产、分配、交换和消费四个相互关联的社会再生产过程构成的。社会再生产过程包括多种多样的经济活动,会计无法核算和监督再生产过程中的所有方面,而只能核算和监督用货币表现的那些价值运动。在社会主义市场经济条件下,生产资料、劳动产品以及生产过程中的劳动耗费,都必须以价值形式来反映,所以再生产过程中以价值形式表现的经济活动,就是会计所要核算和监督的内容。而再生产过程中以价值形式表现的经济活动,可以抽象为社会总资金运动。

社会再生产过程是在全球范围内的整个社会进行的。也就是说,社会再生产过程不可能单独的在某一家工业企业中进行,或者在某一家商品流通企业中进行,而必须在国民经济各部门之间相互联系的进行。除了工业企业的产品生产、商品流通企业的商品销售、交通运输企业的运输以外,社会再生产过程还必然涉及房地产开发企业、施工企业、服务行业、金融机构、行政事业单位等。从某种意义上来看,整个社会的若干具体单位,就像组成起来了一个庞大的单位一样,有些具体单位就像供应部门一样在从事物资采购活动,有些单位就像生产部门一样进行产品生产,有些单位就像销售部门一样推销产品,从而构成了社会化大生产的总体。如果单从一家企业、一家事业单位或者一家银行来看,则其会计对象仅仅是整个再生产过程中社会总资金运动的一个有机组成部分,仅仅是再生产过程四个环节中的某些个别环节甚至是某些环节的某一个方面。只有当我们把国民经济各部门会计对象有机地组织在一起的时候,才能够全面地反映社会再生产过程的四个环节。

正因为国民经济某一部门某一单位的个别会计对象，是整个社会再生产过程中资金运动的一个有机组成部分，那么，它和国民经济其他部门就必然发生着各种各样的联系。这样一来，各单位的会计，不仅要反映本单位内部的个别资金运动情况，而且还要反映与外界有关单位相关联的总资金运动情况。一个单位与另一个或另几个单位相关联的资金运动，就构成了社会总资金运动。各个单位都要参与社会总资金运动的核算。

社会总资金运动可以包括三个方面的内容：第一，起点资金运动。社会总资金运动的起点是政府部门掌管的财政资金、金融机构的信贷资金、法人单位的经营或业务活动资金、外商以及境内个人的投资资金等。这些资金以财政拨款、财政信贷或者政府投资，以及金融机构、外商和境内个人对外借款或投资的方式，将资金投放出去，从而使货币资金进入有关企业、行政和事业单位。企业和行政事业单位得到这些资金以后，利用这些资金进行生产经营活动或者开展业务活动，然后以上缴税费、上缴收入、归还投资、归还借款的方式，使原先投放出来的资金又回到资金运动的起点。然后，再进行下一轮的资金循环。第二，单位之间资金运动。金融机构对外贷款或者投资，工业企业之间的商品购销活动，工商企业之间的购销活动，以及服务业向其他单位提供劳务等，使得单位之间发生物资运动与资金运动。这种资金运动是来来往往不间断地进行的。第三，单位内部资金运动。各单位拥有资金以后，开展生产经营活动或者其他业务活动，使得货币资金发生具有行业特色的资金运动。

各单位对社会总资金运动的核算，是站在本单位的角度上记录资金的增减以及核算单位内部的资金运动，或者说只对社会总资金运动的某一个环节的起点或终点进行记录以及对本单位内部的资金运动进行核算。由于各个单位都参与了社会总资金运动的核算，社会总资金运动就成了会计核算和监督的一般对象。

社会总资金运动方式如图 1-1 所示。

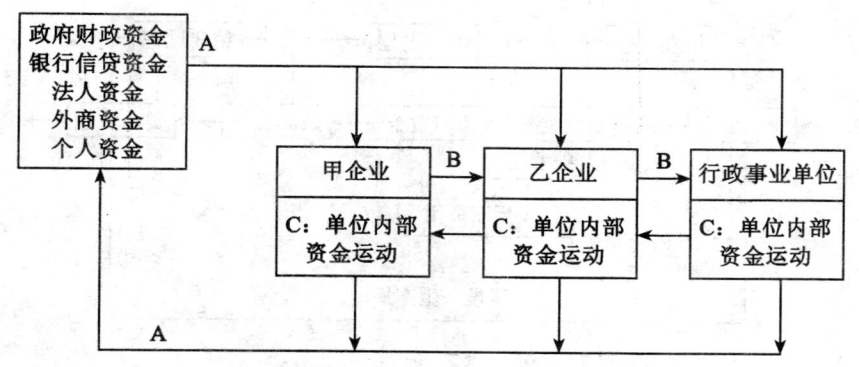

图 1-1　社会总资金运动图示

注释：A. 起点资金运动；B. 单位之间资金运动；C. 单位内部资金运动。

二、会计的具体对象

会计的具体对象是针对某一行业或者某一具体单位而言的会计对象，是特指的会计对象。由于各单位业务性质不同,有些是制造企业,有些是商品流通企业,有些是施工企业等,它们所从事的业务活动不同,所以具体会计对象也不相同。

(一) 工业企业的会计对象

工业企业的会计对象,就是工业企业的资金运动。

工业企业的生产经营活动,可以分为供应过程、生产过程、销售过程。随着企业供产销活动的不断进行,企业的资金也在不断地进行着循环和周转。在供应过程中,企业要购买原材料等劳动对象,发生材料购买费用、运输费用、装卸费用等材料采购成本,使得部分货币资金转化为储备资金。在供应过程中,企业还要购买生产资料,使得部分货币资金转变为固定资金。在供应过程中,企业还要招募劳动力,储备人力资源。在生产过程中,劳动者借助于劳动手段将劳动对象加工成特定产品,发生材料消耗费用、固定资产折旧费用以及生产工人工资费用等,使得储备资金、固定资金以及部分货币资金转变为生产资金。对在产品继续加工,成为可以向市场销售的合格产品,从而使生产资金转变为产成品资金。在销售过程中,企业将产成品推向市场,实现销售,收回货款,从而使产成品资金转变为货币资金,又回到了货币资金的起点。

这样,伴随着生产经营活动的进行,企业的资金由货币资金依次转化为储备资金、固定资金,再转化为生产资金、成品资金,最后又转化为货币资金,就称为资金循环。企业的生产经营活动只要不停止,资金必然周而复始、循环往复,以至于无穷无尽,就称为资金周转。资金周转,加上资金进入、资金退出,构成一个完整的资金运动总体,就是工业企业的资金运动。工业企业的资金运动,就是工业企业的会计对象。

工业企业的资金运动方式如图 1-2 所示。

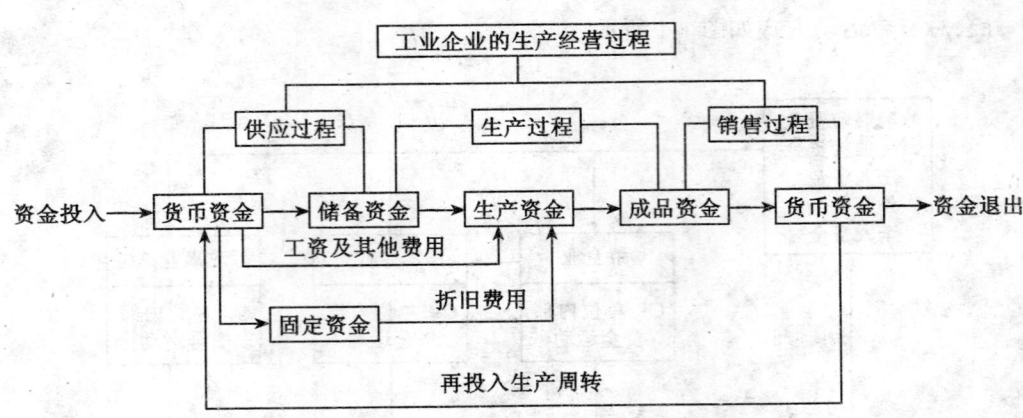

图 1-2 工业企业资金运动方式

应该注意的是,企业的经济活动包括能够用货币计量的经济活动和不能用货币计量的经济活动两个部分。前者称为经济业务事项,如购进材料、销售商品等;后者称为非经济业务事项,如签订购销合同、召开生产会议等。只有能够以货币计量的经济业务事项,才属于资金运动的具体表现形式,才构成会计的核算与监督内容。

(二) 商品流通企业的会计对象

与工业企业相同，商品流通企业的资金运动过程也分为资金进入、资金运用和资金退出三个过程。商品流通企业在进行经营活动时，首先要取得一定的资金，资金的取得来源也和工业企业基本相同，只是借入资金的比重较大。而且资产的分布和存在形态也与工业企业稍有不同，其中流动资产中库存商品的比重较大，材料物资较少，且无在产品和产成品，在固定资产中机器设备也不多。

在资金运用过程中，商品流通企业的资金主要经过购进和销售两个阶段的运动。在购进过程，企业以货币资金购进商品，货币资金转化为商品资金。在销售阶段，企业将商品销售出去，收回货款，商品资金又转化为货币资金。

总括来看，商品流通企业的资金运动是沿着货币资金、商品资金、货币资金的轨迹不断循环和周转的。商品流通企业的资金循环和周转以及资金的进入和退出，构成商品流通企业的资金运动。

商品流通企业的资金运动方式如图1-3所示。

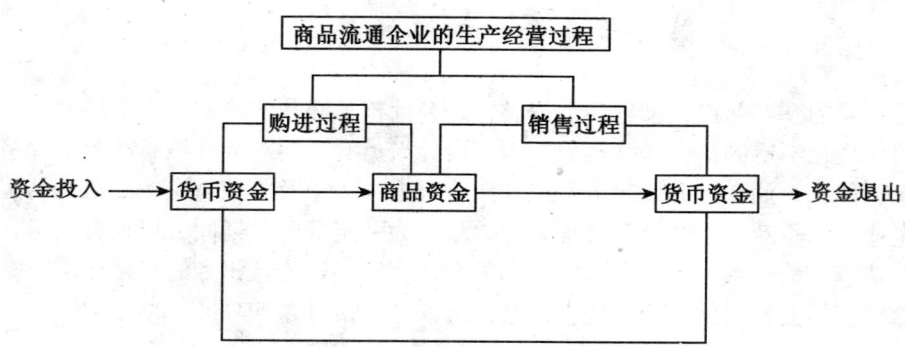

图1-3 商品流通企业资金运动方式

(三) 行政事业单位会计对象

行政事业单位的会计对象是社会扩大再生产过程中的预算资金运动。

在国家机关、事业单位和社会团体中，会计核算和监督的内容与企业相比有显著区别。一般而言，行政事业单位不从事生产经营活动，而从事国家管理、教育、医疗或其他管理活动。它们所需要的资金主要由国家财政拨款解决，或者按规定收取一部分费用。也有一种企业化管理的事业单位完全依靠自己创收，形成它们的资金来源。这些单位在取得资金以后，也要购入材料、办公设备等。当这些单位开展管理活动和事业活动时，就要按照事先编制和批复的单位预算，根据规定的开支范围和开支标准，发生各种各样的支出，如工资支出、设备和家具购置支出、办公费支出等。

行政事业单位资金的收入和支出活动，构成了预算资金的收支活动。到了月末或年末，它们还要计算预算资金的结余或超支情况，包干部分的结余资金可以留归单位下一年度继续使用，并且不扣减下一年度的预算经费；非包干部分的结余资金应该如数上缴国家财政。

到了下一个会计年度,这些单位又要向上级领拨预算资金或自由组织资金,开展业务活动。

可见,行政事业单位资金运动方式与企业的资金运动方式有着明显的差别。行政单位的资金运动方式基本上是直线运动,财政部门拨入款项以后,单位得到货币资金,用货币资金购入设备、材料、支付工资以后成为费用支出,资金运动就此结束,花费出去的货币资金不可能向企业的货币资金那样回到起点。如果再次得到货币资金,则仍需依靠财政拨款。所以,行政单位的货币资金不可能发生资金循环和周转。实行部分收费制的事业单位,如学校、医院等,资金运动方式与行政单位相同,不相同的只是它们的收入多元化,除了财政拨款以外,还可以收取一部分服务费用以及开展一些经营活动取得收入,但是它们取得的资金收入耗费出去以后,也难以像企业那样使投放出去的资金回到资金运动的起点。企业化管理的事业单位,如各种设计院、研究院等,资金运动方式与企业基本相同。

综上所述,会计的对象就是社会扩大再生产过程中各企业的资金运动以及行政事业单位的预算资金运动。

第三节 会计核算的基本前提

会计核算的基本前提,又称会计假设,是会计核算必须明确的前提条件。由于会计核算面对的是变化不定的社会经济环境,因此会计人员有必要对会计核算所处的经济环境作出判断。例如,企业在一般情况下是连续经营下去,为了及时核算企业的盈利情况,就有必要将企业连续不断的生产经营过程人为地划分为一定的会计期间,以便分期考核经营成果。会计核算的前提条件,是人们在长期的会计实践中逐步认识和总结形成的。会计核算的基本前提包括会计主体、持续经营、会计分期和货币计量四项。

一、会计主体

会计主体是指会计核算和监督的特定单位和组织。它界定了从事会计工作和提供会计信息的空间范围。会计核算的对象是企业的资金运动,资金运动的具体表现形式是经济业务和事项,而各项经济业务事项又都是与其他单位的经济业务事项相联系的。因此,对于会计人员来说,首先就要确定会计核算的空间范围,明确哪些经济业务事项应当予以确认、计量、记录和报告,哪些不应该包括在其核算的空间范围内,也就是要确定会计主体。

作为会计主体,必须具有三个条件:第一,具有一定数量的经济资源。第二,进行独立的生产经营活动或其他活动。第三,实行独立核算,提供反映主体经济情况的会计报表。会计主体确定以后,会计人员只能站在特定会计主体的立场上核算特定的经济活动。

会计主体不同于法律主体。一般来说,一个法律主体必然是一个会计主体。例如,一个企业作为一个法律主体,应当建立财务会计系统,独立反映财务状况、经营成果和现金流量。但是,会计主体不一定是法律主体,如独资企业、合伙企业、企业内部的某些责任单位等都不是法律主体,但可以作为一个会计主体。又如,在企业集团的情况下,一个母公司拥有若干子公司,母子公司虽然是不同的法律主体,但是母公司对子公司拥有控制权，为了全面反映集团公司的财务状况、经营成果和现金流量，就有必要将整个企业集团作为一个会计主体，进行会计核算，编制财务报表。

二、持续经营

持续经营是指会计主体的生产经营活动将按既定的目标持续下去，在可以预见的未来不会面临破产清算。持续经营为会计工作的开展明确了时间范围。在这一基本前提下，企业可以按原定用途去使用现有的经济资源，按原先承诺的条件清偿债务，对经济业务事项进行完整、连续、系统的核算和监督，并向有关方面提供会计信息。

企业是否持续经营，在会计原则、会计方法的选择上有很大的差别。一般情况下，应当假定企业将会按照当前的规模和状态继续经营下去。明确这个基本前提后，会计原则和会计程序才有可能建立在非清算的基础上，不采用合并、破产清算的那一套会计处理方法。这样才能保持会计信息处理的一致性和稳定性。例如，只有在持续经营的前提下，企业资产和负债才区分为流动的和长期的；企业的资产才以历史成本计价，而不以现行成本或清算价格计价；才有必要和可能进行会计分期，并为权责发生制会计处理基础的实行奠定基础。

三、会计分期

会计分期是指把企业持续不断的生产经营活动过程，划分为一个个连续的、长短相同的期间，以便分期结算账目、考核经营成果和编制会计报表。会计分期是对会计工作时间范围的具体划分。会计分期的目的，在于通过会计期间的划分，将持续经营的生产经营活动划分成连续、相等的期间，据以计算利润，按期编制会计报表，从而及时向会计报表使用者提供企业财务状况、经营成果和现金流量的信息。为此，人们假定经济活动有一定期间，到一定时间就告一段落，这种人为划定的时间段落便是会计期间。会计期间有月份、季度和年度之分，年度会计期间即会计年度。按照《中华人民共和国会计法》的规定，我国会计年度自公历 1 月 1 日起至 12 月 31 日止。

会计期间的划分对会计核算产生了重要影响，正因为有了会计分期，出现了本期和非本期的区别，才产生了权责发生制和收付实现制的会计处理基础。每个企业都应按要求正确划分会计期间，准确提供财务状况和经营成果等会计信息。

四、货币计量

货币计量是指会计核算应当以货币为统一的计量单位，反映该单位的经济活动，并假设货币币值稳定。在会计的确认、计量、记录和报告过程中之所以选择货币为基础进行计量，是由货币的本身属性决定的。货币是商品的一般等价物，是衡量一般商品价值的共同尺度，具有价值尺度、流通手段、贮藏手段和支付手段等特点。其他计量单位，如重量、长度、容积、台、件等，只能从侧面反映企业的生产经营活动情况，无法在量上进行汇总和比较，不便于会计计量和经营管理，只有选择货币尺度进行计量，才能充分反映企业的生产经营情况。

《中华人民共和国会计法》第十二条规定："会计核算以人民币为记账本位币。业务收支以人民币以外的货币为主的单位,可以选定其中一种货币为记账本位币,但是编制的财务会计报告应当折算为人民币。"记账本位币一经确定,不得随意变动。以人民币以外的货币为记账本位币的单位,在编制财务会计报告时应当折算为人民币反映,以便财务会计报告的使用者阅读和使用,也便于税务、工商等部门通过财务会计报告计算应缴税款和进行工商年检。

以货币为统一的计量单位,是以币值稳定为附带假设条件的。但在现实经济社会中,货币的币值经常发生变动,甚至出现恶性通货膨胀,这对货币计量提出了挑战。有些国家针对恶性通货膨胀的情况,已采用通货膨胀会计。尽管如此,货币计量仍然是会计核算的基本前提。

将上述四项会计核算的基本前提综合起来可知:会计要确定会计工作为之服务的特定单位和范围,采用货币为统一尺度,在持续经营条件下,选择恰当的会计方法对日常的经济业务确认、计量、记录,并按等距期间编制会计报表。

第四节 会计确认基础与会计计量属性

一、会计确认基础

会计确认基础是会计主体进行会计确认的时间基础,主要解决何时确认收入和费用的问题。在市场经济条件下,由于各种原因,往往会使企业经济业务发生的时间与相应的现金收付时间不一致,因此会产生一些应收未收、应付未付等经济事项。为了真实地反映企业财务状况和经营成果,会计实务中在选择计量的时间基础时,可供选择的会计确认基础有收付实现制和权责发生制两种。

(一)收付实现制

收付实现制也称现金制,它是以实际收到或实际付出现金为标准,来确认本期收入、本期费用的一种会计处理基础。这里的现金也包括银行存款。

在收付实现制下,凡是本期实际收到和付出现金,不论是否应归属于本期,都必须作为本期的收入和费用处理。反之,凡本期未收到和付出现金,即使应属于本期,也不能作为本期的收入和费用处理。

例如,长江公司2011年1月初以银行存款支付租入的大型设备改良支出共计36 000元,该设备的租期为三年即36个月。这项改良支出从权责上看应归属于自1月起的连续36个月摊销,即每月负担1 000元才算合理。但是在收付实现制下,由于实际支付现金的日期是1月份,所以应全部确认为1月份的费用。这样处理的结果必然会使1月份费用多计35 000元,利润虚减35 000元。而从2月份开始的连续35个月则相反,每月的费用分别少计1 000元,利润则虚增1 000元。再如,长江公司1月份出售一批商品,销售价格30 000元,货已发出,货款到下一个月才能收到。在收付实现制下,虽然此项交易已经完成,企业已经获得向购货单位收取货款的权利,但是由于本月没有收到货款,因而不能作为本期收入处理,待下月实际收到货款后作为下月的收入处理,其结果必将使本月的经营收入少计30 000元,而下月则多计30 000元。

收付实现制的优点是账务处理手续简单,不存在期末账项调整的问题,同时,按收付实现制会计处理基础计算出来的利润,实际上就是当期的现金流入量与现金流出量之差:现金净流量,这一指标便于分析企业的偿债能力,有利于进行科学决策。收付实现制的缺点是收入和费用不能合理配比,不能合理反映各个会计期间的经营成果,影响各个会计期间费用和利润的可比性。收付实现制适用于各级人民政府的财政会计、行政单位会计以及没有开展经营活动的事业单位会计。

（二）权责发生制

权责发生制也称应计制,它是以权利或责任的发生与否为标准,来确认本期收入和费用的一种会计处理基础。

在权责发生制下,凡属于本期实现的收入和应由本期负担的费用,不论款项是否实际收到或实际支付,都应作为本期收入和费用处理。反之,凡不应归属本期的收入和不应由本期负担的费用,即使款项已经在本期实际收到或实际支付,也不能作为本期收入和本期费用处理。

仍按上例,长江公司支付的租入设备改良支出36 000元按归属期应该由租期内的36个月共同负担,每个月负担1 000元,而不应将其全部作为实际支付月份的费用。至于企业销售商品的30 000元货款,由于此项交易在1月份已经发生并完成,同时,企业已经取得向购货单位收取货款的权利,所以,这30 000元收入的归属期应为2011年的1月份。

权责发生制的优点是能使各期间收入与费用相互配比,计算出来的利润及其所反映的财务状况比较合理和准确。缺点是账务处理手续较复杂,而且只考虑收入和费用是否应计入本期,而不考虑款项是否收到和付出;不考虑现金的实际流动和货币的时间价值,因此,难以提供决策所需要的现金流量信息。但是鉴于人们习惯于分期考核利润,相比之下权责发生制计算的利润较为合理,所以,我国《企业会计基本准则》第九条明确规定:"企业应当以权责发生制为基础进行会计确认、计量和报告。"同时,事业单位也要使用权责发生制会计处理基础对经营性业务进行会计核算。

二、会计计量属性

会计计量是指运用一定的计量属性对经过会计确认后应当进入会计系统进行处理的各项经济业务事项加以衡量、计算和确定的过程。会计计量属性是指所予计量的某一要素的特性,如办公桌的长度、楼房的高度等。

《企业会计基本准则》第九章列举了五种计量属性,并要求企业在对会计要素进行计量时,一般应当采用历史成本,如果确实需要采用重置成本、可变现净值、现值、公允价值进行计量,则应当保证所确定的会计要素金额能够取得并可靠计量。

（一）历史成本计量属性

历史成本,又称为实际成本。历史成本计量属性是指企业的各种资产应按取得或购建时发生的实际成本进行核算。

所谓实际成本,就是在取得或制造某项财产物资时实际支付的现金或现金等价物。在历史成本计量下,资产按照购买时支付的现金或者现金等价物的金额,或者按照购置资产时所付出的对价公允价值计量。如外购材料的实际成本包括材料的买价和相关的采购费用；产品的实际成本指产品的实际制造成本，包括耗费的直接材料、直接人工、其他直接费用和应由该产品负担的制造费用。

负债按照因承担现时义务而实际收到的款项或者资产的金额，或者承担现时义务的合同金额、或者按照日常活动中为偿还负债预期需要支付的现金或者现金等价物的金额计量。

历史成本计量属性的合理性表现在：一是实际成本资料容易取得，二是实际成本经得起验证，具有客观性。当然，在某些情况下，特别是物价剧烈变动时，按历史成本计量的会计信息不能满足决策的需要。

（二）重置成本计量属性

重置成本，又称现行成本。重置成本计量属性是指按照当前市场条件，重新取得同样一项资产所需支付的现金或现金等价物金额。在重置成本计量下，资产按照现在购买相同或者相似资产所需支付的现金或者现金等价物的金额计量；负债按照现在偿付该项债务所需支付的现金或者现金等价物的金额计量。例如，企业的一栋房屋，原始价值1 000万元，由于近期房价上升，经评估应为1 200万元，那么该房屋的重置成本1 200万元。

（三）可变现净值计量属性

可变现净值，又称为结算价值。可变现净值计量属性是指在正常生产经营过程中，以预计售价减去进一步加工成本和销售所必需的预计税金、费用后的净值。在可变现净值计量下，资产按照其正常对外销售所能收到现金或者现金等价物的金额，扣减该资产至完工时估计将要发生的成本、估计的销售费用以及相关税费后的金额计量。例如，某商品流通企业要处置一批冷僻呆滞商品，现在需要对其进行价值评估，已知该批商品在市场上的售价100 000元，估计销售该批商品需要支付改制费和包装费20 000元、销售费用及营业税金10 000元，则该批商品的可变现净值70 000元。

（四）现值计量属性

现值是指对未来现金流量以恰当的折现率进行折现后的价值，是考虑货币时间价值因素的一种计量属性。在现值计量下，资产按照预计从其持续使用和最终处置中所产生的未来净现金流入量的折现金额计量。负债按照预计期限内需要偿还的未来净现金流出量的折现金额计量。

（五）公允价值计量属性

公允价值是指在公平交易中，熟悉情况的交易双方自愿进行资产交换或者债务清偿的价格。在公允价值计量下，资产和负债按照在公平交易中，熟悉情况的交易双方自愿进行资产交换或者债务清偿的金额计量。

第五节 会计信息质量要求

会计信息是会计主体按照国家统一会计准则和相关法规制度的规定所提供的一种标准语言文字信息，它是经过加工或者处理的会计数据。根据我国《企业会计基本准则》的规定，对会计信息的质量提出了下述八项要求。

一、客观性要求

客观性要求，又称真实性要求。客观性要求是指会计核算应以实际发生的交易事项为依据，如实反映企业财务状况、经营成果和现金流量，做到内容真实、数字准确、资料可靠。

客观性要求具有三个方面的含义：一是真实性，指提供的会计信息如实反映企业的财务状况和经营成果；二是可靠性，指对经济业务的确认、计量、记录和报告应以客观事实为依据，不受主观意志左右；三是可验证性，指有可靠的凭据以供复查其数据的来源和信息提供的过程。

二、相关性要求

相关性要求，又称有用性要求。相关性要求是指会计信息要同信息使用者的经济决策相关联。会计信息的使用者包括投资者、债权人、政府、职工、其他利益主体乃至社会公众。不同的使用者使用会计信息的目的不同，因为他们各自进行的是不同的经济决策，企业的会计信息正是为这些与企业相关的各种经济决策提供信息支持，因而要求与这些经济决策相关。具体来说，会计核算信息既要满足国家宏观经济管理的需要，又要满足有关各方了解企业财务状况、经营成果和现金流量的需要，还要满足企业加强内部经营管理的需要。

三、清晰性要求

清晰性要求是指会计记录和会计报表应当清晰明了，便于理解和使用。会计核算的目的是通过记账、算账和报账，向企业内外有关单位和个人提供决策有用的会计信息，这就要求会计信息简明、易懂，能清楚扼要地反映企业财务状况和经营成果，以利于会计信息使用者准确、完整地把握会计信息所要说明的内容。

会计信息是一种专业性较强的信息产品，因此，在强调会计信息清晰性的同时，还应假定使用者具有一定的企业生产经营活动和会计核算方面的知识，并且愿意付出努力去分析这些信息。对于某些由于业务本身复杂或者会计处理较为复杂以至于一般报表使用者难以理解的会计信息，应当在会计报表附注中予以详细说明，企业不能以该信息会使某些使用者难以理解为由而不予披露。

四、可比性要求

可比性要求是指企业会计核算应当按照规定的会计处理方法进行，会计核算应当口径一致，相互可比。可比性要求包括横向可比和纵向可比两个方面。

横向可比性是指不同企业发生的相同或相似的经济业务事项，应当采用规定的会计政策，确保会计信息口径一致、相互可比。横向可比性要求各个企业，特别是同一行业各个企业的会计报表，应当按照规定的程序和方法编制，以便建立在相同的核算标准之上，报表使用者在进行企业间的横向对比分析时，能够有效地判断企业财务状况、经营状况的优劣，据此作出正确的决策。同时，也便于国家综合管理部门对各个企业提供的会计信息进行比较、分析和汇总，以利于国家的宏观调控。

纵向可比是指企业的会计核算方法前后各期应当保持一致，不得随意变更。当然，纵向可比并不表明企业绝对不能变更会计方法和会计原则。当企业的经营情况、经营规模和经营方式，或国家有关政策发生重大变化时，企业可以根据实际情况，选择使用更能客观真实反映企业经营情况的会计程序和会计处理方法。为了便于会计信息使用者进行比较分析，企业应该在会计报表附注中说明变更的情况、变更的原因及其对企业财务状况和经营成果的影响。

横向可比与纵向可比，实际上是同一个问题的两个方面。横向可比解决的是不同企业之间在同一会计期间的可比问题，纵向可比解决的是同一企业在不同会计期间的可比问题。两者不同之处仅表现在：横向可比要求不同企业尽可能采取统一的会计处理方法，纵向可比要求同一企业在不同时期尽可能采用相同的会计处理方法。

五、实质重于形式要求

实质重于形式要求是指企业应当按照经济业务事项的经济实质进行会计核算，而不应当仅仅按照它们的法律形式作为核算的依据。

在会计核算中，经济业务事项的外在法律形式并不总能完全真实地反映其实质内容，有时会碰到一些经济实质与法律形式不相吻合的现象。例如，以融资租赁方式租入的固定资产，虽然从法律形式上来看租入企业并不拥有其所有权，但是由于租赁合同中规定租期相当长，接近该资产的使用寿命；租赁期结束时承租企业有优先购买该资产的选择权；在租赁期内承租企业有权支配资产并从中受益等，因此，从其经济实质来看，企业能够控制融资租入固定资产所创造的未来经济利益以及承担可能发生的经营风险，在会计确认、计量和报告时，应该将融资租赁的固定资产视为自有资产进行会计核算。

遵循实质重于形式原则，体现了对经济实质的尊重，能够保证会计核算信息与客观事实相符。

六、重要性要求

重要性要求是指会计核算在全面反映企业财务状况和经营成果的同时，对于影响经营决策的重要经济业务应当分别核算，单独反映，并在会计报表中作重点说明。而对于次要的会计事项，在不影响会计信息真实性的情况下，则可以适当简化，合并反映。

对于某一会计事项是否重要，除了严格按照有关会计法规的规定之外，更重要的是依赖于会计人员结合本企业具体情况所做出的职业判断。一般来说，应当从质和量两个方面来进行分析。从性质方面来说，当某一事项有可能对决策产生重要影响时，就属于重要项目；从数量方面来说，当某一项目的数量达到一定规模时，就可能对决策产生重大影响。

七、谨慎性要求

谨慎性要求，又称稳健性要求。谨慎性要求是指在处理企业不确定的经济业务时，应持谨慎态度，如当某一经济业务有多种处理方法可供选择时，应采取不导致夸大资产、虚增利润的方法。

在市场经济条件下，激烈的竞争及企业环境变化不定等因素，使企业生产经营存在巨大风险。例如，企业应收账款由于债务人破产、死亡等原因而不能收回；固定资产由于技术进步等原因而提前报废等。为了避免当损失发生时对企业正常生产经营产生较大影响，企业必须对面临的风险和可能发生的损失作出合理预计。谨慎性原则在会计上的应用是多方面的，如对应收账款计提坏账准备、固定资产折旧采用加速折旧法等。

由于谨慎性要求强调企业应确认一切可能的损失，不预计任何可能的收入，因而容易导致企业资产计价偏低，负债计价偏高，从而影响企业各期经营成果的正确性。

八、及时性要求

及时性要求是指会计核算工作要讲求时效，会计业务的处理必须及时进行，以便会计信息的及时利用。

任何信息的使用价值不仅要求真实可靠，而且还必须保证信息的时效性。不及时的信息将使其有用性大打折扣，甚至毫无价值。在会计确认、计量和报告过程中贯彻及时性：一是要求各单位在经济信息或者事项发生后，及时收集整理各种原始凭证；二是按照会计准则的规定，及时对经济业务事项进行确认和计量，并编制会计报表；三是按照国家规定的有关时限，及时地将会计报表传递给会计信息使用者，便于他们及时使用和进行决策。

第六节 会计核算方法

会计核算方法，就是对会计对象进行完整的、连续的、系统的核算和监督所运用的方法，主要包括设置会计账户、复式记账、填制和审核凭证、登记账簿、成本计算、财产清查和编制会计报表。

一、设置账户

设置账户是对会计对象具体内容进行分类核算和监督的一种专门方法。会计对象的内容是复杂多样的，要对会计对象所包含的经济内容进行系统的核算和监督，就需要对它们进行科学的分类，以便取得各种性质不同的核算指标。因此，对资产、负债、所有者权益、收入、费用和利润，都要分别设置一定的账户进行归类和记录，以便取得经营管理所需要的各种不同性质的经济信息。

二、复式记账

复式记账是根据已经设置的账户，对每笔经济业务在两个或两个以上相互联系的账户中用相等的金额进行记录的一种方法。运用复式记账法可以清楚地反映出经济业务的来龙去脉，例如，使用现金购买原材料，一方面，要记录原材料的增加；另一方面，要记录现金的减少，并且记录在两个账户中的金额应当相等。这样就能科学地、全面地反映出资金的增减变化。

三、填制和审核凭证

会计凭证是记录经济业务、明确经济责任的书面证明。填制和审核凭证是登记账簿的前提，它包括取得凭证、填制凭证和审核凭证三个方面。取得凭证是指在经济业务发生时，必须取得合理合法的原始单据；填制凭证是指根据已取得的原始单据按复式记账法填制符合登记账簿需要的记账凭证；审核凭证是指对原始凭证和记账凭证都要加以审核，以实现会计的监督职能，保证会计核算资料合理合法和真实可靠，以及明确经办人员的经济责任。

四、登记账簿

账簿是记录经济业务的簿籍，是积累会计核算资料的主要工具。登记账簿就是根据审核无误的会计凭证，按经济业务发生的时间顺序记入有关账簿，并在一定时间累计和核对有关核算指标，核对无误后，作为编制会计报表的依据。只有通过登记账簿才能把分散在会计凭证中的数据资料分门别类地、系统地汇集起来。

五、成本计算

成本计算是将生产经营过程中发生的物化劳动和活劳动耗费，按一定的成本计算对象进行归集，以计算出该成本计算对象的总成本和单位成本的一种方法。企业在产品的生产过程中要发生各种各样的耗费，如劳动对象的耗费、劳动资料的耗费、人力的耗费和其他有关组织和管理生产、销售产品所发生的费用等。为考核财务成本计划的完成情况，必须把这些费用归集到一定的成本计算对象上去，计算出某一时期发生的总费用和每一单位产品耗费的费用，使管理者了解本期的成本水平，这就需要运用成本计算这一专门方法。

六、财产清查

财产清查是通过盘点实物和核对账目来确定财产物资实有数额的方法。通过财产清查，可以了解货币资金、各项财产物资、各项债权债务等实际数额是多少，并且与账面记录的数额相核对，以便查明账簿记录与实有数额之间存在的差异及其原因，发现财产物资管理中存在的问题，提高企业管理水平。

七、编制会计报表

会计报表是企业对外提供的反映企业财务状况和经营成果、现金流量的书面文件。编制会计报表是对日常会计核算资料的总结。由于会计报表是以账簿记录为主要依据经过加工整理而产生的报告文件，所以它提供的各项指标不仅是进行会计分析、会计检查和编制下期计划的依据，而且也是投资者、债权人进行经济决策的重要依据，更是进行国民经济综合平衡所必需的参考资料。

以上各种会计核算方法相互联系、密切配合，构成了一个完整的会计核算方法体系。对于日常发生的经济业务，都要填制和审核凭证，按规定的账户，运用复式记账法登记有关账簿；月末进行成本核算和财产清查，在账实相符的基础上编制会计报表。

第七节 会计学科体系

会计学是研究会计的产生和发展，会计的理论和方法及其应用，以及如何科学地组织会计工作，使之更好地发挥作用的一门应用学科。

按会计学的研究内容不同，会计学主要分为会计学原理、中级财务会计学、高级财务会计学、管理会计学、成本会计学、政府与非营利组织会计学、金融会计学、会计史学、会计制度设计学、电算化会计学、国际会计学、财务管理学、审计学等。

一、会计学原理

会计学原理主要研究会计的基本理论、基本知识和基本方法。会计的基本理论包括会计的产生与发展、会计的本质与特征、会计的对象与要素、会计的职能与方法、会计的处理基础与计量属性等。会计的基本知识包括会计的职业与道德、会计工作的组织、会计人员的职责与权限、会计法规与制度等。会计的基本方法包括设置账户、复式记账、填制和审核凭证、登记账簿、成本计算、财产清查、编制会计报表。会计的基本理论、基本知识、基本方法互相渗透、互相影响。构成了会计学原理密不可分的完整知识体系。

二、中级财务会计学

中级财务会计学主要针对企业发生的各种经济业务事项，研究会计要素确认、计量、记录和报告的理论与方法问题。中级会计学的内容主要包括资产、负债、所有者权益、收入、费用、利润的核算以及会计报表的编制等。

三、高级财务会计学

高级财务会计学主要研究特殊业务和复杂业务的会计理论和处理方法问题。高级财务会计学的主要内容包括债务重组、非货币性资产交换、借款费用、政府补助、股份支付、所得税、企业合并业务的核算以及合并会计报表的编制等。

四、管理会计学

管理会计学主要研究如何为内部管理人员提供决策所需信息的问题。管理会计的主要内容包括成本性态分析、本量利分析法运用、短期经营决策分析、长期投资决策分析、全面预算与控制、责任会计的划分与核算等。

五、成本会计学

成本会计学主要研究企业的成本核算、成本控制、成本预测和成本决策等理论和方法问题。成本会计学的主要内容包括成本费用归集与分配方法、产品生产成本计算方法、成本报表的编制与分析方法、成本预测决策和控制方法等。

六、政府与非营利组织会计学

政府与非营利组织会计学是各级政府财政部门和行政事业单位采用一定的技术方法核算、反映、监督政府预算执行情况及其结果的一种管理活动。它是政府预算管理的基础和重要组成部分。政府与非营利组织会计学具体包括财政总预算会计学、行政事业单位会计学。

七、金融会计学

金融会计学是根据会计学的基本原理和基本方法，针对金融业务的工作特点而制定的特种会计。金融会计学主要研究内容包括中国人民银行、各种商业银行、政策性银行经济业务事项的核算，以及保险公司、证券公司、租赁公司等其他金融机构经济业务事项的核算和会计报表的编制。

八、会计史学

会计史学主要研究会计发展的基本过程和规律问题。会计史学的主要内容是：以中国和其他国家会计历史为研究对象，采用历史研究的技术方法，以时间顺序为线索，结合具体历史事实，提示和阐明会计历史发展的客观规律；总结会计发展过程中的历史经验与教训，为现代会计提供历史借鉴，达到古为今用的目的；依据会计发展的客观规律，科学地预测会计发展趋势，以促进现代会计的发展。

九、会计制度设计学

会计制度设计学是研究对各经济组织的会计制度如何进行科学、合理和系统规划的理论和方法的科学。会计制度设计学的主要内容包括会计科目的设计、会计凭证的设计、会计账簿的设计、会计报表的设计、财务处理程序设计、会计机构的设置和会计人员的配备等。

十、电算化会计学

电算化会计学是研究如何用计算机处理会计业务的问题。电算化会计学的主要内容是利用电子计算机代替人工记账、算账和报账，部分代替人脑完成对会计信息的预测、决策，以及进行经济活动分析。

十一、国际会计学

国际会计学主要研究某个国家的企业或经济单位由于进行跨越国界的经济贸易活动、理财活动，而在会计处理和会计报告方面引起的特殊问题，它的主要内容属于财务会计学的延伸，研究的侧重点是跨国公司会计准则和会计报告准则。

十二、财务管理学

财务管理学亦称公司理财学，是专门研究企业筹集资金、使用资金和分配资金的学问。按照研究问题的深广度不同，又可以分为财务管理原理、中级财务管理和高级财务管理。高级财务管理专门研究企业财务战略管理，以及企业集团、企业并购、企业重整与清算、跨国公司财务管理，基金投资管理、风险投资管理等问题。

十三、审计学

审计学是研究如何由专职机构和人员，对被审计单位经济活动的合理性、合法性和效益性，以及会计和其他经济资料的真实性、公允性进行独立审查、评价和鉴证的问题。按审计内容分类，可以分为财政财务审计、经济效益审计。

会计学除以上内容以外，还包括商品流通企业会计学、交通运输企业会计学、农业企业会计学、建筑安装企业会计学、邮电通信企业会计学、饮食服务企业会计学、外商投资企业会计学等。

☞本章小结

会计是基于经济管理的需要而产生的。在我国，西周时期出现了"会计"一词，并设有相应的会计官职和赋予一定的会计事务。从唐宋时期的"四柱计算法"，到明清时代的"龙门账"、"四脚账"，会计经历了由单式记账法向复式记账法的转变过程。

学习会计理论，就必须掌握会计的职能、会计的含义、会计的对象、会计的核算方法。从事会计工作必须具备一定的工作环境，我们必须在会计主体、持续经营、会计分期和货币计量的前提下，遵循会计信息的质量要求从事会计工作。

☞思考题

1. 会计是怎样产生和发展的？在会计的发展史上，有哪几座里程碑？其标志性事件是什么？
2. 会计的基本职能有哪两个？它们分别有哪些特点？二者的关系是什么？
3. 什么是会计？会计的本质、特点是什么？
4. 会计的一般对象是什么？社会总资金及其运动方式是什么？
5. 什么是会计的具体对象？工业企业的具体会计对象是什么？以图文并茂的方式描述工业企业的资金运动。
6. 会计核算的基本前提有哪四个？理解其含义和作用。
7. 什么是会计确认基础？什么是权责发生制、收付实现制？它们的适用范围分别是什么？
8. 会计的计量属性有哪些？理解它们的含义？
9. 会计信息的质量要求有哪些？理解它们的含义？
10. 会计核算方法有哪七种？为什么说它们是一个完整的方法体系？
11. 什么是会计学？会计学包括哪些学科？各学科的主要内容是什么？

练习题

（一）目的：练习收付实现制和权责发生制的运用。

（二）资料：长江公司2011年7月份发生下列经济业务，假设不考虑增值税问题：

（1）销售商品一批，售价9 600元。商品已经发出，款项收存银行。
（2）收到上月销货款5 600元存入银行。
（3）销售商品一批，售价5 600元。货已发出，款项尚未收到。
（4）用银行存款支付本月水电费720元。
（5）从本月份开始，租用大华公司仓库三年。现以银行存款预付全部租金36 000元。
（6）计提本月应付银行短期借款利息6 000元，将在本季末支付。

（三）要求：根据收付实现制和权责发生制会计处理基础，在下列表格中相应栏目确认收入、费用和利润。

两种会计确认基础运用比较表

业务序号	收付实现制		权责发生制	
	收 入	费 用	收 入	费 用
（1）				
（2）				
（3）				
（4）				
（5）				
（6）				
合计				
利润				

第二章 会计科目与账户

◎**教学目的与要求** 通过本章的学习，应掌握各会计要素的概念、特征与内容；掌握会计等式及其理论依据；理解经济业务对会计等式的影响以及会计等式与会计报表之间的关系；掌握会计科目的含义、分类、分级；了解设置会计科目的原则；掌握账户的概念及其基本结构以及会计科目与账户的联系和区别。

◎**教学重点与难点** 本章的教学重点是会计要素的概念和内容、会计等式及其理论依据、会计科目和账户的概念以及二者的联系和区别。本章的教学难点是会计要素的概念、特征和内容；会计等式及其理论依据；经济业务对会计等式的影响；会计科目和账户的概念以及二者的联系和区别。

第一节 会计要素

通过第一章的学习，我们知道会计的对象是社会扩大再生产过程中的资金运动。资金运动包括静态运动和动态运动两种方式。资金静态运动是在某一时点观察到的资金运动方式，表现为一个单位的资产等于负债与所有者权益之和。资金动态运动是对一定时期观察到的资金运动方式。在一定时期内，收入逐日取得、费用逐日发生，利润逐日形成，资金动态运动就表现为一定时期的收入减去费用等于利润。由此可见，资产、负债、所有者权益、收入、费用和利润这些会计要素的变化贯穿于资金运动的全过程，会计最终核算和监督的是这些会计要素，所以，会计要素是会计对象的具体化。

我国颁布实施的《企业会计基本准则》，将会计核算和监督的内容划分为资产、负债、所有者权益、收入、费用和利润六个会计要素。

（一）资产

资产是指由于过去的交易或事项形成的、由企业拥有或者控制的、预期会给企业带来经济利益的资源。它包括各种财产、债权和其他权利。

1. 资产的特征

（1）资产是由于过去的交易或事项形成的。资产是由于过去已经发生的交易所产生的结果，资产必须是现实的资产，而不能是预期的资产。至于未来交易或未来事项可能产生的结果，则不属于现在的资产，不作为资产确认。

（2）资产是企业拥有或者控制的。拥有是指企业对某些资产拥有所有权，企业可以任意调度使用，未经本企业同意，其他单位或个人无权擅自使用本企业的资产。控制则是指企业实质上掌握了某项资产的使用权，但是目前并不对其拥有所有权，比如，从银行取得的借款，虽然有使用的权利，但这只是对该资产的一种控制权。

（3）资产能够给企业带来未来经济利益。资产单独或者与企业其他要素结合起来，能够在未来直接或者间接地产生现金流入量。判断一个项目是否属于资产，要看它是否具有潜在的未来经济收益。不能给企业带来未来收益的，不作为资产确认。例如，库存的已变质或毁损的存货等，它们已经不能给企业带来未来的经济利益了，因此不能再确认为资产。

2. 资产的分类

为了正确反映企业的财务状况，通常将企业的全部资产按流动性快慢划分为流动资产（短期资产）与非流动资产（长期资产）两大类。流动资产（短期资产）是指一年或者超过一年的一个营业周期内变现或耗用的资产，包括库存现金、银行存款、交易性金融资产、应收及预付款项、存货等。非流动资产（长期资产）是指不符合流动资产条件的资产，即不准备在一年内变现或者使用时间超过一年的资产，包括可供出售金融资产、长期股权投资、固定资产、无形资产等。资产的分类如图2-1所示。

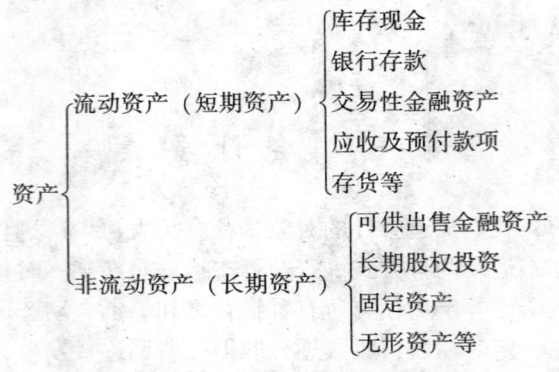

图2-1 资产的分类

（二）负债

负债是指由于过去的交易或者事项形成的、预期会导致经济利益流出企业的现时义务。负债是企业筹措资金的重要渠道。

1. 负债的特征

（1）负债是基于过去的交易或事项而产生的。也就是说，导致负债的交易或事项必须已经发生，如从银行借款或赊购商品形成的负债等。只有源于已经发生的交易或事项，会计上才有可能确认为负债，企业预期发生的交易或事项可能产生的债务，不能确认为负债。比如，企业与供货单位签订一项供货合同，明年购入一批货物，后年付款，对此业务不能将其作为一项负债。

（2）负债需要企业在将来以转移资产或者提供劳务加以清偿，会导致企业未来经济利益的流出。在大多数情况下，负债要用现金进行清偿；在有些情况下，也可以用商品和其他资产或者通过提供劳务的方式进行清偿；有些负债还可以通过举借新债来抵补。负债的清偿，将导致企业未来经济利益的流出。

(3) 负债必须有确切的收款人和偿还日期。负债是在约定时间必须偿还的债务，偿还日期、收款人及具体金额在发生或形成负债之时就已由合同、法规等所规定或制约。如果企业将来可能发生的交易或事项形成的经济责任，如金额、收款人、偿还日期都难以确定，则不能列入负债。

2. 负债的分类

负债按其偿付期限的长短可以分为流动负债（短期负债）和非流动负债（长期负债）。

(1) 流动负债（短期负债）。流动负债（短期负债）是指将在一年或超过一年的一个营业周期内偿还的债务，包括短期借款、交易性金融负债、应付及预收款项、应付职工薪酬、应交税费等。

(2) 非流动负债（长期负债）。非流动负债（长期负债）是指偿还期在一年或超过一年的一个营业周期以上的债务，包括长期借款、应付债券、长期应付款等。负债的分类如图2-2所示。

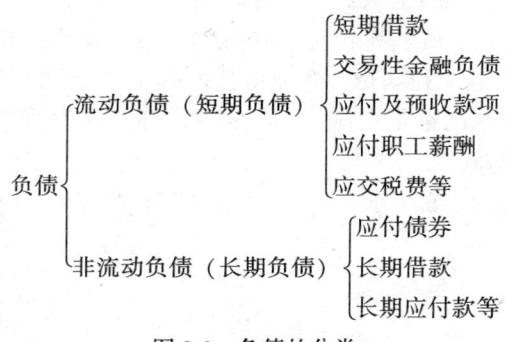

图 2-2　负债的分类

（三）所有者权益

所有者权益是指企业资产扣除负债后由所有者享有的剩余权益。广义的权益是指对企业全部资产的所有权，即由债权人权益和所有者权益两部分构成。狭义的权益仅指资产超过债权人权益的净值，即对企业净资产的所有权。由于债权人权益称为负债，因而与负债并用的权益，通常是狭义权益的概念。

1. 所有者权益的特征

(1) 所有者权益表明了企业的产权关系，即企业归谁所有。所有者对企业的投资，形成了企业资产的主要来源，从而为企业的生产经营提供了资金方面的保证。同时，因为投资者拥有所有权，说明企业是归投资者所有的，由此派生出投资者的参与管理权或委托管理权以及利润分配权等相应的权益。

(2) 所有者权益在企业的生产经营期间内不需要归还。这是所有者权益与负债的一个主要区别。负债是企业对外所承担的经济责任，企业负有到期偿还的义务，而所有者权益除了在企业清算或减资以外，在一般情况下，不需要归还投资者。

(3) 所有者权益在日常的使用过程中不需要支付费用，但在会计期末要参与企业的利润分配，表现为投资报酬。而负债不能参与利润分配，只能按照预先约定的条件取得利息收入。

2. 所有者权益的分类

根据来源不同，所有者权益包括实收资本、资本公积、盈余公积和未分配利润四个组成部分。

（1）实收资本。实收资本在股份制企业里称为股本，即投资者按照公司章程或合同、协议的约定，实际投入企业的资本。投资者投入的资本可以是货币、原材料、固定资产或无形资产等。

（2）资本公积。资本公积是指由投资者、其他单位与个人投入，所有权归属于投资者，但不构成实收资本的那部分资本。它也包括接受捐赠资产或其他来源渠道形成的资本公积。资本公积具体内容包括股本溢价、接受捐赠的资产价值和资本汇率折算差额等。

（3）盈余公积。盈余公积是指企业从税后利润中提取的公积金，包括法定盈余公积金、任意盈余公积金。

资本公积、盈余公积可以按照规定的程序转增资本金。法定盈余公积金和任意盈余公积金可以用来弥补企业亏损，在特殊情况下经批准还可以发放股利。

（4）未分配利润。未分配利润是指企业留待以后年度分配的结存利润。

盈余公积金和未分配利润都是企业从逐年实现的净利润中留存下来的企业内部尚未分配的利润，统称为留存收益。

所有者权益的分类如图 2-3 所示。

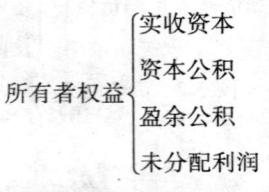

图 2-3　所有者权益的分类

（四）收入

收入是指企业在日常活动中形成的、会导致所有者权益增加的、与所有者投入资本无关的经济利益的总流入。

1. 收入的特征

（1）收入是从企业的日常活动中产生的，而不是从偶发的交易或事项中产生的。如企业销售产品、提供劳务取得的收入等。有些交易或事项也能为企业带来经济利益，但不属于企业的日常活动，流入的经济利益只是利得，而不是收入，如处置二手固定资产取得的收益等。

（2）收入可能表现为企业资产的增加，如销售产品而收取的现金或增加的应收账款等；也可能表现为企业负债的减少，如以商品或劳务抵偿债务；或者两者兼而有之，如在销售产品的货款中部分收取现金，部分抵偿债务。

(3) 收入能导致企业所有者权益的增加。由于收入能增加资产或减少负债或两者兼而有之,所以企业取得收入一定能增加所有者权益。但是,如果一笔销售业务的收入小于其费用,则只能导致所有者权益的负增加。

(4) 收入只包括本企业经济利益的流入,不包括为第三方或客户代收的款项。如企业代国家收取的增值税、代收利息等,不属于本企业的经济利益,因此,不能作为本企业的收入。

2. 收入的分类

企业收入的来源渠道多种多样,但归纳起来可以包括主营业务收入和其他业务收入两种。主营业务收入是由企业的主要业务所形成的经济利益的总流入,如工业企业的产品销售收入、商业流通企业的商品销售收入、施工企业的工程结算收入等。其他业务收入是非主要业务收入,如工业企业转让多余的原材料、出租房屋、技术转让等取得的收入。

收入的分类如图2-4所示。

$$\text{收入}\begin{cases}\text{主营业务收入}\\\text{其他业务收入}\end{cases}$$

图 2-4 收入的分类

(五) 费用

费用是指企业在日常活动中发生的、会导致所有者权益减少的、与向所有者分配利润无关的经济利益的总流出。费用是与收入相对应的概念,也可以说费用是企业为取得收入而付出的代价。

1. 费用的特征

(1) 费用是企业在日常活动中发生的经济利益的流出。例如,企业购买办公用品、支付水电费等所发生的经济利益的流出,都属于费用。但是与销售商品、提供劳务或他人使用本企业资产等日常经营活动无关的支出等,不属于费用。

(2) 费用可能表现为资产的减少,负债的增加,或兼而有之。通常,伴随着费用的发生会减少银行存款、库存现金等,从而减少资产;有时,伴随着费用的发生,使得负债增加。

(3) 费用将引起所有者权益的减少。不论费用是增加负债还是减少资产,根据资产扣除负债即为所有者权益的等量关系推断,都会使所有者权益减少。

(4) 发生的费用不属于利润分配。费用的发生往往是为了取得收入或者有助于收入的形成,比如,工厂绿化费用,不能直接取得收入,但它可以美化环境,提高商誉,吸引客户,从而扩大销售。分配利润则不同,它是根据企业实现的净利润并按照有关章程而支付给投资者的回报。虽然,费用与向投资者分配利润都会导致所有者权益减少,但是二者的开支目的、依据都有很大差别。

2. 费用的分类

费用按其是否计入产品成本分为生产费用和期间费用。

生产费用是指生产产品时发生，并构成一定种类和一定数量产品的费用，但并不一定在该期间转为营业成本，只有在这些产品售出时才转为营业成本，与销售期的收入配比。生产费用又可以进一步分为直接费用和间接费用。直接费用是指为生产产品和提供劳务而发生的直接材料、直接人工和其他直接支出。间接费用是指为生产产品和提供劳务而发生的各种间接制造费用，按一定标准分配记入产品生产成本。

期间费用是指不能直接归属于特定产品成本的费用。主要包括企业行政管理部门为组织和管理生产经营活动发生的管理费用和财务费用，以及为销售产品或提供劳务发生的销售费用等。这些费用容易确定发生期间，难以判定应归属的产品，因而在发生时计入当期损益。

费用的分类如图 2-5 所示。

$$费用\begin{cases}生产费用\\期间费用\end{cases}$$

图 2-5　费用的分类

（六）利润

利润是指企业在一定会计期间的经营成果，利润包括收入减去费用后的净额、直接计入当期利润的利得和损失等。利得是指由企业非日常活动所形成的、会导致所有者权益增加的、与所有者投入资本无关的经济利益的流入；损失是指由企业非日常活动所发生的、会导致所有者权益减少的、与向所有者分配利润无关的经济利益的流出。接受捐赠资产或者对外捐赠资产形成的经济利益流入或流出就是利得和损失的典型例子。

1. 利润的特征

（1）收入的实现是利润形成的前提。取得收入可以首先补偿费用，补偿后的剩余部分形成盈余，因而收入是利润形成的重要前提。

（2）利润是收入抵减费用后的差额，表示企业一个会计期间内的经营成果。

2. 利润的分类

利润按其构成的不同层次，可分为营业利润、利润总额和净利润。

（1）营业利润。即营业收入减去营业活动中发生的费用后的余额，表示企业在销售商品、提供劳务等日常活动中产生的利润。

（2）利润总额。利润总额是营业利润加营业外收入减营业外支出后的余额。

（3）净利润。净利润是利润总额扣除所得税后的余额。

利润的分类如图 2-6 所示。

$$利润\begin{cases}营业利润\\利润总额\\净利润\end{cases}$$

图 2-6　利润的分类

会计要素的划分在会计核算中具有十分重要的作用，它是会计对象的具体化，是设置会计科目和会计账户的依据，同时，也构成了会计报表的基本框架，为设计会计报表奠定了基础，因此也可以称为会计报表要素。

第二节 会计等式

会计等式是揭示会计要素之间内在联系的数学表达式，又称为会计方程式或会计恒等式。上一节我们曾提到会计对象具体表现为资产、负债、所有者权益、收入、费用和利润六个会计要素。通过本节的说明，可以看到一定会计要素之间存在着金额相等的关系。

一、反映资产、负债、所有者权益之间关系的会计等式

企业要进行生产经营活动，首先就必须拥有一定数额的资产。资产以现金、银行存款、原材料、机器设备等不同的形态存在着。有资产存在，就必然有人对其拥有所有权或者提出索偿权。对资产的所有权或索偿权，在会计上叫做权益。因此，资产和权益是对同一事物从两个不同方面进行观察的结果，前者是对资产本身进行的观察，表明企业所拥有或控制的经济资源；后者是对形成资产时所产生的资金来源渠道的观察，表明投资人或债权人对经济资源可以提出的索偿权。有一定的资产，就必然有对该资产的权益。有一定的权益，则必然有体现其权益的资产存在。因此，从数量上看，任何企业在特定时点上所拥有的资产与其权益的总额必然相等。资产与权益的这种相互关系，可以用数学方程式表述为：

$$资产 = 权益$$

企业拥有或获得资产的来源是由两个部分组成的，即吸收投资者投入的资本和向债权人借入的资金。投资者投入的资本称为所有者权益，向债权人借入的资金称为债权人权益，债权人权益可以简称为负债。所以，会计等式又可以表述为：

$$资产 = 负债 + 所有者权益$$

会计等式"资产 = 负债 + 所有者权益"体现了经营资金循环过程中某一时点上会计要素之间的数量关系，是资金运动的静态表现形式，可以称之为静态会计等式。必须指出，负债和所有者权益是两种不同属性的权益，前者是临时性的必须归还的权益，后者是企业可以长期使用的不须归还的权益，只有到企业破产时才能按规定清偿。

二、反映收入、费用、利润之间关系的会计等式

企业的经营资金在循环周转过程中，会发生各种费用，同时，取得各种收入，一定时期的收入在抵补费用之后，形成利润或者亏损。企业取得的利润或发生的亏损，对先前时点上静态会计等式中的所有者权益必然增添或抵冲一部分价值。因此，费用的发生，收入的取得，利润的形成，使会计要素产生以下相互关系：

$$收入 - 费用 = 利润$$

从这个会计等式可以看出，利润要素的量是由收入要素的量和费用要素的量共同决定的。公式中收入大于费用时，利润为正数，说明企业该会计期间取得了盈利；收入等于费

用时，利润为零，说明企业该会计期间保本；收入小于费用时，利润为负数，说明企业该会计期间发生了亏损。

收入的取得，费用的支付，利润的形成，是在一定时期内日复一日积累起来的，在会计期间的起点与终点之间逐渐构成了一个时间跨度。因此，"收入-费用=利润"这一会计等式，是资金运动的动态表现形式，可以称为动态会计等式。

三、反映全部会计要素之间关系的会计等式

上述两组会计要素、两个会计等式从不同角度反映了企业的资金运动方式及结果。从资金运动的静态角度看，在特定时点上体现为"资产=负债+所有者权益"的资金平衡关系，它表明资金在企业生产经营活动过程中的运用情况及其相应的来源渠道，反映了企业一定时日的财务状况；从资金运动的动态角度看，随着企业生产经营活动的进行，会计要素体现为"收入-费用=利润"的等量关系，它表明资金在企业生产经营活动过程中发生的耗费、取得的收入和形成的利润，反映了企业一定会计期间的经营成果。但是，这两个会计等式分别反映企业的静态资金运动、动态资金运动，而不具备全面性和综合性。因为，任何事物，都不可能永恒地静止，也不可能持久地运动，而是"静"中有"动"，"动"中有"静"，"静"与"动"紧密地结合着发展。企业的经营资金也是静态运动与动态运动相结合的统一体，全部会计要素之间也存在着有机的内在联系。

在任何一个会计期间的起点上，企业的资金都会处于相对静止的状态，体现为"资产=负债+所有者权益"。随着生产经营活动的进行，企业会发生各种各样的费用，并由此引起资产的减少或者负债的增加；同时，企业还会通过销售产品或者提供劳务而取得收入，并由此引起资产的增加或负债的减少；另外，企业还可能由于赚取利润而使所有者权益发生变化。这样，在会计期间起点以后的时间段里，资产、负债、所有者权益、收入、费用都会发生数量变化，到会计期末，由于企业取得了经营成果，形成了净利润，企业的总资产和总权益就比期初资产总额和权益总额增加一个量，这个增量恰恰等于本期取得的净利润。可见，期末会计等式从量上看就形成了以下的形式：

期末资产=（期初负债+期初所有者权益）+本期净利润

因为，净利润=收入-费用，代入上式后，便形成了以下会计等式：

资产=负债+所有者权益+（收入-费用）

移项后：资产+费用=负债+所有者权益+收入

在这个会计等式中，增加了收入和费用，它把会计的五个基本要素有机地联系了起来。它既反映了资金的静态运动，又反映了资金的动态运动，可以称之为静态与动态相结合的会计等式。

如上所述，在会计期间的终点上，将企业的收入与费用进行配比而转化为利润。这时，收入、费用项目在会计等式中不复存在，转化后形成的利润一部分形成盈余公积和未分配利润，从而构成所有者权益的新增内容。同时，在平时取得收入时，有的已经使库存现金、银行存款增加，有的形成应收账款，它们都使资产总额增加了。这样，在会计期末，会计等式又回复到会计期初的形式："资产=负债+所有者权益"，只是等号两侧各会计要素的金额以及总金额发生了或增或减的变化。

反映全部会计要素之间关系的会计等式,能够全面地、综合地反映企业经营资金运动的内在规律。从某一具体时点上观察,可以看出资金的静态运动规律;从某一时期观察,可以看出资金的动态运动规律。在企业生产经营活动过程中,"静"是相对的,"动"是永恒的,企业的经营资金总是在静与动的相互结合中进行运动。

对上述三个会计等式,可通过以下例题进一步理解。

【例 2-1】李先生自筹资金 55 200 元存入银行,并向银行取得半年期借款 64 800 元,准备开办一家祥顺时装店从事服装经营。这样,该店经营资金总额共计 120 000 元,其中资产总额为银行存款 120 000 元。权益总额也是 120 000 元,其中负债 64 800 元,所有者权益 55 200 元。该店于 2010 年 12 月 1 日正式开张营业。开业前的资金静态状况如图 2-7 所示。

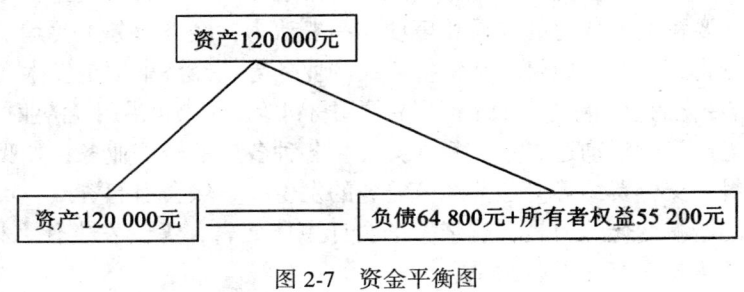

图 2-7 资金平衡图

该图说明祥顺时装店拥有经营资金 120 000 元。从资金分布形态看,表现为银行存款 120 000 元;从资金来源渠道看,表现为短期借款 64 800 元和实收资本 55 200 元。

假定该时装店 2010 年 12 月份发生以下经济业务:

销售商品取得主营业务收入 33 600 元,为了取得该项收入而支付的进货成本 24 000 元,支付房屋租赁费 1 200 元,共计支付费用 25 200 元。为了扩大经营规模,李先生又以银行存款 12 000 元追加投资。因此,该时装店 12 月份经营资金运动的动态表现可概括如下:

收入 33 600 元−费用 25 200 元=利润 8 400 元

由于企业本月份新增利润 8 400 元,资产也必然在期初数 120 000 元的基础上增加 8 400 元,达到 128 400 元。同时,由于业主追加投资,使得资产又增加 12 000 元,所有者权益也增加 12 000 元,资产达到 140 400 元。所以,该时装店 12 月份经营资金的静态运动与动态运动相结合的表现形式为:

资产 140 400 元=负债 64 800 元+所有者权益 67 200 元+(收入 33 600 元−费用 25 200 元)

或:

资产 128 400+费用 25 200=负债 64 800 元+所有者权益 55 200 元+收入 33 600 元

在会计期末,为了反映当期的盈亏情况,必须采用一定的技术方法计算出当期利润。计算出利润以后,收入、费用的发生金额在会计等式里自然消失,而利润的金额又要归并到所有者权益总额中去。因此，该时装店会计期末经营资金运动中的静态表现形式为：

$$资产\ 140\ 400\ 元 = 负债\ 64\ 800\ 元 + 所有者权益\ 75\ 600\ 元$$

综上所述，从静态方面来看，"资产=负债+所有者权益"是反映企业生产经营活动的最基本的会计等式，用以反映企业特定时日的财务状况；从动态方面来看，期末该等式已包含了"收入−费用=利润"的内容，后者只是前者的必要补充。"资产+费用=负债+所有者权益+收入"是反映全部会计要素内在联系的会计等式，它反映企业生产经营活动任一时点的资金运动状况。三个会计等式，从不同角度反映企业经营资金的运动状况，它们构成一个完整的会计等式体系。

会计等式是各个会计主体设置账户、进行复式记账和编制会计报表的理论依据。

四、经济业务对会计等式的影响

经济业务事项是指在企业、行政事业等单位的生产经营活动或业务执行过程中发生的，能引起会计要素增减变化的交易和事项。一般认为，经济业务主要是指与其他单位之间的经济交易行为，如购买原材料和销售商品的业务等；经济事项是发生在单位内部的涉及不同核算内容变化的业务行为，如生产产品领用材料等。本书仍沿用经济业务的传统说法。

在企业的生产经营活动过程中，经常会发生各种各样的经济业务，如吸收投资、取得借款、购买材料、支付费用等。这些经济业务的发生，必然会引起资产、负债、所有者权益等会计要素的增减变化。但是，就某一个会计主体而言，无论发生什么样的经济业务，都不会破坏会计等式应有的平衡关系。

为了便于问题的理解，我们将上述祥顺时装店的经济业务扩充后的状况给予必要的说明。

【例 2-2】 李先生用现金 55 200 元作为投资，创办祥顺时装店。现金 55 200 元已存入开户银行。

这项经济业务表明该店拥有经营资金 55 200 元，银行存款增加 55 200 元。同时，该项资产是由业主李先生提供的，他享有相应的权益，即实收资本增加 55 200 元。用会计等式表示为：

$$银行存款\ 55\ 200\ 元 \quad 资产 = \begin{cases} 负债 & 0 \\ + & \\ 所有者权益 & 实收资本\ 55\ 200\ 元 \end{cases}$$

【例 2-3】 为筹集足够的经营资金，祥顺服装店向银行取得期限为六个月的借款 64 800 元，已转存开户银行。

这项经济业务使企业的银行存款增加了 64 800 元，同时也增加了短期借款 64 800 元。用会计等式表示为：

$$银行存款\ 120\ 200\ 元 \quad 资产 = \begin{cases} 负债 & 短期借款\ 64\ 800\ 元 \\ + & \\ 所有者权益 & 实收资本\ 55\ 200\ 元 \end{cases}$$

【例2-4】签发转账支票一张计金额9 600元，从华康服装厂购入A商品一批。

这项经济业务使企业的银行存款减少9 600元，但库存商品相应地增加9 600元。用会计等式表示为：

$$\left.\begin{array}{l}\text{银行存款} \quad 110\ 400\ \text{元} \\ \text{库存商品} \quad\ \ 9\ 600\ \text{元}\end{array}\right\}\text{资产} = \left\{\begin{array}{l}\text{负债} \quad\quad\quad \text{短期借款}\ 64\ 800\ \text{元} \\ + \\ \text{所有者权益} \quad \text{实收资本}\ 55\ 200\ \text{元}\end{array}\right.$$

【例2-5】A商品全部售出，取得现金14 400元存入银行。

这项经济业务使企业的银行存款增加14 400元，主营业务收入增加14 400元。在商品流通企业里，不论是批发企业，还是零售企业，凡销售了可辨认的商品，都可以随时结转其销售成本。因此，应将A商品的进货成本9 600元转为主营业务成本，即库存商品减少9 600元，主营业务成本增加9 600元。用会计等式表示为：

$$\left.\begin{array}{l}\text{银行存款}\ 124\ 800\ \text{元} \quad \text{资产} \\ \quad\quad\quad + \\ \text{主营业务成本}\ 9\ 600\ \text{元} \quad \text{费用}\end{array}\right\} = \left\{\begin{array}{l}\text{负债} \quad\quad\quad \text{短期借款}\ 64\ 800\ \text{元} \\ + \\ \text{所有者权益} \quad \text{实收资本}\ 55\ 200\ \text{元} \\ + \\ \text{收入} \quad\quad\quad \text{主营业务收入}\ 14\ 400\ \text{元}\end{array}\right.$$

本例的经济业务有两笔，一是银行存款增加14 400元，主营业务收入增加14 400元；二是库存商品减少9 600元，主营业务成本增加9 600元。为简化例题，将两项业务综合地反映在上述会计等式中。下面的【例2-7】、【例2-11】也采取了类似的处理方法。

【例2-6】向永和服装厂购进B商品一批，计价款14 400元，签发转账支票结算，商品已验收入库。

这项经济业务使企业的银行存款减少14 400元，库存商品增加14 400元。用会计等式表示为：

$$\left.\begin{array}{l}\text{银行存款}\ 110\ 400\ \text{元} \\ \text{库存商品}\ \ 14\ 400\ \text{元}\end{array}\right\}\text{资产} \atop + \atop \text{主营业务成本}\ 9\ 600\ \text{元} \quad \text{费用}\right\} = \left\{\begin{array}{l}\text{负债} \quad\quad\quad \text{短期借款}\ 64\ 800\ \text{元} \\ + \\ \text{所有者权益} \quad \text{实收资本}\ 55\ 200\ \text{元} \\ + \\ \text{收入} \quad\quad\quad \text{主营业务收入}\ 14\ 400\ \text{元}\end{array}\right.$$

【例2-7】B商品全部售出，取得现金19 200元当即存入银行。

与例2-5相同，这项经济业务使企业的银行存款增加19 200元，主营业务收入增加19 200元。同时，库存商品减少14 400元，主营业务成本增加14 400元。用会计等式表示为：

$$
\left.\begin{array}{l}\text{银行存款} \quad 129\,600\text{元}\\ \\ \text{主营业务成本}24\,000\text{元}\end{array}\right\}\begin{array}{l}\text{资产}\\ +\\ \text{费用}\end{array}=\left\{\begin{array}{l}\text{负债} \quad \text{短期借款}64\,800\text{元}\\ +\\ \text{所有者权益} \quad \text{实收资本}55\,200\text{元}\\ +\\ \text{收入} \quad \text{主营业务收入}33\,600\text{元}\end{array}\right.
$$

【例 2-8】 用银行存款支付房租等费用 1 200 元。这项经济业务使企业的银行存款减少 1 200 元，费用增加 1 200 元。用会计等式表示为：

$$
\left.\begin{array}{l}\text{银行存款} \quad 128\,400\text{元}\\ \\ \text{主营业务成本}24\,000\text{元}\\ \text{管理费用} \quad 1\,200\text{元}\end{array}\right\}\begin{array}{l}\text{资产}\\ +\\ \text{费用}\end{array}=\left\{\begin{array}{l}\text{负债} \quad \text{短期借款}64\,800\text{元}\\ +\\ \text{所有者权益} \quad \text{实收资本}55\,200\text{元}\\ +\\ \text{收入} \quad \text{主营业务收入}33\,600\text{元}\end{array}\right.
$$

【例 2-9】 向中华服装厂购买 C 商品 12 000 元，货款尚未支付。

这项经济业务使企业的库存商品增加 12 000 元，应付账款增加 12 000 元。用会计等式表示为：

$$
\left.\begin{array}{l}\text{银行存款} \quad 128\,400\text{元}\\ \text{库存商品} \quad 12\,000\text{元}\\ \\ \text{主营业务成本}24\,000\text{元}\\ \text{管理费用} \quad 1\,200\text{元}\end{array}\right\}\begin{array}{l}\text{资产}\\ +\\ \text{费用}\end{array}=\left\{\begin{array}{l}\text{负债}\left\{\begin{array}{l}\text{短期借款}64\,800\text{元}\\ \text{应付账款}12\,000\text{元}\end{array}\right.\\ +\\ \text{所有者权益} \quad \text{实收资本}55\,200\text{元}\\ +\\ \text{收入} \quad \text{主营业务收入}33\,600\text{元}\end{array}\right.
$$

【例 2-10】 李先生追加投入资本 12 000 元，款项直接由银行划给中华服装厂，以清偿欠款。这项经济业务使企业的实收资本增加 12 000 元，应付账款减少 12 000 元。用会计等式表示为：

$$
\left.\begin{array}{l}\text{银行存款} \quad 128\,400\text{元}\\ \text{库存商品} \quad 12\,000\text{元}\\ \\ \text{主营业务成本}24\,000\text{元}\\ \text{管理费用} \quad 1\,200\text{元}\end{array}\right\}\begin{array}{l}\text{资产}\\ +\\ \text{费用}\end{array}=\left\{\begin{array}{l}\text{负债}\left\{\begin{array}{l}\text{短期借款} \quad 64\,800\text{元}\\ \text{应付账款} \quad 0\text{元}\end{array}\right.\\ +\\ \text{所有者权益} \quad \text{实收资本}67\,200\text{元}\\ +\\ \text{收入} \quad \text{主营业务收入}33\,600\text{元}\end{array}\right.
$$

【例 2-11】 根据本月的收入、费用计算出利润。

在会计等式里，利润的计算可以用两项经济业务表示：一是主营业务收入 33 600 元可以导致利润增加；二是主营业务成本 24 000 元以及管理费用 1 200 元可以导致利润减少 25 200 元。二者相互抵减以后，当期实现利润 8 400 元。在不考虑所得税以及不向投资者分配利润的情况下，当年累计实现的利润 8 400 元可以称为未分配利润。用会计等式表示为：

$$\left.\begin{array}{l}\text{银行存款 }128\ 400\ \text{元}\\ \text{库存商品 }12\ 000\ \text{元}\end{array}\right\}\text{资产}=\begin{cases}\text{负债}\qquad\text{短期借款 }64\ 800\ \text{元}\\ +\\ \text{所有者权益}\begin{cases}\text{实收资本 }67\ 200\ \text{元}\\ \text{未分配利润 }8\ 400\ \text{元}\end{cases}\end{cases}$$

为了便于分析，可将上述经济业务列入表 2-1。

表 2-1　　　　　　　　　　经济业务与涉及的会计要素　　　　　　　　　　单位：元

经济业务序号	①资产	②费用	③影响结果	④负债	⑤所有者权益	⑥收入	⑦影响结果
【例2-2】	55 200		55 200		55 200		55 200
【例2-3】	64 800		120 000	64 800			120 000
【例2-4】	+9 600 −9 600		120 000				120 000
【例2-5】	+14 400		134 400			+14 400	134 400
【例2-5】	−9 600	+9 600	134 400				134 400
【例2-6】	+14 400 −14 400		134 400				134 400
【例2-7】	+19 200		153 600			+19 200	153 600
【例2-7】	−14 400	+14 400	153 600				153 600
【例2-8】	−1 200	+1 200	153 600				153 600
【例2-9】	+12 000		165 600	+12 000			165 600
【例2-10】			165 600	−12 000	+12 000		165 600
【例2-11】			165 600		+33 600	−33 600	165 600
【例2-11】		−25 200	140 400		−25 200		140 400
合计	140 400	0	140 400	64 800	75 600	0	140 400

从表 2-1 可以看出，上述经济业务大致可以分为四种类型。这四种类型的经济业务的发生，都不会破坏会计等式的平衡关系。

(1) 引起会计等式左右两方有关会计要素等额增加的经济业务，如【例2-2】、【例2-3】、【例2-5】、【例2-7】、【例2-9】，使会计等式左右保持平衡。

(2) 引起会计等式左右两方有关会计要素等额减少的经济业务，如【例2-11】，会计等式左右仍然保持平衡。

(3) 引起会计等式左方有关会计要素之间等额一增一减的经济业务，如【例2-4】、【例2-5】、【例2-6】、【例2-7】、【例2-8】，会计等式左右仍然保持平衡。

(4) 引起会计等式右方有关会计要素之间等额一增一减的经济业务，如【例2-10】、

【例2-11】，会计等式仍然保持平衡。

综上所述，企业发生的经济业务千变万化、纷繁复杂，但是都不外乎以上四种类型，都不会破坏会计等式应有的平衡关系。

五、会计等式与会计报表之间的联系

会计要素是构成会计报表的基本因素，即构成会计报表的大类项目。反映会计要素内在联系的会计等式是编制会计报表的依据。

在前面简单的举例中，我们主要借助于经济业务说明了会计等式及其平衡原理。在实际工作中，企业投资者、债权人、管理当局等会计信息使用者，最为关心的是企业的财务状况和经营成果，即资产分布与权益构成是否合理，企业是否盈利等。因此，会计人员就要进一步利用会计等式的平衡原理及等量关系，将各个会计要素及其所包含的具体项目和金额，按照合理的排列顺序编列在具有一定格式的会计报表里，并报送给有关部门，以满足会计信息使用者的需要。最主要的会计报表是资产负债表和利润表，前者反映企业一定时点上的财务状况，其理论依据是"资产=负债+所有者权益"的会计等式；后者反映企业一个会计期间的经营成果，其理论依据是"收入－费用=利润"的会计等式。

根据前述例题的资料，编制出祥顺时装店2011年12月份的会计报表如表2-2、表2-3所示。

表2-2　　　　　　　　　　　　　　资产负债表
编制单位：祥顺时装店　　　　2011年12月31日　　　　　　　　　　单位：元

项目	金额	项目	金额
资产：		负债：	
银行存款	128 400	短期借款	64 800
库存商品	12 000		
		所有者权益：	
		实收资本	67 200
		未分配利润	8 400
资产总计	140 400	负债及所有者权益总计	140 400

表2-3　　　　　　　　　　　　　　利润表
编制单位：祥顺时装店　　　　2011年12月　　　　　　　　　　　　单位：元

项目	金额
主营业务收入	33 600
减：主营业务成本	24 000
管理费用	1 200
利润	8 400

第三节 会计科目与账户设置

一、会计科目

(一) 会计科目的意义

会计科目是对会计对象具体内容进行分类核算的项目。在我国，会计科目是会计准则中的一项重要内容，由主管会计工作的财政部门制定。

正如第一章所述，会计对象是社会扩大再生产过程中的资金运动，资金运动是由各种各样经济业务的发生引起的，经济业务发生会涉及资产、负债、所有者权益、收入、费用和利润各会计要素的变化。

会计要素只是概括地反映会计对象，比较笼统。因此，为了全面、系统、清晰地核算和监督各项经济活动，以及由此引起的会计诸要素增减变动情况，就必须对会计要素再进行科学的分类。

各个会计要素都可以进一步划分为若干个明细项目。比如，会计主体拥有资产的具体形态，有其共同点，也有不同点。企业的房屋、建筑物、运输工具等，是企业进行生产经营活动的劳动资料；而各种原材料、辅助材料、燃料等，则是企业进行生产经营活动的劳动对象。劳动资料、劳动对象虽然都是能够给企业带来经济利益的资产，但是由于它们的物理性能、经济用途都不相同，在会计上就必须分别作为"固定资产"、"原材料"来记录其增减变动和结存情况，而不能仅用一个"资产"项目来反映。同样，企业的权益，由于权益所有者的身份不同，权益的持续时间长短不同等，也应按照不同性质和不同来源分别进行记录。对其他各项会计要素也要按其具体经济内容和用途来分类进行核算和监督。这种分类就是通过设置会计科目进行的。

会计科目以会计对象的具体内容为基础，根据经济管理的需要而设置。因此，设置会计科目可以保证各单位取得经济管理所需要的核算指标，并按规定的核算内容检查会计账目的正确性与合法性；设置会计科目是填制会计凭证、复式记账和编制会计报表的基础。

(二) 设置会计科目的原则

1. 会计科目的设置，必须考虑会计对象的特点

会计科目作为对会计对象具体内容进行分类核算的项目，应能全面、系统地反映会计对象的全部内容。但是，由于会计对象的具体内容不同，设置的会计科目也应有所不同。例如，工业企业是生产产品的单位，必须设置"生产成本"和"制造费用"等科目，用以反映产品生产过程中物化劳动和活劳动的消耗，并据以对生产过程进行控制。而商品流通企业主要从事商品购销业务，一般没有制造产品的业务，所以不必设置"生产成本"等科目，而需要设置"库存商品"和"商品进销差价"等科目。

2. 设置会计科目，必须符合经济管理的要求

设置会计科目，既要考虑会计对象的具体内容，又要符合经济管理的要求，以便为加强经济管理提供必要的经济指标。例如，营利企业为了核算和监督利润的形成、分配情

况，就需要设置"本年利润"和"利润分配"等会计科目；为了执行企业会计准则规定的权责发生制会计处理基础，合理确定收入和费用的归属期间，就需要设置"长期待摊费用"和"应付利息"会计科目。但在行政事业单位里，由于不存在利润核算的问题，也就不需要设置企业中上述有关会计科目。

3. 会计科目的设置，应保持相对的稳定性

会计科目是在会计准则及其应用指南中规定的，为了保证会计科目的相对稳定，会计准则的制定也要保持相对稳定。会计科目的稳定性，是指在一定时期内，会计科目的名称、含义，尤其各会计科目的核算内容必须一致。会计科目的相对稳定，可以保证经济管理工作正确运用会计科目以及保持会计核算资料的可比性。

4. 会计科目的设置，应保证总体的完整性和个体的互排性

会计科目总体的完整性是指一个经济单位设置的会计科目，应能反映本单位发生的所有经济业务。会计科目个体的互排性是指各会计科目都有特定的核算内容，不存在同一业务内容既可以在此会计科目核算又可以在彼会计科目核算的现象。会计科目核算内容的互排性，是保证会计核算资料统一性和准确性的重要条件。

(三) 会计科目的分类

按照"资产＝负债＋所有者权益"的会计等式，根据资金运动的特点和生产经营管理的需要，企业设置的会计科目及其分类具有明显的行业特点。但总括来看，它是按会计要素的类别划分的。以企业会计为例，一般的分类方法及其所分类别是：

1. 资产类会计科目

资产类会计科目主要是根据资产的流动性，将资产类会计科目进一步分为流动资产类、长期投资类、固定资产类、无形资产类和其他资产类会计科目。

2. 负债类会计科目

负债类会计科目主要是根据偿债期限的长短，将负债类会计科目进一步分为流动负债类会计科目和长期负债类会计科目。

3. 所有者权益类会计科目

所有者权益类会计科目主要根据取得的先后顺序以及形成来源，将所有者权益类会计科目进一步分为资本类、公积金类和未分配利润类会计科目。

4. 成本类会计科目

成本类会计科目具有较强的行业特点，如工业企业、施工企业等从事生产活动的企业，必须设置成本类会计科目，而商品流通企业、交通运输企业则不需要设置此类会计科目。同时，从事不同生产活动的企业设置的成本类会计科目，其名称、核算内容也应该有一定的差别。

5. 损益类会计科目

损益类会计科目主要是根据形成企业经营损益的具体收、支项目而设置的会计科目。可以进一步分为收入类、费用类两大类会计科目。如主营业务收入、其他业务收入、投资收益、营业外收入属于收入类会计科目；主营业务成本、营业税金及附加、销售费用、管理费用、财务费用等属于费用类会计科目。

我国财政部 2006 年 10 月 30 日发布的《企业会计准则——应用指南》中对会计科目

作了统一的规定，本书选取了一部分常用会计科目列示于表2-4之中。

表2-4　　　　　　　　　　　　　　会计科目表

序号	编号	会计科目名称	序号	编号	会计科目名称
		一、资产类	27	2221	应交税费
1	1001	库存现金	28	2232	应付股利
2	1002	银行存款	29	2241	其他应付款
3	1015	其他货币资金	30	2501	长期借款
4	1101	交易性金融资产	31	2502	应付债券
5	1121	应收票据			三、所有者权益者
6	1122	应收账款	32	4001	实收资本
7	1221	其他应收款	33	4002	资本公积
8	1231	坏账准备	34	4101	盈余公积
9	1223	预付账款	35	4103	本年利润
10	1401	材料采购	36	4201	利润分配
11	1403	原材料			四、成本类
12	1405	库存商品	37	5001	生产成本
13	1511	长期股权投资	38	5101	制造费用
14	1512	长期股权投资减值准备	39	5201	劳务成本
15	1601	固定资产			五、损益类
16	1602	累计折旧	40	6001	主营业务收入
17	1606	固定资产清理	41	6051	其他业务收入
18	1701	无形资产	42	6111	投资收益
19	1702	累计摊销	43	6301	营业外收入
20	1801	长期待摊费用	44	6401	主营业务成本
21	1901	待处理财产损益	45	6402	其他业务成本
		二、负债类	46	6403	营业税金及附加
22	2001	短期借款	47	6601	销售费用
23	2201	应付票据	48	6602	管理费用
24	2202	应付账款	49	6603	财务费用
25	2203	预收账款	50	6711	营业外支出
26	2211	应付职工薪酬	51	6801	所得税费用

(四) 会计科目的分级

根据反映会计信息的详细程度不同,可以将会计科目分为一级科目、二级科目和三级科目等。

1. 一级科目

一级科目就是总分类科目,也称为总账科目,它是总括反映各项会计要素增减变化情况和结果的会计科目。表 2-4 列示的会计科目都是一级科目。一级科目原则上由财政部门统一制定。

2. 二级科目

二级科目属于明细分类科目,也叫子目,它是根据经营管理的需要,在一级会计科目的基础上设置的,是对一级科目所属的经济内容进行详细分类的会计科目。二级会计科目提供的核算指标要比一级科目详细,但又比三级科目概括。例如,在原材料种类、规格繁多的企业里,在"原材料"一级科目下面,可以按原材料的类别设置"原料及主要材料"、"辅助材料"、"燃料"等二级科目,以便统驭多品种、多规格材料的明细核算,以及对材料进行多层次的控制和管理。

3. 三级科目

三级科目也属于明细分类科目,简称细目,它提供最为详细的核算指标。例如,在"原料及主要材料"二级会计科目之下,可以按材料的具体名称或规格设置三级科目。

在实际工作中,除"库存现金"、"坏账准备"、"累计折旧"等少数一级科目外,大多数一级科目下面都要设置明细分类科目。

下列的图 2-8、图 2-9 说明了有关会计科目的分级情况。

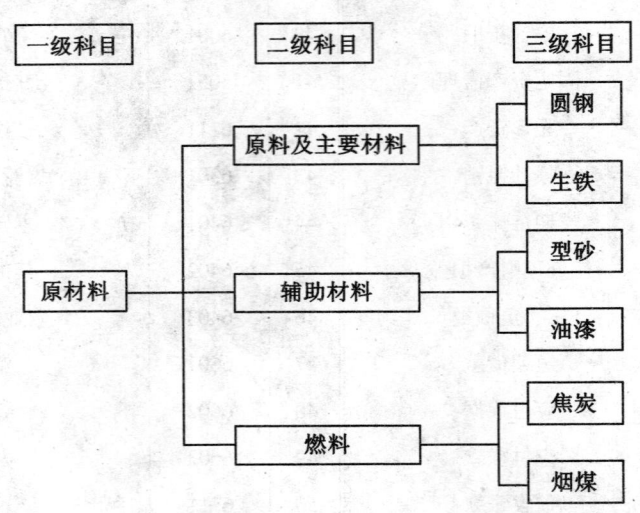

图 2-8 原材料会计科目分级图

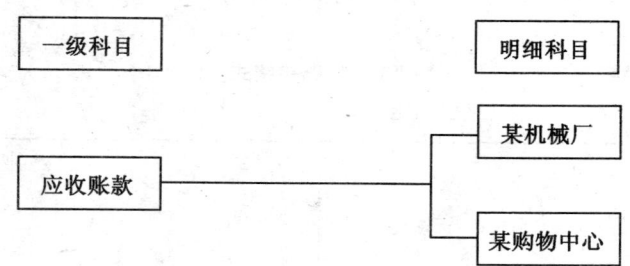

图 2-9　应收账款会计科目分级图

二、会计账户

(一) 账户及其结构

会计科目虽然是对会计对象具体内容进行分类核算的依据，但它不能反映经济业务发生后引起的会计要素的增减变化情况和结果。为了提供经济管理所需要的各种核算资料，还必须依据规定的会计科目开设账户，以便对发生的各项经济业务进行连续、系统、综合的记录。

账户是根据会计科目开设，具有一定格式，以便分门别类反映各会计要素增减变动及其结果的账页。设置账户是会计核算的一种专门方法。

账户由账户名称和基本结构两个部分组成。账户的名称就是会计科目，用以说明该账户所记录的经济业务内容，以区别于其他账户。账户的基本结构是指账户包括哪些栏目以及各栏目登记什么内容。账户结构中有两个重要部分：一部分记录增加数额；另一部分记录减少数额。这是因为经济业务的发生对会计要素的影响虽然错综复杂，但在量的变动方面不外乎增加和减少两种情况。账户所记录的增加、减少内容，不仅使账户记录的经济业务一目了然，而且便于对账户两部分的数额分别进行合计，以及求出二者之间的差额，得出净发生额和余额。

在采用借贷记账法的情况下，通常把账户的左边规定为"借方"，把账户的右边规定为"贷方"。账户的典型结构如表 2-5、表 2-6 所示，其中，表 2-5 是实际工作中使用的账户。这种账户主要包括借方、贷方、余额三栏，所以一般称为三栏式账户。

在教科书上，为了便于简洁明快地说明问题，通常把账户的结构简化为如表 2-6 所示的"T"形账户。

表 2-5　　　　　　　　　　　账户结构

账户名称：

年		凭证		摘要	借方金额	贷方金额	余额	
月	日	种类	号数				借或贷	金额

表 2-6　　　　　　　　　　　　　　"T" 形账户格式
（借方）　　　　　　　　　　　　　　（账户名称）　　　　　　　　　　　　　　（贷方）

账户的设置和运用，可以通过下面的例题予以说明。

【例 2-12】2011 年 7 月，江城公司原材料总账账户的期初余额 10 000 元，当月发生以下有关原材料收发业务，据以登记原材料总账。原材料账户的借方登记原材料增加数额，贷方登记原材料减少数额，期初和期末余额在该账户的借方。

(1) 5 日，购买甲材料 50 000 元。
(2) 10 日，生产车间生产产品领用甲材料 30 000 元。
(3) 15 日，购买乙材料 10 000 元。
(4) 25 日，生产车间生产产品领用乙材料 8 000 元。
(5) 30 日，购入甲材料 20 000 元。

根据上述经济业务登记原材料总账如表 2-7 所示。

表 2-7　　　　　　　　　　　　　　原材料总账

2011 年		凭证		摘要	借方金额	贷方金额	余额	
月	日	种类	号数				借或贷	金额
7	1			期初余额			借	10 000
	5			购入甲材料	50 000		借	60 000
	10			生产领用原材料		30 000	借	30 000
	15			购买乙材料	10 000		借	40 000
	25			生产领用乙材料		8 000	借	32 000
	30			购入甲材料	20 000		借	52 000
	31			本月合计	80 000	38 000	借	52 000

采用 "T" 形账户登记的原材料总账如表 2-8 所示。

表2-8　　　　　　　　　　　　　　　　原材料

借方				贷方
	10 000		（2）	30 000
（1）	50 000		（4）	8 000
（3）	10 000			
（5）	20 000			
本期发生额	80 000		本期发生额	38 000
期末余额	55 200			

在账户中所记录的金额包括期初余额、本期增加额、本期减少额、期末余额四项。期初余额是指结转而来的上期期末余额；本期增加额包括本期发生的每笔增加额及其合计数；本期减少额包括本期发生的每笔减少额及其合计数；期末余额是指期初余额加本期增加额合计数减本期减少额合计数后的差额。

（二）账户与会计科目的联系和区别

会计科目与账户是既有密切联系又有严格区别的两个概念。

会计科目与账户的联系表现在两个方面：首先，二者反映的经济内容一致。例如，"应收账款"会计科目与"应收账款"账户，经济内容都是指由于赊销商品应向购货单位收取的货款。其次，账户是根据会计科目开设的户头，账户的名称就是会计科目；设置会计科目的主要目的就是为了设置账户，可见设置会计科目是设置账户的前提条件。

会计科目与账户的区别表现在三个方面：首先，会计科目仅说明反映的经济内容是什么，而账户不仅说明反映的经济内容是什么，而且还具有一定的结构，可以记录经济业务的发生情况和结果，为经济管理提供量化的核算资料。其次，会计科目的用途主要是开设账户、填制记账凭证，而账户的用途主要是系统提供某一具体会计对象的核算资料，以及为编制会计报表和加强经济管理提供经济指标；最后，设置账户是会计核算方法的组成部分，它包含着设置会计科目的内容，而设置会计科目不构成一种独立的会计方法，它只是为账户的设置提供依据。

☞本章小结

会计要素是会计对象的具体化。会计要素包括资产、负债和所有者权益静态会计要素以及收入、费用和利润动态会计要素两类。

"资产=负债+所有者权益"称为静态会计方程式，是编制资产负债表的理论依据；"收入－费用=利润"是动态会计方程式，是编制利润表的理论依据；"资产+费用=负债+所有者权益+收入"是全面反映资金静态运动和动态运动的会计方程式，是反映经济业务变化对会计等式影响以及进行试算平衡的综合性公式。

企业经济业务虽然千变万化，但每一项经济业务都会引起至少两个会计要素的增减变动，并且不会破坏会计方程式的平衡关系。

为了准确记录每一项经济业务发生后引起的会计要素中个别项目发生的数量变动，必须对会计要素包括的具体内容进行科学分类，并赋予每个类别一个特定的名称，即会计科目。总账会计科目一般由国家统一规定，明细科目由企业根据实际情况设置。会计科目只是反映了经济业务的内容，要想了解经济业务变化的过程和结果还必须通过会计账户加以反映。

账户是根据会计科目开设，具有一定格式，以便分门别类反映各会计要素增减变动及其结果的账页。设置账户是会计核算的一种专门方法。账户与会计科目有一定的联系和区别。

☞思考题

1. 什么是会计要素？我国的会计要素有哪六个？掌握各会计要素的概念、特征和分类。
2. 什么是会计等式？会计等式有哪几个？
3. 为什么资产与权益总额必然相等？为什么各种各样经济业务的发生不会破坏会计等式的平衡关系？
4. 什么是经济业务事项？经济业务事项包括哪四种类型？举例说明。
5. 会计等式与会计报表之间有什么联系？
6. 什么是会计科目？设置会计科目的意义是什么？
7. 设置会计科目必须遵循哪些原则？
8. 举例说明会计科目的分级。
9. 什么是账户？账户的一般结构是什么？账户与会计科目有什么联系和区别？

☞练习题

习 题 一

（一）目的：练习资产、负债及所有者权益的分类，了解它们之间的关系，熟悉会计科目。

（二）资料：江城工厂 2010 年 9 月 30 日各资金项目及金额如下：

(1)	库存造纸用各种材料	24 000
(2)	房屋	1 080 000
(3)	机器设备	480 000
(4)	存在银行的款项	14 760
(5)	业主投入资本	240 000
(6)	汽车	180 000
(7)	库存的修理用零部件	48 000
(8)	购货单位欠货款	96 000
(9)	出纳员保管的现金	360
(10)	外单位投入资本	180 000
(11)	拖欠供货单位的货款	60 000

(12) 向银行借入的半年期借款　　　　　　　　　　　120 000
(13) 库存的完工产品　　　　　　　　　　　　　　　 60 000
(14) 尚未交纳的税金　　　　　　　　　　　　　　　 3 600
(15) 职工出差暂借款（计入"其他应收款"账户）　　　 480
(16) 固定资产已提折旧　　　　　　　　　　　　　　 60 000

（三）要求：根据上述资料，说明各资金项目应列入的会计科目名称，并指出哪些属于资产、负债、所有者权益项目。

习 题 二

（一）目的：分析经济业务对会计等式的影响。

（二）资料：江城工厂 2010 年 11 月 30 日的资产负债表如下：

资　产	金　额	负债及所有者权益	金　额
库存现金	1 920	短期借款	120 000
银行存款	30 480	应付账款	30 600
应收账款	156 000	预收账款	78 000
预收账款	60 000	应交税费	11 400
原材料	168 000	实收资本	600 000
固定资产	531 600	资本公积	180 000
无形资产	132 000	盈余公积	60 000
总　　计	1 080 000	总　　计	1 080 000

该企业 12 月份发生下列经济业务（不考虑增值税问题）：

(1) 购入原材料一批，金额 38 000 元。材料已验收入库，货款通过银行支付。
(2) 接受投资者投入机器设备一台，价值 120 000 元，
(3) 从银行取得期限为三个月的借款 100 000 元，已经办理贷款转存款手续。
(4) 收到购货单位归还前欠货款 50 000 元存入银行。
(5) 采购员王某预借差旅费 3 000 元，以现金支付。
(6) 用银行存款归还短期借款 80 000 元。
(7) 接受捐赠设备一台，价值 60 000 元。
(8) 用盈余公积 50 000 元转赠资本金。
(9) 用银行存款缴纳税费 11 000 元。
(10) 把现金 15 000 元送存银行。

（三）要求：

(1) 列出每项经济业务涉及的会计科目，逐项分析每项经济业务对资产、负债及所有者权益三项会计要素增减变动的影响。

(2) 计算 12 月末的各会计科目的增加额、减少额以及期末结余额，并编制 12 月的

资产负债表。

习 题 三

（一）目的：练习账户的设置与登记。

（二）资料：见本章习题二的资料。

（三）要求：设置银行存款三栏式总账、银行存款"T"形账户，对江城工厂 2010 年 12 月的银行存款增减业务进行登记，并结出账户的"本期发生额"和"期末余额"。

第三章 复式记账

◎**教学目的与要求** 通过本章的学习，应理解单式记账法和复式记账法的特点，掌握复式记账法的概念、理论依据和优点。掌握借贷记账法的基本内容，包括记账符号、账户结构、记账规则和试算平衡等。理解账户对应关系、会计分录的概念、会计分录的书写格式。掌握总账、明细账的含义以及二者的联系和区别；掌握总账与明细账平行登记的概念、要点以及平行登记的具体方法。

◎**教学重点与难点** 本章的教学重点是复式记账法的内容、平行登记方法。本章的教学难点是复式记账法的内容，以及以复式记账法、平行登记为中心，将会计账户、会计科目、会计要素、会计对象、会计职能、会计含义有机结合起来进行理解。

第一节 复式记账原理

为了全面地、系统地核算和监督经济活动，取得经济管理所需要的核算资料，根据会计科目开设账户后，还必须运用科学的记账方法在账户中对经济业务予以登记。所谓记账方法，就是在账户中登记各项经济业务的技术方法。按记账方法的记录方式不同，可以分为单式记账法和复式记账法两类。

一、单式记账法

单式记账法，就是对每项经济业务一般只在一个账户中进行登记的一种方法。有时即使在两个账户中进行登记，但这两个账户之间的记录也没有直接的联系。这是早期会计运用的一种方法。运用单式记账法，往往只注重库存现金和银行存款的收、付不出差错，以及应收账款、应付账款结算业务记录清楚，对于其余财产物资由于都在本单位掌管之下而不做任何记录。单式记账法一般只要求设置库存现金、银行存款、应收账款、应付账款四本账。现代手工作坊或小型经营店铺往往都采用单式记账法记录主要经济业务。

现以某小型洗涤用品厂的部分经济业务为例说明单式记账法的运用。

【**例 3-1**】向 A 工厂购入甲材料 100 公斤，单价 60 元，计 6 000 元。材料已经验收入库，货款尚未支付。

采用单式记账法记录这项经济业务，只记录应付账款增加 6 000 元，而不记录原材料的增加。

【例 3-2】 以库存现金 820 元支付电费。

按单式记账法记录这项经济业务，只记录现金减少 820 元，不记录费用的增加。

【例 3-3】 以银行存款 3 000 元归还前欠 A 工厂的材料款。

对这项经济业务，虽然在"银行存款"和"应付账款"两个账户中分别记录减少 3 000元，但这笔经济业务在账户中所做的双重记录纯属偶然，它并没有注重这笔经济业务与两个账户的必然联系，而是在两个账户中分别孤立地各记各的账。

单式记账法不能提供全面完整的会计信息，不能反映资金增减变化的来龙去脉，也不便于检查会计记录的正确性。目前，这种记账方法在具有一定规模的企事业单位里已经很少使用了。

二、复式记账法

复式记账法，就是对每项经济业务，以相等的金额，同时在两个或两个以上相互联系的账户中予以登记，借以反映该项经济业务所引起资金运动双重变化的一种记账方法。比如，以银行存款购买原材料，一方面，要记录原材料的增加；另一方面，要记录银行存款的减少，以便全面反映资金的来龙去脉。

复式记账法以会计等式和经济业务的类别为理论依据。因为，会计的基本等式为"资产=负债+所有者权益"，根据数学方程式的原理进行推论，等式两侧同时增加或减少同一数值，或者等式一侧一增一减相同数值，等式仍然成立。另外，企业发生的经济业务，纵然千变万化，但都与会计等式的数学原理相关。由于任何一项经济业务发生，都会引起两个或两个以上会计要素的具体项目发生增减变动，有些经济业务引起会计等式两边会计要素具体项目同增同减，而有些经济业务只引起会计等式一侧会计要素具体项目此增彼减，这些经济业务都表现着一定量资金的"来踪"和"去迹"两个方面，并且不影响会计等式的平衡关系。因此，会计等式和经济业务的既定类型，决定着经济业务得以做成双重记录的可能性以及账户之间有关数字具有平衡关系的必然性，这就是复式记账法的原理。

采用复式记账法，能够设置较为完整、全面的账户体系，不仅核算库存现金、银行存款和债权债务类经济业务，而且还要核算各种财产物资的增减变化以及财务成果的形成与分配等全面的经济活动；采用复式记账法，能通过相互联系的账户，全面反映经济业务所引起的资金增减变化过程和结果；采用复式记账法，还可以利用账户间金额的平衡关系，检查账户记录的正确性和完善性。因此，复式记账法是一种较为科学的记账方法。

复式记账法的内容，主要包括记账符号与账户结构、记账规则和试算平衡三个相互联系的基本部分。根据国际惯例，我国采用的复式记账法是借贷记账法。

第二节　借贷记账法

一、借贷记账法及其沿革

借贷记账法是以复式记账的基本原理为基础，以"借"、"贷"二字为记账符号，以

"有借必有贷，借贷必相等"为记账规则，反映会计对象具体内容增减变动情况和结果的一种记账方法。

借贷记账法产生于中世纪资本主义开始萌芽的意大利。当时，贷金业业主，一方面，以支付利息的方式收存商人手中的货币；另一方面，又把收存的货币借给另外的商人以收取较高的利息获得利差收入，从而形成了借贷资本家。借贷资本家在将款项借给商业资本家时，在借主名下登记借出的款项，表示债权的增加；在收存商业资本家的款项时，则在贷主名下登记取得的款项，表示债务的增加。采用这种记录方式，对借贷资本家来说，借贷两字的含义与账户中记录的经济业务内容是相符的，是反映债权债务关系的记录文字。

随着资本主义的发展，以"借"、"贷"来设置账户和登记账簿的记账方法被广泛运用。在工、商等企业的会计账簿里，借贷不仅用以记录货币的出入，而且也记录各种财产物资的增减变化。这样，借贷二字就逐渐失去了原有的含义，转化为表明记账方向的纯粹的记账符号，成为会计上的专门术语。后来，在漫长的经济发展过程中，借贷记账法除包括记账符号外，还建立了记账规则、试算平衡的方法。

借贷记账法作为一种技术性较强的会计方法，于清朝末年从日本传入我国，它首先在官僚资本主义经营的铁路、银行和邮局等企业使用，后来又逐渐推广到大中型民族工商企业使用。中华人民共和国成立后，我国国有企业和其他单位也曾经采用过借贷记账法记账，但有些行业也采用增减记账法和收付记账法记账。1993年7月1日开始，我国所有的企业都采用借贷记账法。

二、借贷记账法的基本内容

（一）记账符号与账户结构

记账符号是用以确定发生的经济业务应当记入账户某一方向的标志。不同的记账方法，记账符号也不相同。记账符号是一种记账方法区别于另一种记账方法的重要特征。

借贷记账法以"借"、"贷"二字为记账符号。这两个符号没有什么确切的含义，只是分别代表账户的"左"、"右"两个方向。但是结合在具体的账户里时，它被规定有确切的含义：在会计等式左边的资产、费用账户里，"借"表示增加，"贷"表示减少；在会计等式右边的负债、所有者权益、收入账户里，"借"表示减少，"贷"表示增加。记账符号与会计等式诸要素之间的关系，可用表3-1来加以说明。

表3-1　　　　　　　　　　记账符号含义表

含义＼会计要素＼记账符号	资产	费用	负债	所有者权益	收入
借	增加	增加	减少	减少	减少
贷	减少	减少	增加	增加	增加

账户结构是指账户的具体结构,即账户的借方登记什么内容,贷方登记什么内容,余额应该在账户的哪一方及其表示什么内容。在借贷记账法下,资产类、负债及所有者权益类、成本费用类、收入和利润类账户的具体结构如表3-2至表3-5所示。

表 3-2　　　　　　　　　　　　　　资产类账户

借方		贷方	
期初余额	×××	(1) 本期减少额	×××
		(2) 本期减少额	×××
(1) 本期增加额	×××	⋮	
(2) 本期增加额	×××		
⋮			
本期发生额	×××	本期发生额	×××
期末余额	×××		

表 3-3　　　　　　　　　　　　负债及所有者权益类账户

借方		贷方	
(1) 本期减少额	×××	期初余额	×××
(2) 本期减少额	×××	(1) 本期增加额	×××
⋮		(2) 本期增加额	×××
		⋮	
本期发生额	×××	本期发生额	×××
		期末余额	×××

表 3-4　　　　　　　　　　　　　成本、费用类账户

借方		贷方	
(1) 成本、费用增加额	×××	成本、费用减少与转销额	×××
(2) 成本、费用增加额	×××		
⋮			
本期发生额	×××	本期发生额	×××

表 3-5　　　　　　　　　　　收入、利润类账户

借方		贷方	
收入、利润的减少与转销额	×××	(1) 收入、利润的增加额	×××
	×××	(2) 收入、利润的增加额	×××
⋮		⋮	
本期发生额	×××	本期发生额	×××

从以上账户的简化结构中可以看出，采用借贷记账法时，增加额、减少额、期初和期末余额分别在账户的哪一方列示，这与账户的性质有关。

一般情况下，在会计期末都要把收入类账户、费用类账户结平，使其期末余额为零。当成本、利润类账户会计期末有余额时，其余额的计算方法和所在方向，分别与资产、权益类账户相同。

（二）记账规则

记账规则是进行会计记录和检查账簿登记正确与否的依据。不同的记账方法，具有不同的记账规则。借贷记账法的记账规则是："有借必有贷，借贷必相等"。这一记账规则包括两层含义：其一，对任何一项经济业务，在记入一个账户借方的同时，必须记入另一个或几个账户的贷方；在记入一个账户的贷方的同时，必须记入另一个或几个账户的借方。其二，登记在借方账户的金额，必须与登记在贷方账户的金额相等。

现以江城公司有关经济业务为例说明记账规则的具体运用。

江城公司 2011 年 6 月 30 日资产负债表如表 3-6 所示。

表 3-6　　　　　　　　　　　资产负债表

编表单位：江城公司

资　　产	金　　额	负债及所有者权益	金　　额
库存现金	600	短期借款	12 000
银行存款	168 000	应付账款	31 800
原材料	96 000	实收资本	820 000
固定资产	600 000		
总　　计	864 600	总　　计	864 600

2011 年 7 月份，江城公司发生以下有关经济业务：

【例 3-4】 从银行取得半年期借款 9 600 元，直接用于归还中原化工厂货款。

这笔经济业务涉及两个负债类账户，使"短期借款"增加，使"应付账款"减少，应记入"应付账款"账户的借方和"短期借款"账户的贷方。登账结果如下（"T"形账

户中左右两方的"借"、"贷"符号可以省略不写):

短期贷款		应付账款	
	期初余额 12 000		期初余额 31 800
	【例 3-4】9 600	【例 3-4】9 600	

【例 3-5】收到某单位投资的全新设备若干台,价值 120 000 元。

这笔经济业务涉及"固定资产"和"实收资本"两个账户,使资产和所有者权益同时增加,应记入"固定资产"账户借方和"实收资本"账户贷方。登账结果如下:

实收资本		固定资产	
	期初余额 820 800	期初余额 600 000	
	【例 3-5】120 000	【例 3-5】120 000	

【例 3-6】从银行提取现金 1 200 元,以备零星之用。

这笔经济业务涉及两个资产类账户,使"库存现金"增加,"银行存款"减少,应记入"现金"账户的借方和"银行存款"账户的贷方。登账结果如下:

银行存款		库存现金	
期初余额 168 000		期初余额 600	
	【例 3-6】1 200	【例 3-6】1 200	

【例 3-7】购入原材料 10 吨,单价 624 元,货款 6 240 元以银行存款付清。

这笔经济业务涉及两个资产类账户,使"原材料"增加,"银行存款"减少,应记入"原材料"账户借方和"银行存款"账户贷方。登记结果如下:

银行存款		原材料	
期初余额 168 000	【例 3-6】1 200	期初余额 96 600	
	【例 3-7】6 240	【例 3-7】6 240	

【例3-8】 人力资源部职工宋某因公出差，预借差旅费1 440元，开出现金支票1 440元让其去银行自行提取款项。

这笔经济业务涉及两个资产类账户，使"其他应收款"增加1 440元，"银行存款"减少1 440元，应记入"其他应收款"账户的借方和"银行存款"账户贷方。登记结果如下：

其他应收款		银行存款	
		期初余额 168 000	【例3-6】1 200
【例3-8】1 440			【例3-7】6 240
			【例3-8】1 440

从以上五笔业务看出，每笔业务都记入了两个账户：一个记借；另一个记贷，且金额相等，符合上述记账规则。

（三）试算平衡

企业对日常发生的经济业务都要记入有关账户。由于经济业务内容庞杂，登记账户次数繁多，稍有疏忽，便有发生差错的可能。因此，对全部账户的记录必须定期进行试算平衡，借以验证账户记录是否正确。

试算平衡，是利用资产和权益之间存在的对立统一的平衡关系以及记账规则的平衡理论，检查各类账户的记录是否正确的一种方法。试算平衡一般是通过编制"试算平衡表"进行的。借贷记账法的平衡关系有两种：

1. 借贷发生额平衡

借贷发生额平衡包括两个方面的内容：一是每笔会计分录的发生额平衡，即每笔会计分录的借方发生额必须等于贷方发生额，这是借贷记账法的规则所决定的；二是本期发生额的平衡，即本期所有账户的借方发生额合计必须等于所有账户的贷方发生额合计。因为，本期所有账户的借方发生额合计，相当于把复式记账的借方发生额相加；所有账户的贷方发生额合计，相当于把复式记账的贷方发生额相加，二者必然相等。第二种平衡关系用公式表示为：

各账户借方发生额之和＝各账户贷方发生额之和

2. 余额平衡

余额平衡包括期初余额的平衡和期末余额的平衡。余额平衡是指所有账户的借方余额之和与所有账户的贷方余额之和相等。因为，在某一时点上，有借方余额的账户应是资产类账户，有贷方余额的账户应是权益类账户，分别合计其金额，即是具有相等关系的资产总额、权益总额。这种关系可用下列公式表示：

各账户期末借方余额之和＝各账户期末贷方余额之和

为说明本期发生额及余额的平衡，设置有关账户将以上经济业务进行登记，并在月末结算出各账户的本期发生额和期末余额，然后据以编制"试算平衡表"。江城公司2011

年7月份的"试算平衡表"如表3-7所示。

试算平衡表可以反映账户记录的平衡关系，若试算不平衡，则说明账户的记录或计算有错误，应采用一定的方法查找、更正。若试算平衡，则说明账户记录基本正确。

短期借款		银行存款	
	期初余额 12 000	期初余额 168 000	【例3-6】1 200
	【例3-4】9 600		【例3-7】6 240
			【例3-8】1 440
本期发生额 0	本期发生额 9 600	本期发生额 0	本期发生额 8 880
	期末余额 21 600	期末余额 159 120	

实收资本		应付账款	
	期初余额 820 800	【例3-4】9 600	期初余额 31 800
	【例3-5】120 000		
本期发生额 0	本期发生额 120 000	本期发生额 9 600	本期发生额 0
	期末余额 940 800		期末余额 22 200

固定资产		原材料	
期初余额 600 000		期初余额 96 000	
【例3-5】120 000		【例3-7】6 240	
本期发生额 120 000	本期发生额 0	本期发生额 6 240	本期发生额 0
期末余额 720 000		期末余额 102 240	

库存现金		其他应收款	
期初余额 600		期初余额 0	
【例3-6】1 200		【例3-8】1 440	
本期发生额 1 200	本期发生额 0	本期发生额 1 440	本期发生额 0
期末余额 1 800		期末余额 1 440	

表 3-7   试算平衡表
编表单位：江城公司   2011 年 7 月   单位：元

账户名称	期初余额		本期发生额		期末余额	
	借方	贷方	借方	贷方	借方	贷方
库存现金	600		1 200		1 800	
银行存款	168 000			8 880	159 120	
其他应收款			1 440		1 440	
原 材 料	96 000		6 240		102 240	
固定资产	600 000		120 000		720 000	
应付账款		31 800	9 600			22 200
短期借款		12 000		9 600		21 600
实收资本		820 800		120 000		940 800
合　　计	864 600	864 600	138 480	138 480	984 600	984 600

三、账户对应关系与会计分录

复式记账法要求对每项经济业务都必须记入两个或两个以上的账户，从而使这些账户形成了对立统一、相互依存的关系，这种关系称为账户的对应关系。具有对应关系的账户互为对应账户。任何一个账户，都有其固定的对应账户，如"库存商品"账户的对应账户只能是"生产成本"和"主营业务成本"账户。

通过账户的对应关系，可以了解经济业务的内容。例如，通过前述江城公司"银行存款"账户贷方登记 1 200 元及"库存现金"账户借方登记 1 200 元的记录，可以知道企业发生了从银行提取现金 1 200 元的经济业务。通过账户的对应关系，还可以发现对经济业务的处理是否合理合法。

为了保证账户记录的正确性，在把经济业务记入账户之前，应当先根据经济业务所涉及的账户及其记账方向和金额编制会计分录，然后据以登记账户。会计分录，就是按照复式记账的原理，对发生的每笔经济业务简明、扼要地指出应记账户的名称、方向和金额的一种记录。例如，前述江城公司的五笔经济业务，可以编制成如下会计分录：

【例 3-9】借：应付账款　　　　　　　　　　　　　　　　　9 600
　　　　　　贷：短期借款　　　　　　　　　　　　　　　　　　9 600

【例 3-10】借：固定资产　　　　　　　　　　　　　　　　 120 000
　　　　　　贷：实收资本　　　　　　　　　　　　　　　　　120 000

【例 3-11】借：库存现金　　　　　　　　　　　　　　　1 200
　　　　　　贷：银行存款　　　　　　　　　　　　　　　　　1 200

【例 3-12】借：原材料　　　　　　　　　　　　　　　　6 240
　　　　　　贷：银行存款　　　　　　　　　　　　　　　　　6 240

【例 3-13】借：其他应收款　　　　　　　　　　　　　　1 440
　　　　　　贷：银行存款　　　　　　　　　　　　　　　　　1 440

会计分录有简单分录与复合分录两种。只涉及两个账户的会计分录就是简单会计分录。以上列举的会计分录都是简单会计分录。凡涉及两个以上账户的会计分录就是复合分录。对复合分录举例如下：

【例 3-14】江城公司收到江城商业大楼投资的机器设备价值 144 000 元、人民币 96 000 元。机器设备已验收交付使用，款项已收存银行。会计分录为：

　　借：固定资产　　　　　　　　　　　　　　　　144 000
　　　　银行存款　　　　　　　　　　　　　　　　　96 000
　　　贷：实收资本　　　　　　　　　　　　　　　　240 000

【例 3-15】江城公司从大华物贸中心购入原材料一批，货款共计 60 000 元，以银行存款支付 36 000 元，其余货款待后支付。会计分录为：

　　借：原材料　　　　　　　　　　　　　　　　　60 000
　　　贷：银行存款　　　　　　　　　　　　　　　　36 000
　　　　　应付账款　　　　　　　　　　　　　　　　24 000

对反映一笔经济业务的复合分录，可以分解为若干笔简单分录，同理，也可以把反映一笔经济业务的若干简单分录合并为一笔复合分录。在编制会计分录时，应该一项经济业务编制一笔会计分录，为了简化会计核算，也可以将若干笔相同类型的经济业务编制成一笔会计分录。

在实际工作中，会计分录通常在具有一定格式的记账凭证里人工填写或由电子计算机打印出来。因此，会计分录的书写格式应符合以下要求：第一，先借后贷，平行交错。即一笔经济业务的会计分录，借方内容写在上方，贷方内容写在下方；贷方的记账符号、账户名称、入账金额都要比借方的相同内容往右错开。第二，为了清晰地揭示账户间的对应关系，反映资金的来龙去脉，在复合分录中，可以多借一贷，或一借多贷，一般情况下不得多借多贷。第三，为了简化手续，提高办事效率，在会计分录中可以省略记账符号和金额后边的"元"字。

第三节 总账与明细账

一、总账和明细账的设置

为了满足生产经营和财务管理的需要，对一切经济业务都必须在账户中进行登记。账户按其提供经济核算资料的详细程度不同，可以划分为总账和明细账两种。总账是总分类账户的简称，明细账是明细分类账户的简称。

总分类账户是根据一级会计科目开设的，用以记录各会计要素具体内容增减变动总括情况的账户。总分类账户只以金额进行记录。明细分类账户是根据明细会计科目开设的，用以记录相关总账详细情况的账户。在明细分类账里，除了用金额登记以外，对于财产物资类明细分类账，还必须兼用实物量进行记录。

总分类账户与明细分类账户是有着密切联系的账户。表现为：第一，某一总分类账户与其所属明细分类账的核算内容是相同的，如"原材料"总账与"原材料"各明细账，其核算内容都是原材料的增减变化和结存情况；第二，某一总分类账户与其所属的明细分类账户登记的原始依据是相同的，如"原材料"总账与其所属的明细账登记的增减变动情况，原始依据都是"原材料入库单"和"领料单"等；第三，总分类账户对其所属明细分类账户起着统驭、综合的作用，明细分类账户是总分类账户的具体化，对总账起着补充和说明的作用。

对各项经济业务通过总分类账户进行的核算称为总分类核算，通过明细分类账户进行的核算称为明细分类核算。例如，设置了"原材料"总分类账户，可以提供与全部原材料有关的总括资料，包括期初、期末结存原材料多少，一定时期内入库、出库原材料多少等。根据这些资料，可以考察原材料储备资金的占用和周转情况，对于节约资金使用，保证生产需要，加强原材料物资管理都有很大作用。但是在原材料种类繁多的企业里，仅依靠总账提供的核算资料，无法观察各种原材料之间入库、出库数额的均衡性以及库存结构的合理性。所以，在会计核算工作中，既要设置总分类账户进行总分类核算，又要设置明细分类账进行明细分类核算。

二、总分类账户与明细分类账户的平行登记

由于总分类账户与明细分类账户有着上述联系，所以，必须在二者之间进行平行登记。所谓平行登记，就是对发生的每项经济业务，既要在总分类账户中进行总括登记，又要在相关的明细分类账户中进行明细登记。登记总账与明细账的原始依据要相同，方向要一致，金额要相等。平行登记的要点如下：

第一，凡在总分类账户下设有明细分类账户的，对每一笔经济业务，应在记入总分类账户的同时，记入有关的一个或几个明细分类账户内。

第二，在登记总分类账户和明细分类账户时，登记的方向要一致。如果总分类账户登记在借方，则明细分类账户也要登记在借方；如果总分类账户登记在贷方，则明细分类账户也要登记在贷方。

第三，记入某一总分类账户的金额，必须与记入其所属的一个或几个明细分类账户的金额合计数相等。

【例3-16】江城公司2011年8月"原材料"、"应付账款"总分类账户及其明细分类账户的月初余额如下：

原材料　8 400元
　　其中：甲材料8 000公斤，每公斤0.60元，合计4 800元
　　　　　乙材料5 000公斤，每公斤0.72元，合计3 600元
应付账款　3600元
　　其中：宏博公司　　2 400元
　　　　　三环公司　　1 200元

2011年8月份该企业有关原材料收发业务和供货单位的结算业务如下：

（1）生产车间生产产品耗用甲材料5 000公斤，每公斤0.60元，计3 000元；耗用乙材料4 000公斤，每公斤0.72元，计2 880元。耗用材料共计5 880元。

（2）向宏博公司购进甲材料800公斤，单价0.60元，计480元；向三环公司购进乙材料3 500公斤，单价0.72元，计2 520元。购入材料共计3 000元，货款尚未支付。

（3）签发转账支票两份，偿还宏博公司货款2 400元、三环公司货款3 600元。

（4）从三环公司购入乙材料5 000公斤，单价0.72元，计3 600元，材料已经验收入库，货款尚未支付。

根据上列资料，首先，把月初余额记入有关总分类账户及其所属明细分类账户；其次，对各项经济业务编制会计分录；再次，采用平行登记的方法，将会计分录的内容记入有关账户；最后，计算并列示各账户的本期发生额及期末余额。

以上四笔经济业务的会计分录为：

（1）借：生产成本　　　　　　　　　　　　　　　　　　　　5 880
　　　　贷：原材料——甲材料　　　　　　　　　　　　　　　　　3 000
　　　　　　　　——乙材料　　　　　　　　　　　　　　　　　2 880
（2）借：原材料——甲材料　　　　　　　　　　　　　　　　　　480
　　　　　　——乙材料　　　　　　　　　　　　　　　　　　2 520
　　　　贷：应付账款——宏博公司　　　　　　　　　　　　　　　480
　　　　　　　　——三环公司　　　　　　　　　　　　　　　2 520
（3）借：应付账款——宏博公司　　　　　　　　　　　　　　　2 400
　　　　　　——三环公司　　　　　　　　　　　　　　　　3 600
　　　　贷：银行存款　　　　　　　　　　　　　　　　　　　6 000
（4）借：原材料——乙材料　　　　　　　　　　　　　　　　　3 600
　　　　贷：应付账款——三环公司　　　　　　　　　　　　　　3 600

按上述步骤，在"原材料"和"应付账款"总分类账户及其所属明细分类账户中进行平行登记后的结果如表3-8至表3-13所示。

表 3-8　　　　　　　　　　　　　"原材料"总分类账
账户名称：原材料　　　　　　　　　　　　　　　　　　　　　　　　　　第　页　单位：元

2011年		凭证号	摘　要	借　方	贷　方	借或贷	余　额
月	日						
12	1		期初余额			借	8 400
		(1)	生产领用		5 880	借	2 520
		(2)	购入	3 000		借	5 520
		(4)	购入	3 600		借	9 120
12	31		本期发生额及余额	6 600	5 880	借	9 120

表 3-9　　　　　　　　　　　　　"原材料"明细分类账
账户名称：甲材料　　　　　　　　　　　　　　　　　　　　　　　　　　　　　　单位：公斤

2011年		凭证号	摘　要	单价	收入		发出		结存	
月	日				数量	金额	数量	金额	数量	金额
12	1		期初余额	0.60					8 000	4 800
		(1)	生产领用	0.60			5 000	3 000	3 000	1 800
		(2)	购入	0.60	800	480			3 800	2 280
12	31		本期发生额及余额	0.60	800	480	5 000	3 000	3 800	2 280

表 3-10　　　　　　　　　　　　"原材料"明细分类账
账户名称：乙材料　　　　　　　　　　　　　　　　　　　　　　　　　　　　　　单位：公斤

2011年		凭证号	摘　要	单价	收入		发出		结存	
月	日				数量	金额	数量	金额	数量	金额
12	1		期初余额	0.72					5 000	3 600
		(1)	生产领用	0.72			4 000	2 880	1 000	720
		(2)	购入	0.72	3 500	2 520			4 500	3 240
		(4)	购入	0.72	5 000	3 600			9 500	6 840
12	31		本期发生额及余额	0.72	8 500	6 120	4 000	2 880	9 500	6 840

表 3-11　　　　　　　　　　　　　"应付账款"总分类账
账户名称：应付账款　　　　　　　　　　　　　　　　　　　　　　　　　　　　　单位：元

2011年		凭证号	摘　要	借　方	贷　方	借或贷	余　额
月	日						
12	1		期初余额			贷	3 600
		(2)	购材料未付款		3 000	贷	6 600
		(3)	偿还货款	6 000		贷	600
		(4)	购料未付款		3 600	贷	4 200
12	31		本期发生额及余额	6 000	6 600	贷	4 200

表 3-12　　　　　　　　　　　　"应付账款"明细分类账

账户名称：宏博公司

2011年		凭证号	摘　要	借方	贷方	借或贷	余额
月	日						
12	1		期初余额			贷	2 400
		(2)	购材料未付款		480	贷	2 880
		(3)	偿还货款	2 400		贷	480
12	31		本期发生额及余额	2 400	480	贷	480

表 3-13　　　　　　　　　　　　"应付账款"明细分类账

账户名称：三环公司

2011年		凭证号	摘　要	借方	贷方	借或贷	余额
月	日						
12	1		期初余额			贷	1 200
		(2)	购料未付款		2 520	贷	3 720
		(3)	偿还货款	3 600		贷	120
		(4)	购料未付款		3 600	贷	3 720
12	31		本期发生额及余额	3 600	6 120	贷	3 720

三、明细分类账户发生额及余额表

总分类账户及其所属的明细分类账户进行平行登记，必然会导致下列结果：

（1）各明细分类账户本期发生额之和等于相关总分类账户的本期发生额。

（2）各明细分类账户期初、期末余额之和分别等于相关总分类账户的期初余额、期末余额。

所以，每一个会计期间结束时，编制出"明细分类账户发生额和余额表"，把某一总分类账户所属的全部明细分类账户的发生额和余额集中到一张表格上，即可用来检查总分类账户与其明细分类账户之间的登记是否正确。该表的格式一般有两种：一种只列金额，如表 3-14 所示；另一种既列数量又列金额，如表 3-15 所示。

表 3-14　　　　　　　　　应付账款明细账发生额及余额表

2012 年 12 月

明细账户	期初余额	本期发生额		期末余额
		借方	贷方	
宏博公司	2 400	2 400	480	480
三环公司	1 200	3 600	6 120	3 720
合　计	3 600	6 000	6 600	4 200

表 3-15　　　　　　　　**原材料细账发生额及余额表**
　　　　　　　　　　　　　2012 年 12 月

明细账户	单价	期初余额		本期发生额				期末余额	
				收入		发出			
		数量	金额	数量	金额	数量	金额	数量	金额
甲材料	0.60	8 000	4 800	800	480	5 000	3 000	3 800	2 280
乙材料	0.72	5 000	3 600	8 500	6 120	4 000	2 880	9 500	6 840
合计	—	—	8 400	—	6 600	—	5 880	—	9 120

☞本章小结

记账方法分为单式记账法和复式记账法两类。复式记账法是对每项经济业务都以相等的金额，同时在两个或两个以上相互联系的账户中予以登记，借以反映该项经济业务所引起资金运动双重变化的一种记账方法。我国企业会计准则规定，会计记账采用借贷记账法。

借贷记账法的内容包括记账符号与账户结构、记账规则、试算平衡等。利用借贷记账法对经济业务编制会计分录，是《会计学原理》的核心内容之一，是学习以后各章的必备知识。

复式记账法要求对每项经济业务都必须记入两个或两个以上的账户，从而使这些账户形成了对立统一、相互依存的关系，这种关系称为账户的对应关系。具有对应关系的账户互为对应账户。

按照复式记账原理，对发生的每笔经济业务简明、扼要地指出应记账户的名称、方向和金额的记录称为会计分录。会计分录可以分为简单分录与复合分录两种。

总分类账户和明细分类账户必须进行平行登记。平行登记的要点是原始依据相同、记账方向一致、记录金额相等。

☞思考题

1. 什么是记账方法？记账方法按记录方式不同可以分为哪两种？
2. 什么是单式记账法？单式记账法有什么优缺点？
3. 什么是复式记账法？复式记账法的理论依据是什么？复式记账法的意义是什么？
4. 什么是借贷记账法？从记账符号、记账规则、试算平衡三个方面阐述借贷记账法的基本内容。
5. 什么是账户对应关系？什么是对应账户？账户对应关系有什么意义？
6. 什么是会计分录？什么是简单分录、复合分录？会计分录的书写格式是什么？
7. 什么是总账、明细账？总账和明细账有什么联系和区别？
8. 什么是平行登记？详述平行登记的要点。

练习题

习题一

（一）目的：熟悉账户的结构和期末余额计算公式。

（二）资料：长江公司 2010 年 12 月部分账户的发生额如下表所示：

账户名称	期初余额	本期增加额	本期减少额
银行存款	36 000	①15 000　　④6 000	② 2 400　　③12 000　　⑤ 360
管理费用	0	② 2 400　　⑤ 360	⑥ 2 760
短期借款	24 000	①15 000	③12 000
实收资本	12 000	⑦ 9 600　　⑧1 200	⑨ 6 000

（三）要求：

(1) 开设"T"形账户，将各账户期初余额及本期发生额逐笔记入各"T"形账户的借方或贷方，并计算和列示出各账户的本期发生额与期末余额。

(2) 根据资料中标明的经济业务号码说明①、②、③笔经济业务的内容。

习题二

（一）目的：练习借贷记账法的会计分录、过账、结账及试算平衡。

（二）资料：长江公司 2010 年 12 月份账户的期初余额见习题一。本月发生以下有关经济业务：

(1) 接受投资者投入一批全新设备，价值 120 000 元。

(2) 采购材料 6 000 元验收入库，以银行存款支付货款。

(3) 销售产品取得收入 24 000 元，货已发出，款未收到。

(4) 用银行存款支付厂部电话费 960 元（记入"管理费用"账户）。

(5) 技术科李顺出差，预借差旅费 2 400 元，以现金付讫。

(6) 元月份从银行取得的借款 24 000 元已到期，以银行存款归还。

(7) 技术科李顺出差后回厂，应报销差旅费 1 920 元，余款退回现金。

(8) 收回应收账款 48 000 元存入银行。

(9) 前欠供货单位款项 36 000 元，现以银行存款付清。

(10) 从银行提取现金 3 600 元以备零星之用。

（三）要求：

(1) 根据以上经济业务编制会计分录。

(2) 开设"T"形账户，记入期初余额后，根据会计分录逐笔登记本期发生额，并予以结账。对没有本期发生额但有期初余额的账户，也需以"T"形账户逐一列出。

(3) 编制"期初余额、本期发生额及期末余额试算平衡表"。

习题三

（一）目的：练习总账、明细账的设置及平行登记。

(二）资料：

（1）长江公司 2010 年 12 月"原材料"总账的期初余额 43 200 元，"应付账款"总账的期初余额 7 200 元。

（2）原材料明细账的期初余额为：

材料名称	计量单位	数量	单价（元）	金额（元）
甲材料	件	40	480	19 200
乙材料	公斤	160	60	9 600
丙材料	吨	24	600	14 400
合计	—	—	—	43 200

（3）应付账款明细账的期初余额为：

汉东物资供应站　　3 840 元
汉西化工厂　　　　3 360 元

（4）长江公司 2010 年 12 月发生以下有关经济业务：

①4 日，向汉东物资供应站购进甲材料 160 件，单价 480 元，计 76 800 元；乙材料 800 公斤，单价 60 元，计 48 000 元。共计 124 800 元，货款尚未支付。

②9 日，向汉西化工厂购进丙材料 80 吨，单价 600 元，计 48 000 元，货款尚未支付。

③14 日，生产 A 产品领用甲材料 80 件，单价 480 元，计 38 400 元；生产 B 产品领用乙材料 240 公斤，单价 60 元，计 14 400 元。共耗用材料 52 800 元。

④20 日，签发转账支票以银行存款偿还前欠汉南物资供应站货款 120 000 元。

⑤24 日，生产 A 产品领用丙材料 40 吨，单价 600 元，计 24 000 元。

⑥28 日，以银行存款 57 120 元，分别归还前欠汉南物资供应站、永兴化工厂货款 5 760 元、51 360 元。

⑦30 日，购进甲、乙、丙材料，分别为 48 件、80 公斤、9.60 吨，单价同前。货款以银行存款付清。

（三）要求：

（1）开设"原材料"和"应付账款"总账及其明细账，并登记期初余额。总账格式按三栏式账页设计，明细账格式分别采用三栏式和数量金额式账页。

（2）根据 12 月份经济业务编制会计分录。

（3）根据会计分录及经济业务，在有关账户中进行平行登记，并进行月末结账。

（4）分别编制"原材料"、"应付账款"账户的"发生额及余额明细表"，将总账及明细账进行核对。

第四章 账户与借贷记账法的应用（上）

◎**教学目的与要求** 通过本章的学习，应了解工业企业主要经济业务的内容；掌握资金筹集业务、生产准备业务核算涉及账户的用途、结构及其相互间的对应关系；重点掌握这些经济业务的账务处理方法，并初步了解固定资产、无形资产价值的确定以及材料采购成本的计算方法。

◎**教学重点与难点** 本章的教学重点和难点是资金筹集业务、生产准备业务的账务处理方法。

前两章，我们系统地介绍了会计账户的结构、分类以及复式记账原理，并重点学习了借贷记账法的基本内容。在这一章里，我们将结合江城公司的主要经济业务，进一步研究账户与借贷记账法的具体运用，以进一步深入理解账户的结构和复式记账原理。

第一节 工业企业的主要经济业务

在社会主义市场经济条件下，工业企业是按照市场经济的要求，依法成立、自主经营、自负盈亏、自我发展、自我约束的商品生产和经营单位。在我国，工业企业的任务就是根据市场经济的需要组织产品生产或者提供劳务，以满足社会生产和消费的需要。同时，企业还要通过自身的生产经营活动取得利润，上交各种税费，为国家建设与发展提供更多的资金积累。

工业企业的生产经营活动主要包括供应、生产和销售三个过程。

在这三个过程中，企业的生产经营资金以货币资金为起点，依次转变为储备资金、生产资金和产成品资金，最后转变为更多的货币资金，从而构成了工业企业的资金循环和周转。工业企业资金的循环和周转加上资金进入、资金退出，构成了工业企业的资金运动。因此，工业企业的主要经济业务包括资金筹集业务、生产准备业务、产品生产业务、产品销售业务、利润形成与分配业务。

在资金筹集业务中，企业根据生产经营活动的需要，运用合理有效的方式筹集资金。筹集了足够的资金以后，企业可以购置、建造生产经营所需要的房屋建筑物、机器设备，以及作为流动资金用于生产准备、产品生产和产品销售等生产经营环节。

在生产准备业务中，企业需要购建固定资产等生产资料，还要用货币资金从市场上购买生产所需要的原材料，存入原材料仓库，为生产做好准备，同时，结清与供应单位的货款。在这一环节中，企业还要招募经营管理人员和生产工人等劳动者。

在产品生产业务中，企业的主要任务是生产产品。劳动者运用劳动资料对劳动对象进行加工，从而生产出适合市场需要的产品。在这些业务中，既要消耗物化劳动，如固定资产的磨损、原材料的消耗等，又要消耗活劳动，如支付职工薪酬等。这些消耗共同构成了产品成本。

在产品销售业务中，企业的主要任务是通过产品销售收回货币资金，这是企业的收入得以实现的过程。在销售收入实现的同时，也会发生相关的经济业务，如库存商品的发出以及为销售产品而发生销售费用、营业税金及附加、购货单位款项结算等。

为了考核一个会计期间的财务成果，企业需要用生产经营活动过程中取得的收入，补偿所付出的成本、费用，并计算赚取的利润或发生的亏损，然后对实现的利润进行分配。

在上述的企业经济活动过程中，资金筹集业务、生产准备业务、产品生产业务、产品销售业务、利润形成与分配业务，共同构成了工业企业的主要经济业务。

为了全面、连续、系统地核算和监督企业再生产过程中的资金运动，企业必须根据各项经济业务的具体内容和管理要求，设置相应的会计科目和账户，并运用借贷记账法，对发生的各项经济业务进行账务处理，以提供经济管理所需要的各种会计信息。

第二节 资金筹集业务的核算

企业要进行生产经营活动，首先必须筹集经营资金。工业企业进行生产经营活动所需要的资金主要从两个来源渠道筹集：一是吸收投资者投入资金，形成企业的所有者权益；二是向银行等金融机构借入资金，形成企业的负债。

一、投资者投入资金的核算

企业应当按照法律、法规和合同、章程的规定筹集资本金，并依法在工商行政管理机关登记注册，取得营业执照后方可从事生产经营活动。企业的资本金按投资主体不同可以分为国家资本金、法人资本金、个人资本金以及外商资本金。投资者可用货币资金、实物、无形资产等形式向企业投资。

（一）设置的主要账户

为了正确反映投资者投入资金的增减变动情况及其结果，在会计核算中应设置以下几个会计账户。

1. "实收资本"账户

"实收资本"账户属于所有者权益类账户，用于核算投资者投入资本的增减变动情况及结果。该账户的贷方登记企业实际收到的投资者投入的注册资本金，借方登记按规定程序减少的注册资本金，贷方余额表示企业现有的注册资本金实有数额。本账户按投资人设置明细账户进行明细分类核算。

企业收到投资者投入的资金都应按实际投资额入账。以货币资金投资的，应按实际收到的款项作为投资入账；以实物、无形资产形式投资的，按双方认可的估价数额作为实际投资额入账。

2. "资本公积"账户

"资本公积"账户属于所有者权益类账户，用于核算资本公积的增减变动及其结余情况。资本公积是指投资者投入的资本超过注册资本的那部分资本溢价，以及其他按规定记入所有者权益的利得等。该账户贷方记录资本公积的增加数额，借方登记由于将资本公积转为实收资本等原因减少的资本公积数额，期末余额在贷方，表示资本公积的期末结余数额。该账户按资本公积形成的方式如资本溢价等设置明细账进行明细分类核算。

（二）账务处理方法

【例 4-1】王先生和周先生共同投资设立了江城公司，注册资本 10 000 000 元，王先生以一处房产 5 400 000 元投资入股，周先生以人民币 3 600 000 元出资。江城公司已如期收到投资者一次缴足的款项并办理完房产的过户手续。

这项经济业务的发生，一方面，使江城公司的固定资产增加 5 400 000 元，银行存款增加 3 600 000 元，应分别记入"固定资产"、"银行存款"账户的借方；另一方面，使江城公司接受投资者投入的资本增加 9 000 000 元，应记入"实收资本"账户的贷方。会计分录为：

借：固定资产　　　　　　　　　　　　　　　　　　　　　　　　5 400 000
　　银行存款　　　　　　　　　　　　　　　　　　　　　　　　3 600 000
　　贷：实收资本——王先生　　　　　　　　　　　　　　　　　 5 400 000
　　　　　　　——周先生　　　　　　　　　　　　　　　　　　 3 600 000

【例 4-2】友好人士杨女士为支持江城公司发展，以现金捐赠款项 1 000 000 元，现已存入江城公司开户银行。

这项经济业务的发生，一方面，使企业的银行存款增加 1 000 000 元，应记入"银行存款"账户的借方；另一方面，使"资本公积"增加 1 000 000 元，应记入"资本公积"账户的贷方。会计分录为：

借：银行存款　　　　　　　　　　　　　　　　　　　　　　　　1 000 000
　　贷：资本公积　　　　　　　　　　　　　　　　　　　　　　 1 000 000

【例 4-3】以资本公积金 1 000 000 元转增资本金。

这项经济业务的发生，一方面，使资本公积减少 1 000 000 元，应记入"资本公积"账户的借方；另一方面，使企业实收资本增加 1 000 000 元，应记入"实收资本"账户的贷方。会计分录为：

借：资本公积　　　　　　　　　　　　　　　　　　　　　　　　　100 000
　　贷：实收资本——周先生　　　　　　　　　　　　　　　　　　 600 000
　　　　　　　——王先生　　　　　　　　　　　　　　　　　　　 400 000

二、借入资金的核算

企业在生产经营活动过程中，为弥补资金的不足，可以向银行或其他金融机构借款，或者通过向社会公开发行债券借入资金。企业向银行或其他金融机构取得的借款必须按规定程序办理手续，支付利息，到期偿还本金。借入资金按其偿还期限的长短可以分为短期借款和长期借款两种。借入资金的核算包括取得借款，分期计提或支付利息和归还借款三个方面的内容。

（一）设置的主要账户

对于借入资金，企业应设置"短期借款"、"长期借款"、"财务费用"等账户进行核算。

1."短期借款"账户

"短期借款"账户属于负债类账户，用于核算借入期限在一年以内（含一年）的各种借款。该账户贷方登记取得的借款数额，即短期借款本金的增加数额；借方登记归还的借款数额，即短期借款本金的减少数额；期末余额在贷方，表示尚未归还的借款本金余额。"短期借款"账户应按债权人设置明细账进行明细分类核算。

2."长期借款"账户

"长期借款"账户属于负债类账户，用于核算企业借入的期限在一年以上的各种借款。该账户贷方登记取得的借款数额，即长期借款本金的增加数额；借方登记归还的借款数额，即长期借款本金的减少数额；期末余额在贷方，表示尚未归还的借款本金。"长期借款"账户应按借款种类和单位设置明细账进行明细分类核算。

3."财务费用"账户

"财务费用"账户属于损益类账户，用于核算企业筹集资金和使用资金而发生的费用，包括筹资费用、利息费用、银行结算手续费用以及从银行购入有关单据的费用。借方登记财务费用的发生额；贷方登记应冲减财务费用的利息收入以及期末结转"本年利润"账户的财务费用数额，结转后本账户应无余额。该账户应按财务费用的种类如"利息支出"、"汇兑损失"等设置明细账进行明细分类核算。

4."应付利息"账户

"应付利息"账户属于负债类账户，用于核算企业按照合同约定应支付的分期应付利息。该账户贷方登记按规定方法计算确定的分期应付未付利息，借方登记实际支付的利息，期末余额在贷方，反映企业应付未付的利息。"应付利息"账户应按债权人设置明细账户进行明细分类核算。

（二）账务处理方法

【例4-4】向银行借入期限为六个月的生产周转借款180 000元，年利率6%，借款本金到期一次归还，利息分月预提，按季支付。款项已由银行转存企业银行存款户中。

这项经济业务的发生，一方面，使银行存款增加180 000元，应记入"银行存款"账户的借方；另一方面，向银行取得的期限为六个月的借款增加180 000元，应记入"短期借款"账户的贷方。会计分录为：

借：银行存款　　　　　　　　　　　　　　　　　180 000
　　贷：短期借款　　　　　　　　　　　　　　　　180 000

【例 4-5】向银行借入期限为两年的借款 600 000 元,年利率 8%,到期一次还本付息,款项已收到,存入银行。

这项经济业务的发生,一方面,使银行存款增加 600 000 元,应记入"银行存款"账户的借方;另一方面,向银行借入的期限为三年的借款增加 600 000 元,应记入"长期借款——本金"账户的贷方。会计分录为:

借:银行存款 600 000
　　贷:长期借款——本金 600 000

【例 4-6】根据权责发生制的要求,计提应由本月负担的短期银行借款利息。
　　　　　应付利息 = 180 000×6%÷12 = 900(元)

这项经济业务的发生,一方面,使利息支出增加 900 元,应记入"财务费用"账户的借方;另一方面,使应付利息增加,应记入"应付利息"账户的贷方。会计分录为:

借:财务费用——利息支出 900
　　贷:应付利息 900

【例 4-7】根据权责发生制的要求,计提应由本月负担的长期银行借款利息。

企业取得长期借款的利息支出应该记入什么账户,取决于借入资金的具体用途。如果借入资金用于建造固定资产,在工程开始施工以后至达到可使用状态之前的利息支出,则计入所建造固定资产的成本;固定资产达到可使用状态之后直至归还本金之前发生的利息支出,则记入"财务费用"账户。如果借入资金用于补充流动资金的不足,则发生的利息支出应记入"财务费用"账户。江城公司取得的长期借款用于补充流动资金的不足。
　　　　　应付利息 = 600 000×8%÷12 = 4 000(元)

这项经济业务发生,一方面,使利息支出增加 4 000 元,应记入"财务费用"账户的借方;另一方面,使长期应付利息增加,应记入"应付利息——长期借款利息"账户的贷方。会计分录为:

借:财务费用——利息支出 4 000
　　贷:应付利息——长期借款利息 4 000

【例 4-8】接到开户银行通知,从江城公司的银行存款户头扣取短期借款利息 2 700 元。

这项经济业务发生,一方面,使企业的负债减少 2 700 元,应记入"应付利息"账户的借方;另一方面,使企业的银行存款减少 2 700 元,应记入"银行存款"账户的贷方。会计分录为:

借:应付利息 2 700
　　贷:银行存款 2 700

【例 4-9】取得的六个月期限短期借款 180 000 元到期,归还借款本金。

这项经济业务发生,一方面,使企业的负债减少 180 000 元,应记入"短期借款"账户的借方；另一方面，使企业的银行存款减少 180 000 元，应记入"银行存款"账户的贷方。会计分录为：

　　借：短期借款　　　　　　　　　　　　　　　　　　　180 000
　　　　贷：银行存款　　　　　　　　　　　　　　　　　　　　　180 000

【例 4-10】按一年结算一次利息的合同规定，结算和支付当年的长期借款利息 48 000元。

$$应付银行长期借款利息 = 600\,000 \times 8\% = 48\,000（元）$$

这项经济业务发生，一方面，使企业的负债减少 48 000 元，应记入"长期借款——应付利息"账户的借方；另一方面，使企业的银行存款减少 48 000 元，应记入"银行存款"账户的贷方。会计分录为：

　　借：应付利息——长期借款利息　　　　　　　　　　　　48 000
　　　　贷：银行存款　　　　　　　　　　　　　　　　　　　　　48 000

【例 4-11】归还长期借款利息本金 600 000 元和第二年的利息费用 48 000 元。

这项经济业务发生，一方面，使企业的负债减少 648 000 元，应记入"长期借款——本金"和"应付利息——长期借款利息"账户的借方；另一方面，使企业的银行存款减少 648 000 元，应记入"银行存款"账户的贷方。会计分录为：

　　借：长期借款——本金　　　　　　　　　　　　　　　600 000
　　　　应付利息——长期借款利息　　　　　　　　　　　　48 000
　　　　贷：银行存款　　　　　　　　　　　　　　　　　　　　648 000

第三节　生产准备业务的核算

工业企业筹集了一定数额的经营资金以后，接着就要进行生产准备活动。生产准备业务发生在企业的供应过程中。在供应过程中，企业为保证生产需要，一方面，要购建厂方、机器设备等固定资产；另一方面，要采购生产产品所需要的各种原材料。因此，固定资产购建业务和原材料的采购业务就是生产准备业务的主要核算内容。

一、固定资产购置业务的核算

（一）固定资产的含义

企业为生产商品、提供劳务、出租或经营管理而持有的，使用寿命超过一个会计年度的有形资产称为固定资产。它包括房屋及建筑物、机器设备、运输设备、工具器具等。

固定资产必须同时满足下列两个条件，才能予以确认：与该固定资产相关的经济利益很可能流入企业；该固定资产的成本能够可靠地计量。

固定资产是企业资产中重要的组成部分，它代表着企业的生产能力和生产规模。因此，对固定资产正确的加以确认与计量就成为会计核算过程中一个非常重要的内容。固定资产是用于生产经营活动而不是为了出售，这一特征是区别固定资产与商品、产品等流动资产的重要标志。固定资产要长期地参加企业的生产经营活动，因而其价值周转与其实物补偿并不同步，固定资产的这一特点显然也不同于流动资产。

（二）固定资产的入账价值

我国《企业会计准则——固定资产》中规定，固定资产应当按照成本进行初始计量。

（1）外购固定资产的成本，包括购买价款、相关税费、使固定资产达到预定可使用状态前所发生的可归属于该项资产的运输费、装卸费、安装费和专业人员服务费等。购买的生产设备等劳动资料，如果用于生产应交增值税产品，增值税进项税额可以不计入固定资产价值，直接列做当其增值税进项税额，从增值税销项税额里抵减。

（2）自行建造固定资产的成本，按照建造该项资产达到预定可使用状态前所发生的一切合理的必要支出作为入账价值。

（3）投资者投入固定资产的成本，应当按照投资合同或协议约定的价值确定。

（三）固定资产的计价方法

固定资产的计价方法也称为计价原则。

1. 原始价值

固定资产的原始价值是指企业购建某项固定资产达到预定可使用状态之前所发生的可归属于该项资产的一切相关支出。

2. 重置价值

固定资产的重置价值是指在目前市场条件下重新购建该项固定资产所需要的全部支出。重置价值实际上就是对难以确定原始价值的固定资产重新确定一个原始价值。在对接受捐赠资产或盘盈固定资产计价或者在进行资产评估时使用这种计价方法。

3. 折余价值

固定资产的折余价值，也称为净值，就是固定资产原始价值减去累计折旧以后的剩余价值。

（四）设置的主要账户

为了核算企业购买和自行建造固定资产价值的变动过程及其结果，需要设置以下账户：

1. "固定资产"账户

"固定资产"账户属于资产类账户，用于核算企业持有的固定资产原始价值的增减变动及其结余情况。该账户的借方登记固定资产原始价值的增加数额，贷方登记固定资产原始价值的减少数额，期末余额在借方，表示期末固定资产的账面原始价值。该账户应当按照固定资产类别或项目设置明细账进行明细核算。

2. "在建工程"账户

"在建工程"账户属于资产类账户，用于核算企业为进行固定资产建筑、安装、技术改造以及修理等工程发生的全部支出，并据以计算工程成本的账户。该账户的借方登记工程支出的增加数额，贷方登记结转完工工程的成本，期末余额在借方，表示尚未完工工程的成本。"在建工程"账户应按工程内容，如建筑工程、安装工程等设置明细账户进行明细核算。

企业购置需要安装的固定资产，必须通过"在建工程"账户进行核算。在购建过程中所发生的全部支出,都应归集在"在建工程"账户,待工程达到可使用状态形成固定资产之后,再将工程成本从"在建工程"账户转入"固定资产"账户。

(五) 账务处理方法

1. 购入不需要安装的固定资产的核算

【例 4-12】江城公司为生产产品购入一台生产用设备,该设备不需要安装,买价300 000元,增值税进项税额51 000元,包装运杂费等9 000元,全部款项使用银行存款支付,设备当即投入使用。

该项经济业务的发生,一方面,使企业的固定资产增加,应记入"固定资产"账户的借方;另一方面,使企业银行存款减少,应记入"银行存款"账户的贷方。会计分录为:

借:固定资产　　　　　　　　　　　　　　　　　　　　　360 000
　　贷:银行存款　　　　　　　　　　　　　　　　　　　　　　360 000

2. 购入需要安装的固定资产的核算

【例 4-13】购入需安装的设备一台,增值税专用发票注明的价款960 000元,增值税163 200元,另支付运杂费1 000元,款项以银行存款支付,设备投入安装。

这项经济业务的发生,一方面,使得公司的在建工程成本增加1 124 200元,应记入"在建工程"账户的借方;另一方面,使得银行存款减少1 124 200元,应记入"银行存款"账户的贷方。会计分录为:

借:在建工程——设备安装工程　　　　　　　　　　　　　1 124 200
　　贷:银行存款　　　　　　　　　　　　　　　　　　　　　1 124 200

【例 4-14】承前例,江城公司购入的设备在安装过程中发生安装费用如下:领用本企业原材料价值24 000元(不考虑增值税进项税额转出),应付本企业安装工人薪酬36 000元。

这项经济业务的发生,一方面,使得公司的在建工程成本增加60 000元,应记入"在建工程"账户的借方;另一方面,使企业原材料减少24 000元,职工薪酬增加36 000元,应分别记入"原材料"和"应付职工薪酬"账户的贷方。会计分录为:

借:在建工程——设备安装工程　　　　　　　　　　　　　　60 000
　　贷:原材料　　　　　　　　　　　　　　　　　　　　　　　24 000
　　　　应付职工薪酬　　　　　　　　　　　　　　　　　　　　36 000

【例 4-15】承前例,上述设备安装完毕,达到预定可使用状态,并经验收合格办理竣工决算手续,现已交付使用,结转工程成本。

这项经济业务的发生,一方面,使得公司的固定资产增加1 184 200元,应记入"固定资产"账户借方;另一方面,使在建工程减少1 184 200元,应记入"在建工程"账户的贷方。会计分录为:

借:固定资产　　　　　　　　　　　　　　　　　　　　　1 184 200
　　贷:在建工程——设备安装工程　　　　　　　　　　　　　1 184 200

二、无形资产购置的核算

（一）无形资产的含义

无形资产是指企业拥有或者控制的没有实物形态的可辨认非货币性资产。常见的无形资产有专利权、商标权、非专利技术、特许经营权、著作权、土地使用权等。

无形资产具有以下特点：无形资产是一项长期资产；无形资产没有实物形态；无形资产带给企业的利益具有高度的不确定性。

（二）无形资产的入账价值

企业从不同来源渠道取得的无形资产，入账价值的确定方式也不相同。

（1）购入的无形资产，按实际支付的全部价款作为实际成本入账，包括买价、手续费、税金、法律费用以及其他相关费用。与有形资产同时购入的无形资产，用支付的全部价款减去有形资产后的差额，确认为无形资产的成本。

（2）投资者投入的无形资产，应当按照投资合同或协议约定的公允价值作为入账价值。

（3）企业内部研究开发的无形资产，按开发过程中发生的全部支出作为无形资产的入账价值。研究阶段的支出，直接计入当期损益。

（三）设置的主要账户

1. "无形资产"账户

无形资产属于资产类账户，用于核算企业持有的无形资产原始价值增减变动和结余情况。该账户的借方登记无形资产原始价值的增加数额，贷方登记无形资产原始价值的减少数额，期末余额在借方，表示期末无形资产的账面原始价值。该账户应当按照无形资产项目设置明细账进行明细分类核算。

2. "研发支出"账户

研发支出属于成本类账户，用于核算企业研究开发过程中研究和开发费用。借方反映研究开发费用的增加数额，贷方登记研究开发费用的结转数额，期末如有余额在借方，表示处于开发过程中的无形资产累计开发成本。该账户设置"研究支出"、"开发支出"两个明细账户进行明细分类核算。

根据会计准则的规定，研究支出一律费用化，发生研究支出时，借记"研发支出——费用化支出"账户，期末如数转入"管理费用"账户。开发支出具备资本化条件时，借记"研发支出——资本化支出"账户，待开发成功时，将该无形资产的开发成本转入"无形资产"账户。

（四）账务处理方法

【例 4-16】以银行存款 600 000 元购得专利权一项，该专利权的法定保护年限尚有六年。

这项经济业务发生，一方面，使得企业专利权增加，应记入"无形资产"账户的借方；另一方面，使得银行存款减少，应记入"银行存款"账户的贷方。会计分录为：

借：无形资产——专利权 600 000
　　贷：银行存款 600 000

【例4-17】在企业内部研究开发项目，本期投入到研究领域的经费300 000元，以银行存款支付。

这项经济业务的发生，一方面，使得研究费用增加300 000元，应记入"研发支出——费用化支出"账户的借方；另一方面，使得货币资金减少300 000元，应记入"银行存款"账户的贷方。会计分录为：

借：研发支出——费用化支出 300 000
　　贷：银行存款 300 000

【例4-18】在企业内部研究开发项目，本期投入到开发领域的经费600 000元，以银行存款支付。

这项经济业务的发生，一方面，使得开发费用增加600 000元，应记入"研发支出——资本化支出"账户的借方；另一方面，使得货币资金减少600 000元，应记入"银行存款"账户的贷方。会计分录为：

借：研发支出——资本化支出 600 000
　　贷：银行存款 600 000

【例4-19】上述的开发项目开发成功，属于一项非专利技术，已经由研发部门转交技术部门使用。

这项经济业务的发生，一方面，使得非专利技术增加600 000元，应记入"无形资产"账户的借方；另一方面，使得研发支出减少600 000元，应记入"研发支出——资本化支出"账户的贷方。会计分录为：

借：无形资产——非专利技术 600 000
　　贷：研发支出——资本化支出 600 000

三、材料采购业务的核算

为了正确反映生产准备业务中原材料的购入和采购费用的支付情况，正确计算材料物资的采购成本，考核采购计划的执行情况，需要设置"在途物资"、"原材料"、"应付账款"、"应交税费"等账户。

（一）设置的主要账户

1. "在途物资"账户

"在途物资"账户属于资产类账户，用于核算购入材料的买价和采购费用，确定材料的实际采购成本。该账户的借方反映购入材料的买价和采购费用，贷方反映已验收入库转入"原材料"等账户的数额；期末如有借方余额，表示尚未到达或尚未验收入库的在途材料实际成本。本账户按购入材料的种类分别设置明细账户进行明细分类核算。

2. "原材料"账户

"原材料"账户属于资产类账户,用来核算企业库存材料的收入、发出和结存变化情况。该账户借方登记验收入库材料的实际成本,贷方登记发出材料的实际成本,期末余额在借方,表示库存材料的实际成本。

为了加强企业生产储备中多种材料的管理,需要按照材料种类设置明细账户进行明细分类核算,并采用货币计量和实物计量的方法,全面反映材料的类别、品种、规格和存放地点,具体核算和监督各种库存材料的数量和金额的收入、发出和结余情况。

3. "应付账款"账户

"应付账款"账户属于负债类账户,用于核算因购买材料物资和接受劳务等而发生的同供应单位的债务结算关系的增减变化情况。该账户贷方登记购入材料物资和接受劳务等尚未支付的账款,借方登记已偿付的应付账款,期末余额在贷方,表示尚未支付账款的余额。为了具体反映企业与每一供货单位的账款结算情况,本账户应按各供应单位名称设置明细账户进行明细分类核算。

4. "预付账款"账户

"预付账款"账户是资产类账户,用于核算企业按照购货合同规定预付给供应单位的款项。企业向供应单位预付货款,表明企业的债权增加,应记入"预付账款"账户的借方;收到供应单位提供的材料,冲销预付款时表明企业债权的减少,应记入"预付账款"账户的贷方;期末如有余额一般在借方,表示尚未结算的预付款的结余额。该账户应按照供应单位的名称设置明细账户进行明细分类核算。

5. "应付票据"账户

在采购材料时,可以采取商业汇票的结算方式结算货款。商业汇票是指由付款人或收款人签发,由承兑人承兑,并于到期日向收款人或被背书人支付款项的一种票据。商业汇票按承兑人不同,分为银行承兑汇票和商业承兑汇票两种。承兑人是银行的,称为银行承兑汇票;承兑人是购货单位的,称为商业承兑汇票。

商业汇票可以背书转让。转让票据时出让方在票据的背面签字表示已办理票据转让的有关手续,出让方称为背书人,购买票据的人称为被背书人。

"应付票据"账户是负债类账户,用于核算企业因购买商品、接受劳务等签发的商业汇票。该账户贷方登记企业开出、承兑商业汇票的增加数额,借方登记到期商业汇票的减少数额。期末余额在贷方,表示尚未到期的商业汇票的期末结余额。该账户应按照债权人的不同设置明细账户进行明细核算,同时设置"应付票据备查簿",详细登记商业汇票的种类、号数和出票日期、到期日、票面金额、交易合同号和收款人姓名或收款单位名称以及付款日期和金额等资料。应付票据在到期结清时,应在备查簿中注销。

6. "应交税费"账户

"应交税费"账户属于负债类账户,用于核算企业按税法规定应交纳各种税费的预交与实际交纳情况,如增值税、消费税、营业税、所得税等。该账户贷方反映各种应交未交税费的增加数额,借方反映实际交纳的各种税费数额。期末余额方向不固定,如果在贷方,则表示未交税费的结余额;如果在借方,则表示多交的税费。"应交税费"账户应按照税费种类设置明细账户进行明细分类核算。

在供应过程中设置"应交税费"主要是为了核算增值税。增值税是对在我国境内销售货物或者提供劳务以及进出口货物的单位和个人，对其应税货物或劳务的增值额征税的一种流转税。增值税是一种价外税，就一般纳税人而言，分为增值税进项税额和销项税额。当期销项税额减去当期进项税额即为当期应纳税额，其中，销项税额是指纳税人销售货物或应税劳务，按照销售额和规定的税率计算并向购买方收取的增值税税额，通常记入"应交税费"账户的贷方；进项税额是指纳税人购进货物或接受应税劳务所支付或负担的增值税税额，通常记入"应交税费"账户的借方。

（二）账务处理方法

【例 4-20】 江城公司为一般纳税人。向江汉公司购入 A 材料 50 公斤，单价 200 元，增值税专用发票上注明不含增值税买价共计 10 000 元，增值税进项税额 1 700 元，另发生采购费用 500 元。A 材料已验收入库，上述款项尚未支付。

这项材料采购业务发生的买价和运输费是材料采购成本的构成内容，应记入 A 材料的实际采购成本中，由于该材料已验收入库，应记入"原材料"账户的借方。增值税应记入"应交税费"账户的借方。由于上述款项尚未支付，引起企业应付账款的增加，应记入"应付账款"账户的贷方。会计分录为：

借：原材料——A 材料　　　　　　　　　　　　　　　　　　10 500
　　应交税费——应交增值税（进项税额）　　　　　　　　　 1 700
　　贷：应付账款——江汉公司　　　　　　　　　　　　　　12 200

【例 4-21】 向东湖公司采购 B、C 两种材料，B 材料数量 200 公斤，单价 150 元，计买价 30 000 元；C 材料数量 100 公斤，单价 300 元，计买价 30 000 元，增值税专用发票上注明的增值税共 102 000 元。上述款项以银行存款付讫，材料尚未到达。

上述采购材料支付的买价是材料采购成本的构成内容，应将其分别计入 B、C 两材料的采购成本中，即记入"在途物资"账户的借方，增值税应记入"应交税费"账户的借方，由于上述买价及增值税已由银行存款支付，应记入"银行存款"账户的贷方。会计分录为：

借：在途物资——B 材料　　　　　　　　　　　　　　　　30 000
　　　　　　——C 材料　　　　　　　　　　　　　　　　30 000
　　应交税费——应交增值税（进项税额）　　　　　　　　10 200
　　贷：银行存款　　　　　　　　　　　　　　　　　　　70 200

【例 4-22】 续上例，上述 B、C 材料已到货并验收入库，结转实际采购成本。

材料验收入库以后，财会部门根据原材料验收"入库单"，将 B、C 材料的采购成本由"在途物资"账户的贷方转入"原材料"账户的借方，以反映库存材料的增加。会计分录为：

借：原材料——B材料 30 000
　　　　——C材料 30 000
　　贷：在途物资——B材料 30 000
　　　　　　　　——C材料 30 000

【例4-23】 以银行存款归还前欠江汉公司的购货款12 200元。

这项经济业务的发生，一方面，使企业前欠应付账款减少，应记入"应付账款"账户借方；另一方面，引起企业银行存款减少，应记入"银行存款"账户贷方。会计分录为：

借：应付账款——江汉公司 12 200
　　贷：银行存款 12 200

【例4-24】 预付给华夏股份有限公司货款60 000元，要求对方供货。

这项经济业务发生，一方面，使预付账款增加，应记入"预付账款"账户的借方；另一方面，使企业的银行存款减少，应记入"银行存款"账户的贷方。会计分录为：

借：预付账款——华夏股份有限公司 60 000
　　贷：银行存款 60 000

【例4-25】 收到华夏股份有限公司送来的C材料，增值税专用发票注明材料价款50 000元，增值税进项税额8 500元，代垫运杂费1 500元。材料验收入库。

这项经济业务发生，一方面，使得企业的原材料和应交税金增加，应分别记入"原材料"和"应交税费"账户的借方；另一方面，使预收账款减少，应记入"预收账款"账户的贷方。会计分录为：

借：原材料——C 51 500
　　应交税费——应交增值税（进项税额） 8 500
　　贷：预收账款——华夏股份有限公司 60 000

【例4-26】 江城公司数月前签发的商业汇票到期，以银行存款归还阳光股份有限公司商业汇票款200 000元。

这项经济业务的发生，一方面，表明商业汇票到期付款，使得公司应付票据减少200 000元；另一方面，使得公司银行存款减少200 000元。因此，该项经济业务涉及"应付票据"和"银行存款"两个账户。会计分录为：

借：应付票据——阳光股份有限公司 200 000
　　贷：银行存款 200 000

☞ 本章小结

工业企业的主要经济业务包括资金筹集业务、生产准备业务、产品生产业务、产品销售业务、利润形成与分配业务五个方面。

在资金筹集业务中，企业必须运用合理有效的方式筹集资金。筹集资金的主要渠道包括吸收投资者投入资金以及从金融机构取得借款。在筹集资金时，借记"银行存款"等账户，贷记"实收资本"、"资本公积"、"短期借款"、"长期借款"等账户。从金融机构取得的借款，还必须根据权责发生制原则分期计提利息，借记"财务费用"等账户，贷记"应付利息"等账户。

在生产准备业务中，企业必须购买固定资产、无形资产、原材料等。分别借记"固定资产"、"在建工程"、"无形资产"、"在途材料"、"原材料"等账户，贷记"银行存款"、"应付账款"等账户。

☞思考题

1. 工业企业的主要经济业务包括哪些内容？
2. 资金筹集主要有哪些业务？涉及哪些账户？如何进行账务处理？
3. 生产准备业务主要有哪些内容？涉及哪些账户？如何进行账务处理？
4. 什么是固定资产？如何确定固定资产的原始价值？
5. 什么是无形资产？如何确定无形资产的入账价值？无形资产的研发支出应该分别计入哪些账户？
6. 什么是商业汇票？商业汇票按照承兑人不同可以分为哪两类？

☞练习题

习题一

（一）目的：练习资金筹集业务的核算。

（二）资料：江城公司 2010 年发生下列有关经济业务：

（1）收到大华公司投资款 360 000 元，存入银行。

（2）从银行借入款项 120 000 元，期限半年，年利率 6%，利息按季度结算。

（3）计算提取上述借款业务应由本月负担的借款利息。

（4）收到某外商投入设备一台，价值 300 000 元，双方协议按 270 000 元转作投入资本，其余作为公积金处理。

（5）用银行存款偿还已到期的长期借款，应支付本金 420 000 元和利息 30 000 元。

（三）要求：根据上述经济业务编制会计分录。

习题二

（一）目的：练习生产准备业务的核算。

（二）资料：江城公司 2010 年发生下列有关经济业务：

（1）向亚华公司购进甲材料 1 600 公斤，单价 10 元，计 16 000 元；购进乙材料 800 公斤，单价 16 元，计 12 800 元。价款合计 28 800 元，增值税进项税额 4 896 元。材料运输在途，款项以银行存款支付。

（2）以库存现金支付上述材料运杂费 864 元。运杂费用按材料重量分摊。

（3）上述材料验收入库，计算并结转实际采购成本。

(4) 从河南周口宏发公司购入丙材料 2 000 公斤，单价 12 元，增值税税率 17%。签发商业承兑汇票结清款项，材料尚未运达。

(5) 用现金支付购入丙材料的运杂费 500 元。

(6) 上述丙材料验收入库，计算并结转实际采购成本。

(7) 为生产应税产品购入需要安装的机器设备一台，增值税专用发票上注明的价款 120 000 元，增值税税额 20 400 元，运杂费 10 000 元。货款及运杂费以银行存款付讫，设备交由设备管理部门以待安装。

(8) 上述设备的安装事宜由某安装公司进行，用银行存款支付 8 000 元安装费。

(9) 上述设备安装完毕达到预定可使用状态，结转安装成本。

(10) 购入打印机、复印机、电脑一批，总价值 100 000 元。款项尚未支付，设备已验收合格交付使用。

(11) 收到某大学化学学院投资的专利权一项，原价 150 000 元，双方达成协议按原价作为投资入账。

(12) 本月投入非专利技术研究支出 200 000 元，已记入"研发支出——费用化支出"账户，现转入有关费用账户。

(三) 要求：

(1) 列式计算甲、乙、丙三种材料的总成本和单位成本。

(2) 编制以上经济业务的会计分录。

第五章 账户与复式记账的应用（下）

◎ **教学目的与要求** 通过本章的学习，应掌握产品生产业务、产品销售业务、利润形成及其分配业务核算涉及账户的用途、结构及其相互间的对应关系；重点掌握这些经济业务的账务处理方法。同时，掌握产品生产成本的确定、利润计算公式、利润分配程序等相关内容。

◎ **教学重点与难点** 本章的教学重点和难点是产品生产业务、产品销售业务、利润形成及其分配业务的账务处理方法。

第一节 产品生产业务的核算

一、产品生产业务的内容

工业企业的产品生产过程，就是人们利用劳动资料对劳动对象进行加工，把劳动对象制成劳动产品的过程。企业在生产过程中发生的主要费用包括：有关劳动资料耗费的费用，如固定资产折旧费用；有关劳动对象耗费的费用，如各种原材料和辅助材料的消耗费用；有关活劳动耗费的费用，如工资、职工福利费；其他纯货币支出，如支付办公费、差旅费、水电费等。对这些生产费用进行反映、归集、分配和产成品生产成本的计算就是生产过程业务的核算内容。

二、设置的主要账户

为了正确反映生产过程中费用的变化情况，正确计算产品的生产成本，需要设置"生产成本"、"制造费用"、"管理费用"、"应付职工薪酬"、"累计折旧"、"累计摊销"、"长期待摊费用"、"库存商品"等相关账户。

1. "生产成本"账户

"生产成本"账户属于成本类账户，用于核算企业为生产产品发生的各项生产费用。借方反映产品生产发生的各项费用，包括直接材料、直接人工和制造费用；贷方反映企业已完工入库的产成品成本。期末如有余额在借方，表示尚未完工产品的成本。该账户应按产品品种或类别设置明细账户进行明细分类核算。

2. "制造费用"账户

"制造费用"账户属于成本类账户，用于归集和分配企业生产车间为生产产品和提供劳务而发生的各项间接费用，包括车间管理人员工资和职工福利费、折旧费、修理费、办公费、水电费、劳动保护费等。该账户借方登记本期内发生的全部制造费用，贷方登记转入"生产成本"账户借方由各种产品成本分摊的制造费用。除季节性生产企业外，一般情况下，该账户期末余额为零。本账户按照车间部门设置明细账户进行明细分类核算。

3. "管理费用"账户

"管理费用"账户属于损益类账户，用于核算企业行政管理部门为组织和管理生产经营活动而发生的管理费用，包括管理人员工资和福利费、固定资产折旧费、工会经费、业务招待费、房产税、车船使用税、土地使用税、印花税、技术转让费、无形资产摊销、职工教育经费、劳保费、研究开发费、公司经费等。该账户借方登记企业实际发生的各项管理费用，贷方登记应转入"本年利润"账户借方直接抵减本期收入的管理费用金额。本账户核算的费用属于期间费用，一般无期末余额。本账户按费用项目设置明细账户进行明细分类核算。

4. "应付职工薪酬"账户

"应付职工薪酬"账户属于负债类账户，用于核算企业应支付给职工的各种薪酬总额及实际发放情况。该账户贷方登记应计入成本、费用的应付职工薪酬，借方登记实际支付的职工薪酬，期末如有贷方余额，表示应付而未付的职工薪酬。

所谓职工薪酬是指企业为获得职工提供的服务而给予各种形式的报酬以及其他相关支出，主要包括职工工资、奖金、津贴和补贴、福利费、各种保险、工会经费、职工教育经费、非货币福利以及辞退福利等。职工薪酬作为企业的一项支出，在实际发生时，根据职工提供服务的受益对象不同，分别计入不同的成本费用项目：直接从事产品生产的职工薪酬应记入"生产成本"账户的借方，车间和工厂管理人员、技术人员的工资应分别记入"制造费用"账户或者"管理费用"账户的借方。"应付职工薪酬"账户可以按照"工资"、"职工福利费"、"社会保险费"等设置多栏式明细账进行明细分类核算。

5. "累计折旧"账户

企业在使用固定资产的过程中，应按照固定资产折旧计算方法和固定资产折旧范围计提应由当期成本或费用负担的折旧费用。所谓固定资产折旧，就是固定资产在企业生产经营过程中由于使用而逐渐损耗的价值，一般按月初固定资产的账面原值和规定的折旧率按月计提。企业的房屋与建筑物、机器设备等固定资产不同于一次性消耗的原材料，它是在生产经营过程中被逐步磨损消耗的，它的价值只能通过计提折旧的方式逐渐转入产品生产成本或有关费用项目。

"累计折旧"账户属于资产类账户的抵减账户，用于核算固定资产已损耗的价值并调整固定资产原始价值。该账户贷方登记固定资产已损耗的价值，即固定资产折旧的增加数额；借方登记固定资产折旧的冲销数额；期末余额在贷方，表示截至本期期末固定资产已损耗价值的累计数额。从"固定资产"账户借方余额所反映的固定资产原始价值中，减去"累计折旧"账户贷方余额所反映的固定资产已损耗价值的累计数额，可以求得截至本期期末固定资产的净值。

"累计折旧"账户只进行总分类核算，不进行明细分类核算。如果需要查明某项固定资产已提折旧的具体情况，则可以通过固定资产卡片或台账的记录，根据固定资产的使用年限和折旧方法推算已提折旧额。

6. "累计摊销"账户

"累计摊销"账户属于资产类账户的抵减账户,用于核算无形资产已损耗价值并调整无形资产原始价值。该账户贷方登记无形资产的摊销价值,借方登记由于处置无形资产而冲销的已计提摊销额,期末余额在贷方,表示现有无形资产的累计摊销额。

无形资产价值的摊销方法一般采用平均年限法,根据无形资产的使用寿命长短,均衡的摊销到有关会计期间。

7. "长期待摊费用"账户

"长期待摊费用"账户属于资产类账户,用于核算企业已经支付,但因受益期较长和数额较大,需分期在一年以上(不含一年)摊入产品成本和费用的各种费用,如企业开办费、租入固定资产的改良支出、摊销期在一年以上的固定资产大修理支出等。该账户借方登记已经支付或发生的各项长期待摊费用,贷方登记按照长期待摊费用项目的受益期限分期摊销的费用,期末余额在借方,表示尚未摊销完的费用金额。本账户需要按照长期待摊费用具体项目设置明细账户进行明细分类核算。

8. "库存商品"账户

"库存商品"账户属于资产类账户,用于核算企业各种库存商品的增减变动及结存情况。工业企业的库存商品主要是指产成品,即企业已生产完工并验收入库可供销售的产品。该账户借方反映生产完工验收入库产成品的实际成本,贷方反映已经实现销售产成品的实际成本,期末余额在借方,表示库存产品的实际成本。本账户按产品种类、名称、规格和存放地点设置明细账户进行明细分类核算。

三、账务处理方法

【例5-1】江城公司生产甲、乙两种产品。经汇总,本月生产甲产品领用原材料15 000元,生产乙产品领用原材料20 000元,车间一般性消耗原材料2 000元,管理部门一般性消耗原材料3 000元,共计消耗材料40 000元。

这项业务的发生,一方面,表明生产中的材料费用发生了40 000元,应分别记入"生产成本"等账户的借方;另一方面,材料减少40 000元,应记入"原材料"账户的贷方。会计分录为:

```
借:生产成本——甲产品                         15 000
        ——乙产品                         20 000
    制造费用——材料费用                        2 000
    管理费用——材料费用                        3 000
    贷:原材料                                40 000
```

【例5-2】月底结转本月人工费用,本月应付职工工资80 000元,其中生产甲产品工人工资30 000元,生产乙产品工人工资20 000元,车间管理人员工资20 000元,行政管理人员工资10 000元。

该项经济业务的发生,一方面,使企业应付职工薪酬增加80 000元,应记入"应付职工薪酬"账户的贷方;另一方面,使企业耗用的人工费用增加80 000元,应分别记入有关成本、费用类账户的借方，其中，生产工人工资记入"生产成本"账户，车间管理人员工资记入"制造费用"账户，企业管理人员工资记入"管理费用"账户。会计分录为：

  借：生产成本——甲产品   30 000
      ——乙产品   20 000
    制造费用   20 000
    管理费用   10 000
    贷：应付职工薪酬——工资   80 000

【例 5-3】 按工资总额 14% 计提职工福利费 11 200 元。按生产甲产品工人工资计提的职工福利费 4 200 元，按生产乙产品工人工资计提的职工福利费 2 800 元，按车间管理人员工资计提的职工福利费 2 800 元，按行政管理人员工资计提的职工福利费 1 400 元。

  这项经济业务的发生，一方面，使得企业应付职工福利费增加，应记入"应付职工薪酬——应付福利费"账户的贷方；另一方面，使得企业的活劳动消耗增加，应分别记入"生产成本"、"制造费用"等账户的借方。会计分录为：

  借：生产成本——甲产品   4 200
      ——乙产品   2 800
    制造费用   2 800
    管理费用   1 400
    贷：应付职工薪酬——职工福利费   11 200

【例 5-4】 生产车间领用现金 1 200 元，购买办公用品。办公用品直接发放给有关部门使用。

  这项经济业务发生，一方面，使制造费用增加 1 200 元，应记入"制造费用"账户的借方；另一方面，使企业库存现金减少 1 200 元，应记入"库存现金"账户的贷方。会计分录为：

  借：制造费用——办公费   1 200
    贷：库存现金   1 200

【例 5-5】 对第二车间房屋进行大修理，以银行存款 120 000 元与施工单位结算款项。

  企业对固定资产的大修理支出，虽然一次性支付，但是应由本期和以后期间共同负担，因此应该先归集到"长期待摊费用"账户，再分配到受益的各个会计期间。这项经济业务的发生，一方面，使长期待摊费用增加 120 000 元，应记入"长期待摊费用"的借方；另一方面，使银行存款减少 120 000 元，应记入"银行存款"账户的贷方。会计分录为：

  借：长期待摊费用——固定资产大修理支出   120 000
    贷：银行存款   120 000

【例 5-6】上述的大修理费用,按五年期摊销,本月应摊销金额 2 000 元。

这项经济业务的发生,一方面,使制造费用增加 2 000 元,应记入"制造费用"的借方;另一方面,使长期待摊费用减少 2000 元,应记入"长期待摊费用"账户的贷方。会计分录为:

借:制造费用——固定资产大修理支出 2 000
　　贷:长期待摊费用——固定资产大修理支出 2 000

【例 5-7】以银行存款支付行政管理部门的水电费 8 000 元。

这项经济业务发生,一方面,使管理费用增加 8 000 元,应记入"管理费用"账户的借方;另一方面,使银行存款减少 8 000 元,应记入"银行存款"账户的贷方。会计分录为:

借:管理费用——水电费 8 000
　　贷:银行存款 8 000

【例 5-8】办公室李某出差,预借差旅费 3 000 元,以现金支付。

单位职工出差,一般可以在出差以前预借差旅费。在预借差旅费时,应该先记入"其他应收款"账户的借方和"库存现金"的贷方。会计分录为:

借:其他应收款——李某 3 000
　　贷:库存现金 3 000

【例 5-9】李某出差回来,经会计部门审核,应报销差旅费 2 800 元,余款交回现金。

该项经济业务中,一方面,增加了企业的管理费用和库存现金,应记入"管理费用"和"库存现金"账户的借方;另一方面,减少了其他应收款,应记入"其他应收款"账户的贷方。会计分录为:

借:管理费用——差旅费 2 800
　　库存现金 200
　　贷:其他应收款——李某 3 000

【例 5-10】从银行提取现金 80 000 元,准备发放工资。

这项经济业务的发生,一方面,使库存现金增加 80 000 元,应记入"库存现金"账户的借方;另一方面,使银行存款减少 80 000 元,应记入"银行存款"账户的贷方。会计分录为:

借:库存现金 80 000
　　贷:银行存款 80 000

【例 5-11】以现金 80 000 元,发放职工工资。

这项经济业务发生,一方面,使企业的库存现金减少 80 000 元,应记入"库存现金"账户的贷方;另一方面,使应付职工薪酬减少 80 000 元,应记入"应付职工薪酬"账户的借方。会计分录为：

　　借：应付职工薪酬——工资　　　　　　　　　　　　　　　　　　80 000
　　　　贷：库存现金　　　　　　　　　　　　　　　　　　　　　　　　80 000

【例5-12】按现有固定资产原值提取折旧费用3 000元，其中生产车间的厂房、设备等提取折旧费用2 000元，行政管理部门使用的固定资产提取折旧费用1 000元。

这项经济业务的发生，一方面，使固定资产磨损价值增加3 000元，应记入"累计折旧"账户的贷方；另一方面，折旧费用作为生产经营过程的一项耗费，应分别记入有关成本、费用账户，生产车间发生的折旧费用记入"制造费用"账户，企业管理部门发生的折旧费用记入"管理费用"账户。会计分录为：

　　借：制造费用　　　　　　　　　　　　　　　　　　　　　　　　2 000
　　　　管理费用　　　　　　　　　　　　　　　　　　　　　　　　1 000
　　　　贷：累计折旧　　　　　　　　　　　　　　　　　　　　　　　　3 000

【例5-13】按平均年限法摊销本月应负担的专利权、非专利技术的价值损耗10 000元。

这项经济业务的发生，一方面，使得无形资产价值损耗增加10 000元，应记入"累计摊销"账户的贷方；另一方面，使得生产经营过程中的费用增加，应记入"管理费用"账户的借方。会计分录为：

　　借：管理费用——无形资产摊销费　　　　　　　　　　　　　　　　10 000
　　　　贷：累计摊销　　　　　　　　　　　　　　　　　　　　　　　　10 000

【例5-14】以生产工人工资为分配标准，将本期发生的制造费用30 000元分配转入产品生产成本。

　　　　　制造费用分配率＝制造费用总额÷生产工人工资合计
　　　　　　　　　　　　＝30 000÷（30 000+20 000）＝0.60（元/每工时）
　　　　　甲产品应负担制造费用＝30 000×0.60＝18 000（元）
　　　　　乙产品应负担制造费用＝20 000×0.60＝12 000（元）

根据上述分配结果，将甲、乙产品应负担的制造费用应分别记入"生产成本"账户的借方，同时，将结转的制造费用记入"制造费用"账户的贷方。会计分录为：

　　借：生产成本——甲产品　　　　　　　　　　　　　　　　　　　18 000
　　　　　　　　——乙产品　　　　　　　　　　　　　　　　　　　12 000
　　　　贷：制造费用　　　　　　　　　　　　　　　　　　　　　　　30 000

【例5-15】本月投产甲产品100件，全部生产完工，产品生产成本总额67 200元，单位产品生产成本672元。本月投产乙产品80件，全部生产完工，产品生产成本总额54 800元，单位产品生产成本685元。结转完工入库产品生产成本。

这项经济业务的发生，表明产品生产完工，生产资金转化为产成品资金。应将完工产品成本由"生产成本"账户转入"库存商品"账户。会计分录为：
  借：库存商品——甲产品   67 200
      ——乙产品   54 800
   贷：生产成本——甲产品   67 200
      ——乙产品   54 800

第二节　产品销售业务的核算

  在产品销售过程中，工业企业按照购销合同约定的价格向购货单位销售产品，办理价款结算并确认营业收入，同时，交付相应的产品，并结转已销产品的营业成本以及记录发生的运杂输、包装费、广告等销售费用，按国家税法的规定计算结转营业税金及附加。企业在销售过程中除了发生销售产品、自制半成品以及提供工业性劳务等主营业务外，还可能发生一些其他销售业务，如销售材料、出租包装物、出租固定资产、转让无形资产等。上述各项业务就构成了销售业务核算的主要内容。

一、主营业务收入的确认与计量

  销售过程的核算首先需要解决的就是销售收入的确认和计量问题。收入的确认实际上就是解决收入在什么时间入账的问题，而收入的计量就是收入以多少金额入账的问题。企业生产经营活动所获得的收入应当按照权责发生制的要求，根据收入实现原则加以确认和计量。按照《企业会计准则第14号——收入》准则的要求，企业销售商品收入的确认，必须同时符合以下条件：企业已将商品所有权上的主要风险和报酬转移给购买方；企业既没有保留通常与所有权相联系的继续管理权，也没有对已售出的商品实施有效控制；收入的金额能够可靠地计量；与交易相关的经济利益很可能流入企业；相关的已发生或将发生的成本能够可靠计量。

二、设置的主要账户

  为了正确全面地反映销售收入的取得、销售成本、销售费用和销售税金的确定和结转情况，需要设置"主营业务收入"、"主营业务成本"、"其他业务收入"、"其他业务成本"、"营业税金及附加"、"销售费用"、"应收账款"、"资产减值损失"、"坏账准备"等相关账户。

  1. "主营业务收入"账户

  "主营业务收入"账户属于损益类账户，用于核算企业销售商品、提供劳务等主营业务所取得的收入情况。该账户贷方登记企业销售商品或提供劳务所取得的收入，借方登记转入"本年利润"账户贷方的金额，期末结账后，该账户应无余额。本账户按销售商品的类别设置明细账户进行明细分类核算。

  2. "主营业务成本"账户

  "主营业务成本"账户属于损益类账户，用于核算企业已销售商品、提供劳务等主营业务的成本发生和结转情况。该账户借方登记已售产品或劳务的销售成本，贷方登记应转入"本年利润"账户借方的已售产品或劳务的销售成本，期末结转后，该账户无余额。本账户按产品的种类设置明细账户进行明细分类核算。

3. "其他业务收入"账户

"其他业务收入"账户属于损益类账户，用于核算企业主营业务以外的其他业务活动所实现的收入，如材料销售收入、出租固定资产、无形资产、包装物取得的租金收入等。该账户贷方登记取得的其他业务收入，借方登记期末转入"本年利润"账户的数额，期末结转后，本账户应无余额。"其他业务收入"账户应按其他业务收入的种类设置明细账户进行明细分类核算。

4. "其他业务成本"账户

"其他业务成本"账户属于损益类账户，用于核算企业主营业务以外的其他业务活动所发生的成本，如销售材料的成本、出租固定资产的折旧额、出租无形资产的摊销额等。该账户借方登记企业发生的其他业务成本数额，贷方登记期末转入"本年利润"账户的数额，期末结转后本账户应无余额。"其他业务成本"账户应按其他业务成本的种类设置明细账户进行明细分类核算。

5. "营业税金及附加"账户

"营业税金及附加"账户属于损益类账户，用于核算企业主要经营活动应负担的税金及附加，包括消费税、营业税、城市维护建设税、资源税、土地增值税和教育费附加等。该账户借方登记应负担的销售税金，贷方登记期末转入"本年利润"账户的金额，期末结转后本账户无余额。

营业税金的有关计算公式为：

应交消费税＝应税消费品的销售额×消费税税率

应交营业税＝营业额×税率

应交城建税＝（营业税+消费税+增值税）×城建税税率

应交教育费附加＝（营业税+消费税+增值税）×教育费附加率

由于营业税金及附加是在当月计算而在下月交纳的，因而在计算税金及附加时，一方面，作为企业发生的一项费用支出；另一方面，形成企业的一种负债。

6. "销售费用"账户

"销售费用"账户属于损益类账户，用于核算企业在产品销售过程中发生的费用，如包装费、广告费、运输费以及为销售本企业产品而专设的销售机构的职工工资、福利费、业务费等经营费用。该账户的借方登记发生的销售费用，贷方登记期末转入"本年利润"账户的金额，期末结转后本账户无余额。销售费用"账户应按照费用项目设置明细账进行明细分类核算。

7. "应收账款"账户

"应收账款"账户属于资产类账户，用于核算企业因销售商品、提供劳务等，应向购货单位或接受劳务单位收取的款项。"应收账款"账户的核算内容包括销售商品或提供劳务的价款、代垫运杂费、增值税销项税额等。该账户借方登记企业发生的应收未收回的账款，贷方登记已收回的应收账款，期末余额在借方，表示尚未收回的应收账款。本账户按购货单位或接受劳务的单位设置明细账户进行明细分类核算。

8. "应收票据"

"应收票据"账户属于资产类账户，用于核算企业销售商品而收到购货单位开出并承兑商业汇票或银行承兑汇票的增减变动及结余情况。企业收到购货单位开出并承兑的商业汇票，表明企业票据应收款的增加，记入"应收票据"账户的借方；票据到期收到购货单位货款时表明企业应收票据款的减少，记入"应收票据"账户的贷方。期末如有余额在借方，表示尚未到期的票据应收款项的结余额。

9. "预收账款"

"预收账款"账户属于负债类账户，用于核算企业按照合同规定向购货单位预收款项的增减变动及结余情况。贷方登记预收购货单位订货款的增加，借方登记销售实现时冲减的预收货款。期末余额如在贷方，表示企业预收款的结余情况；期末余额如在借方，表示购货单位应补付给本企业的货款。"预收账款"账户应按照购货单位设置明细账户进行明细分类核算。

10. "资产减值损失"账户

"资产减值损失"账户属于损益类账户，用于核算企业因资产减值而发生的损失。该账户借方登记每期预期发生的资产减值损失，贷方登记期末结转到"本年利润"账户的金额，期末结转后无余额。

11. "坏账准备"账户

"坏账准备"账户属于资产类账户的抵减账户，用于核算企业按规定提取的坏账准备金的变化情况。该账户贷方登记企业本期应提取的坏账准备，借方登记实际发生的坏账损失，期末余额在贷方，表示已经提取尚未冲销的坏账准备金。

三、账务处理方法

【例 5-16】 江城公司向光明公司销售甲产品 100 件，每件售价 1 000 元，总计货款 100 000 元，增值税 17 000 元。商品已经发出，款项已收到并存入银行。

这项经济业务发生，一方面，使银行存款增加 117 000 元，应记入"银行存款"账户的借方；另一方面，使商品销售收入增加 100 000 元，应记入"主营业务收入"账户的贷方，同时，增值税的销项税额 17 000 元，应记入"应交税费"账户的贷方。会计分录为：

借：银行存款　　　　　　　　　　　　　　　　　　117 000
　　贷：主营业务收入——甲产品　　　　　　　　　　100 000
　　　　应交税费——应交增值税（销项税额）　　　　 17 000

【例 5-17】 向紫阳公司销售乙产品 60 件，每件售价 1 200 元，总计货款 72 000 元，增值税 12 240 元，合同约定紫阳公司在 1 个月内付款。货已发出，款项尚未收到。

该项经济业务发生，一方面，使商品销售收入增加 72 000 元，应记入"主营业务收入"账户的贷方，增值税销项税额 12 240 元，应记入"应交税费"账户的贷方；另一方面，由于款项尚未实际收到，引起企业应收账款增加 84 240 元，应记入"应收账款"账户的借方。会计分录为：

借：应收账款——紫阳公司　　　　　　　　　　　　　　　　　　84 240
　　贷：主营业务收入——乙产品　　　　　　　　　　　　　　　　72 000
　　　　应交税费——应交增值税（销项税额）　　　　　　　　　12 240

【例 5-18】 按照合同收到大兴公司预付的货款 100 000 元。

这项经济业务的发生，一方面，使得企业的银行存款增加 100 000 元；另一方面，使得企业的预收账款增加 100 000 元，因此该项经济业务涉及"银行存款"、"预收账款"两个账户。会计分录为：

借：银行存款　　　　　　　　　　　　　　　　　　　　　　　100 000
　　贷：预收账款——大兴公司　　　　　　　　　　　　　　　　　100 000

【例 5-19】 发生各种销售费用共计 20 000 元，其中，广告费用 10 000 元，销售机构人员工资 10 000 元。广告费用已用银行存款支付。

这项经济业务的发生，一方面，使企业销售费用增加 20 000 元，应记入"销售费用"账户的借方；另一方面，使应付职工薪酬增加 10 000 元，银行存款减少 10 000 元，应分别记入"应付职工薪酬"和"银行存款"账户的贷方。会计分录为：

借：销售费用　　　　　　　　　　　　　　　　　　　　　　　　9 000
　　贷：银行存款　　　　　　　　　　　　　　　　　　　　　　　5 000
　　　　应付职工薪酬——工资　　　　　　　　　　　　　　　　　4 000

【例 5-20】 年末，按照应收账款的余额百分比法计提坏账准备，计提比例 5%。

计提的坏账准备 = 84 240×5% = 4 212（元）

企业在计提坏账准备时，应借记"资产减值损失"账户，贷记"坏账准备"账户。会计分录为：

借：资产减值损失——计提的坏账准备　　　　　　　　　　　　　4 212
　　贷：坏账准备　　　　　　　　　　　　　　　　　　　　　　　4 212

【例 5-21】 三年前，星光公司拖欠货款 2 000 元已经无力支付，经公司批准，作为坏账处理。

该项经济业务的发生，一方面，使得坏账准备减少 2 000 元，应记入"坏账准备"账户的借方；另一方面，使应收账款减少 2 000 元，应记入"应收账款"账户的贷方。会计分录为：

借：坏账准备　　　　　　　　　　　　　　　　　　　　　　　　2 000
　　贷：应收账款——星光公司　　　　　　　　　　　　　　　　　2 000

【例 5-22】 出售多余 C 材料一批，价款 5 000 元，增值税销项税额 850 元，款项收存银行。

这项经济业务的发生，一方面，使银行存款增加 5 850 元，应记入"银行存款"账户的借方；另一方面，引起原材料销售收入增加 5 000 元，应记入"其他业务收入"账户的贷方，增值税销项税 850 元，应记入"应交税费"账户的贷方。会计分录为：

借：银行存款　　　　　　　　　　　　　　　　　　　　　　　5 850
　　贷：其他业务收入——C 材料销售　　　　　　　　　　　　　　5 000
　　　　应交税费——应交增值税（销项税额）　　　　　　　　　　850

【例 5-23】 结转上述销售原材料的成本 4 200 元。

企业出售材料后会引起库存原材料的减少，所以，一方面，应按其成本记入"原材料"账户的贷方；另一方面，该项业务的发生表明已销售材料的实际成本增加，应记入"其他业务成本"账户的借方。会计分录为：

借：其他业务成本——C 材料销售　　　　　　　　　　　　　　4 200
　　贷：原材料——C 材料　　　　　　　　　　　　　　　　　　 4 200

【例 5-24】 江城公司按约定收到三阳公司以经营租赁方式租借固定资产的租金 30 000 元存入银行。

这项经济业务发生，一方面，使银行存款增加 30 000 元，应记入"银行存款"账户的借方；另一方面，引起租金收入增加 30 000 元，应记入"其他业务收入"账户的贷方。会计分录为：

借：银行存款　　　　　　　　　　　　　　　　　　　　　　 30 000
　　贷：其他业务收入——租金收入　　　　　　　　　　　　　 30 000

【例 5-25】 按租赁收入的 5% 计算和结转应交纳的营业税。

应交营业税 = 30 000×5% = 1 500（元）

这项经济业务的发生，一方面，使得企业的税金费用增大，应记入"营业税金及附加"账户的借方；另一方面，使得企业税金的负债增加，应记入"应交税费"账户的贷方。会计分录为：

借：营业税金及附加　　　　　　　　　　　　　　　　　　　　1 500
　　贷：应交税费——应交营业税　　　　　　　　　　　　　　　1 500

【例 5-26】 江城公司属于既交纳增值税，又交纳消费税的企业。适用消费税税率 5%。计算和结转应交消费税。

应交消费税 = 172 000×5% = 8 600（元）

这项经济业务的发生，一方面，使得企业税金方面的费用增加，应记入"营业税金及附加"账户的借方；另一方面，使得税金方面的负债增加，应记入"应交税费"账户的贷方。会计分录为：

借：营业税金及附加　　　　　　　　　　　　　　　　　　　　8 600
　　贷：应交税费——应交营业税　　　　　　　　　　　　　　　8 600

【例 5-27】 本月增值税销项税额 30 090 元，进项税额 20 400 元，"应交税费——应交增值税"账户期初余额为零。以银行存款交纳当月应交增值税。

$$应交增值税 = 30\,090 - 20\,400 = 9\,690（元）$$

这项经济业务的发生，是企业实际交纳增值税，一方面，使得企业税金方面的负债减少 9 690 元，记入"应交税费"账户的借方；另一方面，使得企业的货币资金减少，记入"银行存款"账户的贷方。会计分录为：

借：应交税费——应交增值税（已交税金） 　　　　　　　　9 690
　　贷：银行存款　　　　　　　　　　　　　　　　　　　　　　　9 690

【例 5-28】 根据流转税的 7%、3% 计算和结转应交城市维护建设税、教育费附加。

$$应交城建税 =（9\,690 + 8\,600 + 1\,500）\times 7\% = 1\,385.30（元）$$
$$应交教育费附加 =（9\,690 + 8\,600 + 1\,500）\times 3\% = 593.70（元）$$

这项经济业务的发生，一方面，使得企业的营业税金及附加增加 1 979 元；另一方面，使得企业的应交税费增加 1 979 元。因此，该项经济业务涉及"营业税金及附加"、"应交税费"两个账户。会计分录为：

借：营业税金及附加　　　　　　　　　　　　　　　　　　1 979
　　贷：应交税费——应交城市维护建设税　　　　　　　　　　1 385.30
　　　　　　　　——应交教育费附加　　　　　　　　　　　　 593.70

【例 5-29】 月末，结转已销产品的销售成本。

$$甲产品销售成本 = 672 \times 100 = 67\,200（元）$$
$$乙产品销售成本 = 685 \times 60 = 41\,100（元）$$

这项经济业务的发生，一方面，使得企业的商品销售成本增加 108 300 元；另一方面，使得企业的库存商品减少 108 300 元。因此该项经济业务涉及"主营业务成本"、"库存商品"两个账户。会计分录为：

借：主营业务成本　　　　　　　　　　　　　　　　　　　108 300
　　贷：库存商品——甲产品　　　　　　　　　　　　　　　　67 200
　　　　　　　　——乙产品　　　　　　　　　　　　　　　　41 100

第三节　利润形成与利润分配业务的核算

一、利润的构成与计算

利润是指企业一定会计期间的经营成果，包括营业利润、利润总额和净利润。利润是一个综合性很强的经济指标，反映了企业在一定期间的所费与所得的差额。有关利润指标各个层次的计算公式表达如下：

1. 营业利润的计算

营业利润 = 营业收入 − 营业成本 − 营业税金及附加 − 销售费用 − 管理费用 − 财务费用 − 资产减值损失 + 公允价值变动净收益 + 投资净收益

营业利润是企业利润的主要来源，能够比较恰当地反映企业的盈利能力和管理者的经营业绩。

营业收入、营业成本、营业税金及附加、销售费用、管理费用、财务费用的含义如前所述。资产减值损失是指当资产的可回收金额低于其账面价值时，将资产的账面价值调整为可回收金额确认的损失。公允价值变动净收益是指资产的公允价值变动产生的收益减去产生的损失净额。投资净收益是指企业对外投资产生的收益减去产生的损失净额。

2. 利润总额的计算

利润总额＝营业利润＋营业外收入－营业外支出

营业外收入是指与企业正常的生产经营活动没有直接关系的各项收入，包括固定资产盘盈收入、处置固定资产净收益、出售无形资产收益、罚款收入等。

营业外支出是指与企业正常生产经营活动没有直接关系的各项支出，包括固定资产盘亏支出、处置固定资产净损失、出售无形资产损失、非常损失、罚款支出、捐赠支出等。

3. 净利润的计算

净利润＝利润总额－所得税费用

企业实现了利润总额之后，应向国家缴纳所得税，缴纳的所得税构成了一项费用，即所得税费用。利润总额扣除所得税费用后形成可供分配的净利润。

二、利润形成的核算

（一）账户设置

为了反映利润的形成情况，除了上一节涉及的"主营业务收入"、"主营业务成本"、"营业税金及附加"、"财务费用"、"销售费用"、"其他业务收入"、"其他业务成本"以外，还应设置以下账户进行会计核算。

1. "投资收益"账户

"投资收益"账户属于损益类账户，用于核算企业对外投资获得的收益及其结余情况。取得投资收益时，该账户贷方登记实现的投资收益，借方登记期末转入"本年利润"账户的投资净收益。经过结转之后，本账户期末没有余额。如果发生投资亏损，则记在该账户的借方，期末转入"本年利润"账户的借方，结转后期末无余额。"投资收益"账户应按照投资的种类设置明细账账户进行明细分类核算。

2. "营业外收入"账户

"营业外收入"账户属于损益类账户，用于核算企业各项营业外收入的实现及其结转情况。该账户的贷方登记营业外收入的实现数额，借方登记期末转入"本年利润"账户的营业外收入额，经过结转之后，期末没有余额。营业外收入账户按照收入的具体项目设置明细账进行明细分类核算。

3. "营业外支出"账户

"营业外支出"账户属于损益类账户，用来核算企业各项营业外支出的发生及其结余情况。该账户借方登记营业外支出的发生额，贷方登记期末转入"本年利润"账户的营业外支出额，经过结转之后，期末没有余额。营业外支出账户按照支出的具体项目设置明细账，进行明细分类核算。

4. "公允价值变动损益"账户

"公允价值变动损益"账户属于损益类账户，用于核算企业按公允价值计量且其变动计入当期损益的资产公允价值变动产生的损益。贷方登记公允价值增值及结转的公允价值变动净损失；借方登记公允价值损失及结转的公允价值变动净收益，经过结转后，期末没有余额。公允价值变动损益账户应按资产种类设置明细账，进行明细分类核算。

5. "所得税费用"账户

"所得税费用"账户属于损益类账户，用于核算企业按照规定应在当期损益中扣除的所得税费用的计算及其结转情况。借方登记按照应纳税所得额计算出的所得税费用额，贷方登记期末转入"本年利润"账户的所得税费用额。经过结转之后，期末没有余额。

6. "本年利润"账户

"本年利润"账户属于所有者权益类账户，用于核算企业一定时期内净利润的形成或亏损的发生情况。贷方登记会计期末转入的各项收入，包括主营业务收入、其他业务收入、投资净收益、营业外收入和公允价值变动损益等。借方登记会计期末转入的各项费用，包括主营业务成本、营业税金及附加、其他业务成本、管理费用、财务费用、销售费用、营业外支出和所得税费用等。该账户年内期末余额如果在贷方，表示实现的累计净利润；如果在借方，则表示累计发生的净亏损。年末，应将该账户的余额转入"利润分配——未分配利润"账户，经过结转后年末没有余额。

(二) 利润形成过程的核算举例

【例 5-30】从联营单位分得投资利润 240 000 元，款项存入银行。

这项经济业务的发生，一方面，使得企业的银行存款增加 240 000 元；另一方面，使得企业的投资收益增加 240 000 元。因此，该项经济业务涉及"银行存款"、"投资收益"两个账户。会计分录为：

借：银行存款　　　　　　　　　　　　　　　　　　　　240 000
　　贷：投资收益　　　　　　　　　　　　　　　　　　　240 000

【例 5-31】经批准，企业将确实无法偿还的应付款项 12 000 元转作营业外收入。

这项经济业务的发生，一方面，使得企业的应付账款减少 12 000 元；另一方面，使得企业的营业外收入增加 12 000 元。因此，该项经济业务涉及"应付账款"、"营业外收入"两个账户。会计分录为：

借：应付账款　　　　　　　　　　　　　　　　　　　　12 000
　　贷：营业外收入　　　　　　　　　　　　　　　　　　12 000

【例 5-32】企业上月购入的一批作为交易性金融资产的上市公司股票，本月底公允价值上升 6 000 元

这项经济业务的发生，一方面，使得企业交易性金融资产增加 6 000 元；另一方面，使得企业的公允价值变动损益增加 6 000 元。因此，该项经济业务涉及"交易性金融资产"、"公允价值变动损益"两个账户。会计分录为：

借：交易性金融资产　　　　　　　　　　　　　　　　　　　　　6 000
　　贷：公允价值变动损益　　　　　　　　　　　　　　　　　　　　6 000

【例 5-33】企业在销售过程中因未履行合同而向购货单位支付赔偿金 25 000 元，以银行存款付讫。

这项经济业务的发生，一方面，使得企业的营业外支出增加 25 000 元；另一方面，使得企业的银行存款减少 25 000 元。因此，该项经济业务涉及"营业外支出"、"银行存款"两个账户。会计分录为：

借：营业外支出　　　　　　　　　　　　　　　　　　　　　　　25 000
　　贷：银行存款　　　　　　　　　　　　　　　　　　　　　　　25 000

【例 5-34】月末，将本期实现的各项收入包括主营业务收入 172 000 元、其他业务收入 35 000 元、投资收益 240 000 元、营业外收入 12 000 元、公允价值变动损益 6 000 元转入"本年利润"账户的贷方。

这项业务的发生，将企业本月实现的各种收入，从各个收入账户的借方转入"本年利润"的贷方，因此，一方面，借记相关收入类账户；另一方面，贷记"本年利润"账户。会计分录为：

借：主营业务收入　　　　　　　　　　　　　　　　　　　　　　172 000
　　其他业务收入　　　　　　　　　　　　　　　　　　　　　　　35 000
　　公允价值变动损益　　　　　　　　　　　　　　　　　　　　　　6 000
　　营业外收入　　　　　　　　　　　　　　　　　　　　　　　　12 000
　　投资收益　　　　　　　　　　　　　　　　　　　　　　　　　240 000
　　贷：本年利润　　　　　　　　　　　　　　　　　　　　　　　465 000

【例 5-35】月末，将本期发生的各项费用包括主营业务成本 108 300 元、营业税金及附加 12 079 元、其他业务成本 4 200 元、销售费用 9 000 元、管理费用 66 200 元、财务费用 4 900 元、营业外支出 25 000 元、资产减值损失 4 212 元转入"本年利润"账户的借方。

这项经济业务的发生，将企业发生的各种费用，从各个账户的贷方转入"本年利润"的借方，因此，一方面，借记"本年利润"账户；另一方面，贷记相关费用类账户。会计分录为：

借：本年利润　　　　　　　　　　　　　　　　　　　　　　　　233 891
　　贷：主营业务成本　　　　　　　　　　　　　　　　　　　　　108 300
　　　　营业税金及附加　　　　　　　　　　　　　　　　　　　　 12 079
　　　　其他业务成本　　　　　　　　　　　　　　　　　　　　　 4 200
　　　　销售费用　　　　　　　　　　　　　　　　　　　　　　　 9 000
　　　　管理费用　　　　　　　　　　　　　　　　　　　　　　　 66 200
　　　　财务费用　　　　　　　　　　　　　　　　　　　　　　　 4 900
　　　　营业外支出　　　　　　　　　　　　　　　　　　　　　　 25 000
　　　　资产减值损失　　　　　　　　　　　　　　　　　　　　　 4 212

【例 5-36】 根据本期实现利润总额 231 109 元的 25% 计算应交所得税。

应交所得税 = 231 109×25% = 57 777.25（元）

这项经济业务的发生，一方面，使企业的所得税费用增加 57 777.25 元，应借记"所得税费用"账户；另一方面，使应交税费增加 57 777.25 元，应贷记"应交税费——应交所得税"账户。会计分录为：

借：所得税费用　　　　　　　　　　　　　　　　　　　　　　57 777.25
　　贷：应交税费——应交所得税　　　　　　　　　　　　　　　　57 777.25

【例 5-37】 将"所得税费用"57 777.25 元转入"本年利润"账户。

这项经济业务的发生，一方面，使企业的本年利润减少 57 777.25 元，应记入"本年利润"账户的借方；另一方面，使所得税费用减少 57 777.25 元，应记入"所得税费用"账户的贷方。会计分录为：

借：本年利润　　　　　　　　　　　　　　　　　　　　　　　　57 777.25
　　贷：所得税费用　　　　　　　　　　　　　　　　　　　　　　57 777.25

净利润形成过程的总分类核算如图 5-1 所示。

三、利润分配的核算

（一）利润分配的程序

利润分配是指企业根据国家有关法律规定和企业章程、投资者协议等，对企业当年可供分配的利润所进行的分配。可供分配的利润一般包括当年实现的净利润加上上年结余的未分配利润。

利润分配的基本程序是：提取法定盈余公积、提取任意盈余公积、向投资者分配利润。

1. 提取法定盈余公积

公司制企业的法定盈余公积必须按照税后利润的 10% 提取，非公司制企业也可以按照超过 10% 的比例提取。在提取法定盈余公积的基数中，不应包括企业年初未分配利润。当公司法定盈余公积累计额达到或超过公司注册资本的 50% 以上时，可以不再提取法定盈余公积。

2. 提取任意盈余公积

公司从税后利润中提取法定盈余公积后，经股东大会决议，还可以从税后利润中提取任意盈余公积。非公司制企业经类似权力机构批准，也可以提取任意盈余公积。由于任意盈余公积是企业自愿留存的收益，所以具体提取比例由企业视实际情况而自行确定。

3. 向投资者分配利润或股利

公司提取盈余公积后所剩余的税后利润，可将其全部或部分按照出资者实缴的出资比例或持有的股份比例向出资者分派利润或股利。未分配完的部分形成留待以后年度分配的利润，称为未分配利润。

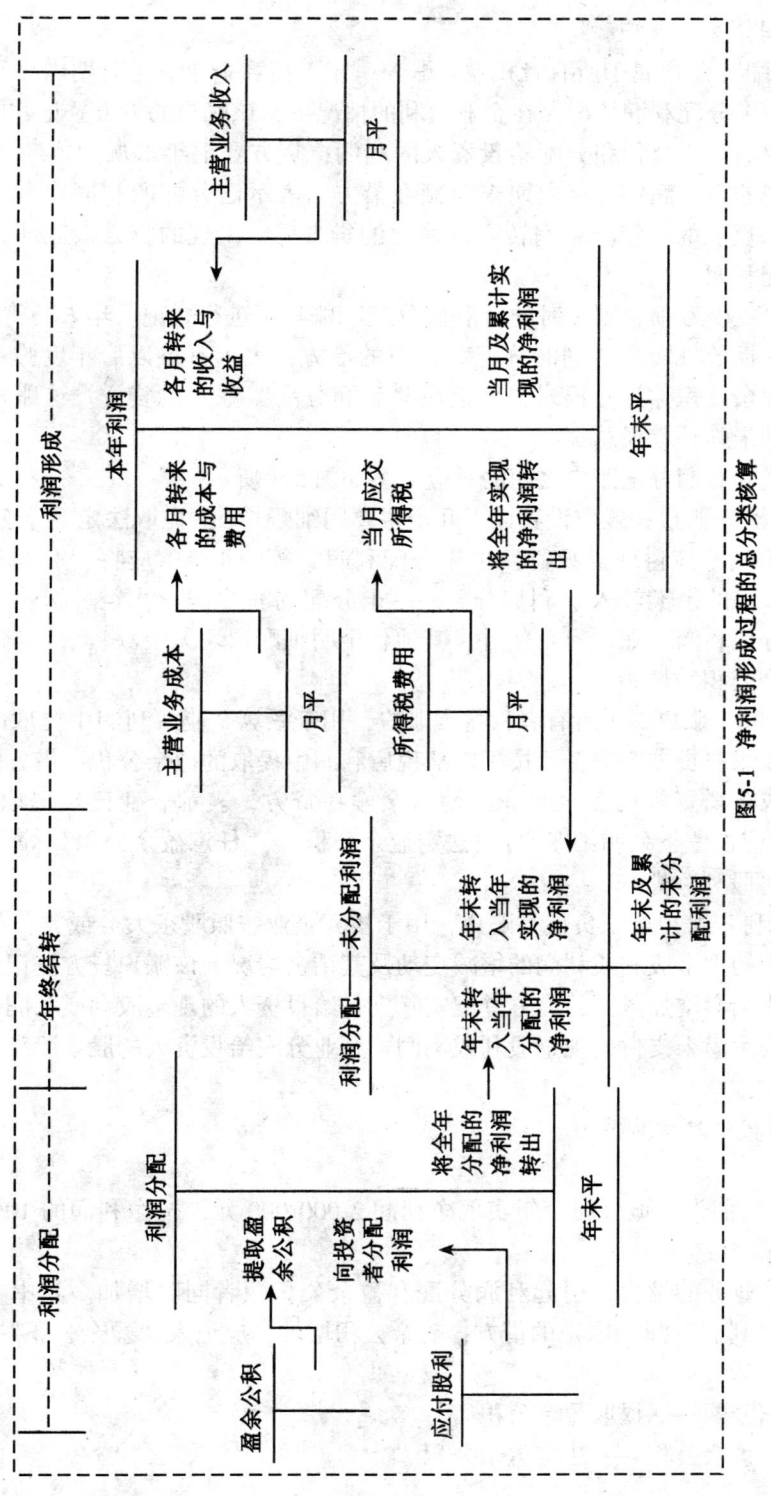

图5-1 净利润形成过程的总分类核算

(二) 设置的主要账户

1. "利润分配"账户

"利润分配"账户属于所有者权益类账户,用于核算企业一定时期内净利润的分配以及历年结存的未分配利润情况。在企业盈利的情况下,该账户的借方登记实际分配的利润额,包括提取的盈余公积和分配给投资人的利润;贷方登记年末从"本年利润"账户转入的全年实现的净利润额。年内期末余额在借方,表示已分配的利润额。年末,将"本年利润"账户反映的全年净利润转入该账户的贷方后,出现的贷方余额即为当年及累计实现的未分配利润。

企业如果发生亏损,则平时的"利润分配"账户不进行登记。年末,将"本年利润"账户反映的亏损数额转入"利润分配"账户的借方,表示有待以后年度弥补的亏损。在以后年度用盈余公积弥补亏损时,登记在"利润分配"账户的贷方。该账户借方累计余额反映企业的未弥补亏损总额。

利润形成和利润分配账户之间的对应关系如图5-1所示。

"利润分配"账户一般应设置以下几个主要明细账户:"提取法定盈余公积"、"提取任意盈余公积"、"应付现金股利"、"未分配利润"等。年末,应将"利润分配"账户下的其他明细账户的余额转入"利润分配——未分配利润"账户,经过结转后,除"利润分配——未分配利润"账户有余额外,其他各个明细账户均无余额。

2. "盈余公积"账户

"盈余公积"账户属于所有者权益类账户,用于核算企业从利润中提取的盈余公积的变化情况。该账户贷方登记企业按规定从税后利润中提取的盈余公积,借方登记企业按规定弥补亏损或转增资本的盈余公积,期末余额在贷方,表示企业已经提取的盈余公积。"盈余公积"应设置下列明细账户:"法定盈余公积"、"任意盈余公积"等。

3. "应付股利"账户

"应付股利"账户属于负债类账户,用于核算企业按照股东大会或类似权力机构决议分配给投资人的现金股利或利润的增减变动及其结余情况。该账户贷方登记应付给投资人的现金股利或利润增加数额,借方登记实际支付给投资人的现金股利或利润数额。期末余额在贷方,表示尚未支付的现金股利或利润。企业分配给投资人的股票股利不在该账户核算。

(三) 利润分配核算举例

【例5-38】 假设江城公司全年实现净利润2 000 000元,按净利润的10%提取法定盈余公积200 000元。

这项经济业务的发生,引起利润分配和盈余公积两者同时增加。其中,利润分配增加,应记入"利润分配"账户的借方;盈余公积增加,应记入"盈余公积"账户的贷方。会计分录为:

  借:利润分配——提取盈余公积   200 000
    贷:盈余公积——法定盈余公积   200 000

【例 5-39】 根据公司章程的规定以及业主达成的协议，按税后利润的 50%向投资者分配利润 1 000 000 元，其中王先生分得利润 600 000 元，周先生分得利润 400 000 元。

这项经济业务的发生，引起利润分配的增加，应记入"利润分配"账户的借方；应付股利的增加，应记入"应付股利"账户的贷方。会计分录为：

借：利润分配——向投资者分配利润　　　　　　　　　　　1 000 000
　　贷：应付股利——王先生　　　　　　　　　　　　　　　　　600 000
　　　　　　　　——周先生　　　　　　　　　　　　　　　　　400 000

【例 5-40】 将全年实现的净利润 2 000 000 元转入"利润分配"账户。

这项经济业务的发生，引起企业所有者权益项目的一增一减，应记入"本年利润"账户的借方和"利润分配——未分配利润"账户的贷方。会计分录为：

借：本年利润　　　　　　　　　　　　　　　　　　　　　2 000 000
　　贷：利润分配——未分配利润　　　　　　　　　　　　　　2 000 000

【例 5-41】 年末，将"利润分配"账户下其他明细账户的期末余额转入"利润分配——未分配利润"明细账。

这项经济业务的发生，其目的是与上述会计分录相结合，反映出当年的未分配利润数额。应记入"利润分配——未分配利润"账户的借方及"利润分配"其余明细账户的贷方。会计分录为：

借：利润分配——未分配利润　　　　　　　　　　　　　　1 200 000
　　贷：利润分配——提取盈余公积　　　　　　　　　　　　　200 000
　　　　　　　　——向投资者分配利润　　　　　　　　　　1 000 000

年末，企业"本年利润"账户应无余额。"利润分配——未分配利润"明细账户的贷方余额，表示企业历年滚存的未分配利润。假定江城公司年初没有未分配利润，则"利润分配——未分配利润"明细账户的年末贷方余额 800 000 元（2 000 000－200 000－1 000 000＝800 000）。

☞本章小结

工业企业的主要经济业务除了资金筹集业务、生产准备业务以外，还包括产品生产业务、产品销售业务、利润形成与分配业务。

在产品生产业务中，企业必须耗用材料、支付职工工资以及发生固定资产等劳动资料的价值损耗。在领用材料时，借记"生产成本"、"制造费用"、"管理费用"等账户，贷记"原材料"账户。在分配职工薪酬时，借记"生产成本"、"制造费用"、"管理费用"等账户，贷记"应付职工薪酬"账户。在计提固定资产折旧费用时，借记"制造费用"、"管理费用"等账户，贷记"累计折旧"账户。在摊销无形资产价值时，借记"管理费用"账户，贷记"累计摊销"账户。在期末分配制造费用时，借记"生产成本"账户，贷记"制造费用"账户。在产品生产完工入库时，借记"库存商品"账户，贷记"生产成本"账户。

在产品销售业务过程中,企业必须尽快把产品销售出去,并及时回收货款。在销售产品时,借记"银行存款"、"应收账款"、"应收票据"等账户,贷记"主营业务收入"、"应交税费"等账户。在结转除增值税以外的销售税金时,借记"营业税金及附加",贷记"应交税费"账户。在取得其他业务收入时,借记"库存现金"、"银行存款"账户,贷记"其他业务收入"账户。在结转其他业务成本时,借记"其他业务成本"账户,贷记"原材料"等账户。在发生销售费用时,借记"销售费用"账户,贷记"银行存款"、"应付职工薪酬"等账户。在期末结转已销产品成本时,借记"主营业务成本"账户,贷记"库存商品"账户。

在利润形成与分配业务中,企业必须核算当期形成利润,并对实现的利润进行分配。在对利润形成进行核算时,借记"主营业务收入"等收入类账户,贷记"本年利润"账户;同时,还要借记"本年利润"账户,贷记"主营业务成本"等费用类账户。在对利润分配进行核算时,借记"利润分配"账户,贷记"盈余公积"、"应付股利"等账户。年末,将"本年利润"账户的余额全部转入"利润分配——未分配利润"账户,并把除"利润分配——未分配利润"以外的其余"利润分配"账户的明细账户的余额转入"利润分配——未分配利润"明细账户。

☞思考题

1. 产品生产业务包括哪些内容?涉及哪些账户?如何进行账务处理?
2. 产品销售业务主要有哪些内容?涉及哪些账户?如何进行账务处理?
3. 什么是利润?利润的计算公式有哪几个?
4. 利润形成的核算涉及哪些账户?如何进行账务处理?
5. 什么是利润分配?利润分配的基本程序是什么?
6. 利润分配的核算涉及哪些账户?如何进行账务处理?

☞练习题

习题一

(一)目的:练习产品生产业务的核算。

(二)资料:江城公司 2010 年发生下列有关经济业务:

(1)本月仓库发出材料及用途如下:生产 A 产品耗用材料 8 550 元,生产 B 产品耗用材料 9 870 元,车间管理一般性消耗材料 600 元,企业管理部门耗用材料 1 000 元。合计消耗材料 20 020 元。

(2)本月应付职工薪酬 60 000 元,其中,生产 A 产品生产工人工资 30 000 元;B 产品生产工人工资 18 000 元;车间管理人员工资 3 600 元,公司管理人员工资 8 400 元。

(3)按工资总额的 14% 计提职工福利费。

(4)从银行提取现金 60 000 元,以备发放工资。

(5)以现金发放工资。

(6)用银行存款支付本月水电费 4 416 元。其中,车间负担 2 976 元,管理部门负担

1 440元。

（7）以现金支付车间劳动保护费1 200元。

（8）计提本月固定资产折旧费5 544元，其中车间使用固定资产的折旧费4 320元，管理部门使用固定资产的折旧费1 224元。

（9）对办公大楼进行装修，以银行存款支付给施工队装修费用60 000元。装修费用按5年摊销。

（10）摊销上述装修费用本月应该负担的部分1 000元。

（11）摊销应该由本月负担的无形资产价值损耗8 000元。

（12）人力资源部张某因公出差，预借差旅费3 000元，以库存现金支付。

（13）张某出差回厂，应报销差旅费2 800元，余款交回现金。

（14）月末，汇总当月制造费用，按A、B产品生产工人工资比例分摊。

（15）本月投产A、B产品各十台，已全部完工，验收入库，计算并结转A、B产品的生产成本。

（三）要求：

（1）计算A、B产品的生产总成本和单位成本。

（2）编制上述经济业务的会计分录。

习题二

（一）目的：练习产品销售、利润形成与分配业务的核算。

（二）资料：江城公司2010年发生以下有关经济业务：

（1）向汉华公司销售A产品30件，单价1 200元，增值税税率17%。货已发出，款项尚未收到。

（2）向凯迪公司销售B产品50件，单价720元/每件，增值税税率17%。货已发出，款项已收存银行。

（3）用银行存款支付广告费用6 000元。

（4）月末结转本月销售A、B产品的销售成本，A产品的单位成本840元，B产品的单位成本456元。

（5）月末计算并结转本月销售税金9 000元，其中，城市维护建设税6 180元。教育费附加2 820元。

（6）向星火公司转让多余生产用甲材料120公斤，每公斤售价10元，增值税税率17%。材料已经发出，款项收存银行。

（7）结转上述业务销售甲材料的进货成本840元。

（8）按照应收账款账户余额计提坏账准备金6 000元。

（9）本期取得的有关收入为：主营业务收入5 851 200元，其他业务收入65 508元，投资收益86 400元，营业外收入123 600元。据以结转利润。

（10）本月发生有关成本费用为：主营业务成本3 549 600元，其他业务成本51 672元，营业税金及附加68 282元，管理费用89 902元，财务费用20 988元，销售费用101 882元，营业外支出24 000元。据以结转利润。

（11）上述结转利润的业务反映出的利润为本企业应税所得，按25%的税率计算和结转应交所得税。

（12）该企业无以前年度未弥补亏损，按当年净利润的10%计提法定盈余公积。

（13）公司董事会决定按当年净利润的50%向投资者分配利润12 500 000元。

（14）该企业全年实现净利润25 000 000元，从"本年利润"账户转入"利润分配——未分配利润"账户。

（15）利润分配有关明细账户全年累计发生额为："利润分配——提取法定盈余公积"2 500 000元，"利润分配——向投资者分配利润"12 500 000元，年末转入"利润分配——未分配利润"账户。

（三）要求：编制以上经济业务的会计分录。

第六章 账户分类

◎**教学目的与要求** 通过本章的学习，应理解账户按经济内容分类可以分为哪几类账户，各包括哪些主要账户；理解什么是账户的用途和结构；掌握账户按用途和结构可以分为哪几类账户，各类账户的概念、特点、具体结构以及包括哪些典型账户。

◎**教学重点与难点** 本章的教学重点和难点是盘存账户、集合分配账户、跨期摊配账户、成本计算账户、损益计算账户、调整账户的概念、特点、具体结构以及包括哪些典型账户。

每一个账户都有特定的核算内容、用途和结构，用以反映经济业务的发生及其引起的会计要素变化和结果。这些账户不是彼此孤立的，而是相互联系地构成一个完整的账户体系。为了正确设置和运用账户，就需要在从理论上进一步认识各个账户特性的基础上，根据它们的共性，探讨账户之间的内在联系，掌握各账户在提供核算指标方面的规律性。本章将通过对账户的分类研究，总结账户设置和运用的规律性。

第一节 账户按经济内容分类

账户的经济内容就是账户所反映的会计对象的具体内容。账户按经济内容分类，是账户分类的基础。企业会计对象可以归结为资产、负债、所有者权益、收入、费用和利润六大会计要素。因此，账户按其所反映的经济内容可以分为资产类账户、负债类账户、所有者权益类账户、收入类账户、费用类账户和利润类账户六类账户。账户按经济内容分类如图6-1所示。

一、资产类账户

资产类账户是反映资产增减变动情况和结果的账户。资产账户按照资产变现速度的快慢又可以分为流动资产和非流动资产两类账户。

第一，反映流动资产的账户：如"库存现金"、"银行存款"、"其他货币资金"、"交易性金融资产"、"应收票据"、"应收账款"、"预付账款"、"原材料"、"库存商品"等。

第二，反映非流动资产的账户：如"持有至到期投资"、"可供出售金融资产"、"长期股权投资"、"固定资产"、"累计折旧"、"无形资产"、"长期待摊费用"等。

二、负债类账户

负债类账户是反映负债增减变动情况和结果的账户。按照负债清偿期时间长短的不同，

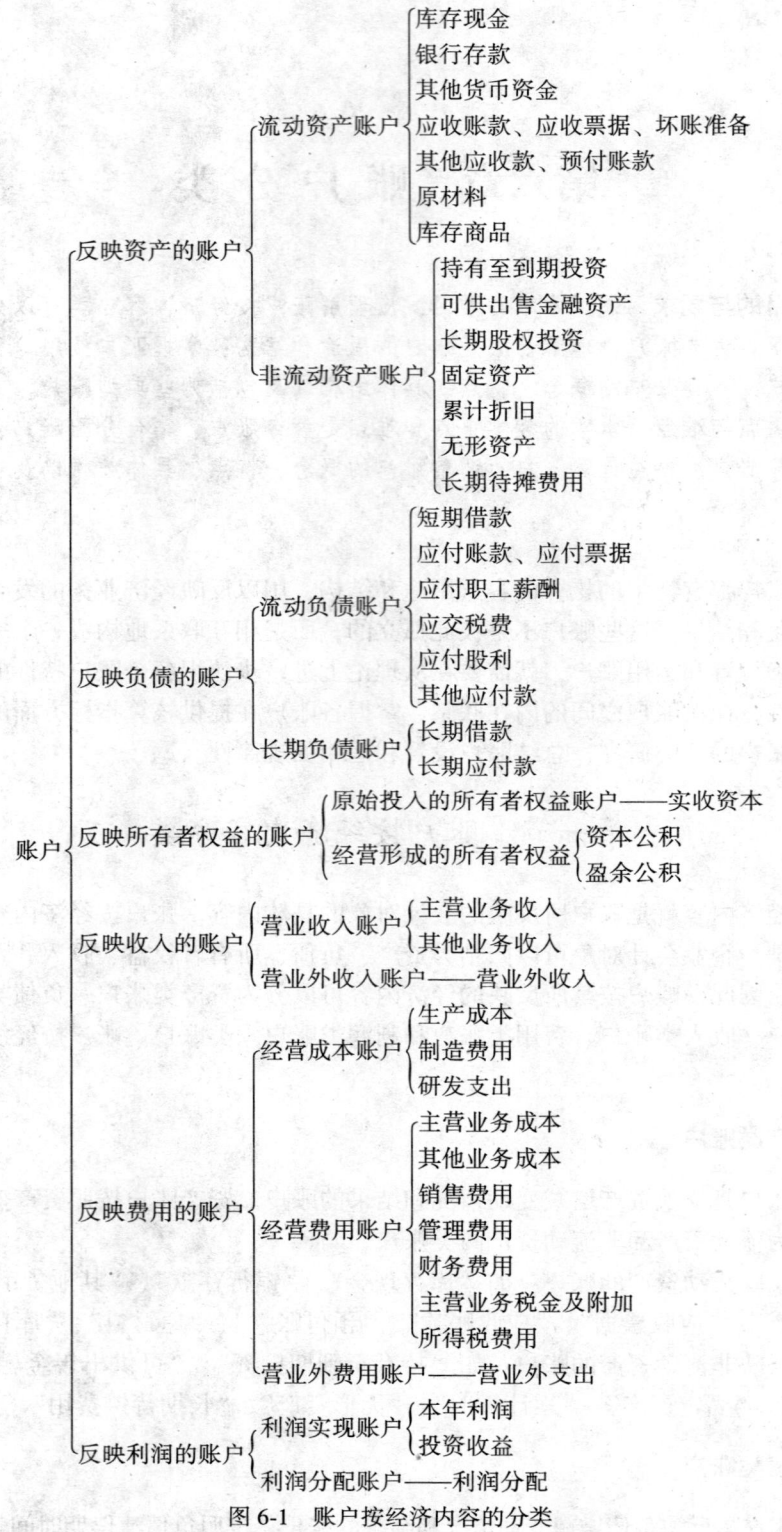

图 6-1 账户按经济内容的分类

又可以分为流动负债和长期负债两类账户。

第一，反映流动负债的账户：如"短期借款"、"应付票据"、"应付账款"、"应付职工薪酬"、"应交税费"、"应付利息"、"应付股利"等。

第二，反映长期负债的账户：如"长期借款"、"应付债券"、"长期应付款"等。

三、所有者权益类账户

所有者权益类账户是反映所有者权益增减变动情况和结果的账户。按所有者权益形成来源不同，又可分为原始投入形成的所有者权益和经营过程中形成的所有者权益两类账户。

第一，反映原始投入形成的所有者权益的账户：如"实收资本"。

第二，反映经营过程中形成的所有者权益的账户：如"资本公积"、"盈余公积"等。

四、收入类账户

收入类账户是反映企业在生产经营过程中取得各种收入情况和结果的账户。按照收入的不同性质和内容，收入类账户又可分为以下两类账户。

第一，反映营业收入的账户：如"主营业务收入"、"其他业务收入"、"投资收益"等。

第二，反映营业外收入的账户：如"营业外收入"。

五、费用类账户

费用类账户是反映企业经营过程中发生的各种费用支出的账户。按照费用的不同性质和内容，费用支出类账户可分为以下几类账户。

第一，反映经营成本的账户：如"生产成本"、"制造费用"、"研发支出"等。这类成本费用账户反映生产过程中消耗的成本与费用。

第二，反映经营费用的账户：如"主营业务成本"、"其他业务成本"、"营业税金及附加"、"销售费用"、"管理费用"、"财务费用"、"所得税费用"等。

第三，反映营业外支出的账户：如"营业外支出"等。

六、利润类账户

利润类账户是反映企业利润实现和分配情况和结果的账户。利润账户可以分为以下两类账户。

第一，反映利润实现的账户：如"本年利润"、"投资收益"等。

第二，反映利润分配的账户：如"利润分配"。

在上述六类账户中，资产、负债和所有者权益账户无论在平时或结账后，通常都有余额，表示企业资产、负债或所有者权益的实有额。因此，这些账户也称为实账户，这些账户的期末余额是编制资产负债表的依据。收入、费用和利润账户是用来汇总会计期间收入的取得、费用的支付从而确定财务成果的账户，这些账户的本期发生额在期末结账时，一般都转入实账户,期末一般无余额。因此,也称为虚账户,虚账户的本期发生额是编制利润表的依据。

第二节 账户按用途和结构分类

将账户按其经济内容进行分类,揭示了完整的账户体系包括哪几类账户,各类账户所核算的会计对象的具体内容是什么。这对于正确地区分账户的经济性质,合理地设置和运用账户,以满足经济管理的需要具有重要的意义。但是,仅按经济内容对账户进行分类,还不能使我们比较详细地了解各种账户的作用,以及它们如何提供企业经营管理和对外报告所需要的各种核算指标。因此,为了正确地运用账户来记录经济业务、掌握账户在提供核算指标方面的规律性,就需要在按照经济内容对账户进行分类的基础上,进一步研究按照用途和结构对账户进行分类。

账户的用途是指通过账户记录能够提供什么核算指标,即设置和运用账户的目的是什么。账户的结构是指在账户中如何记录经济业务,以取得各种必要的核算指标,即账户借方登记什么内容,贷方登记什么内容,期末余额在哪一方,具体表示什么内容。账户的用途和结构是否相同,一般取决于账户的经济内容。但相同经济内容的账户也可能具有不同的用途与结构。例如,"累计折旧"和"利润分配"账户是分别核算资产和利润的账户,它们反映不同的经济内容,却有相同的用途和类似的结构。因此,虽然账户的用途和结构都直接或间接地依据了账户的经济内容,但账户按经济内容的分类并不能代替账户按用途和结构的分类。账户按经济内容分类是基本的分类,是账户分类的基础,而账户按用途和结构的分类是对前者的必要补充。

账户按用途和结构分类,可以分为盘存账户、结算账户、资本账户、集合分配账户、跨期摊配账户、成本计算账户、损益计算账户、财务成果账户、对外投资账户和调整账户等十大类。账户按用途和结构分类如图6-2所示。下面将详细说明各类账户的用途、结构和特点。

一、盘存账户

盘存账户是用来反映货币资金和其他实物资产增减变动及其实存数额的账户。在盘存账户中,借方登记各项货币资金和实物资产的增加数额,贷方登记各项货币资金和实物资产的减少数额,期末余额在借方,表示期末各项货币资金和实物资产的结存数额。盘存账户不仅可以提供与财产物资和货币资金实际数互相核对的期末余额的数据,而且反过来,账户的期末余额又可通过财产清查的方法来确定其记录是否正确,并借助于财产清查来保证账实相符。从结构上看,盘存账户有两个特点:第一,只要企业继续经营,盘存账户一般都会有余额,而且余额应当在借方;第二,盘存账户的总分类账户只提供货币指标,但有些明细账除提供货币量指标以外,还要提供实物量指标。

盘存账户的共同结构如表6-1所示。属于盘存账户的主要有"库存现金"、"银行存款"、"其他货币资金"、"原材料"、"库存商品"、"固定资产"等。

```
                    ┌ 盘存账户 ┬ 库存现金
                    │         │ 银行存款、其他货币资金
                    │         │ 原材料
                    │         │ 库存商品
                    │         └ 固定资产
                    │         ┌ 应收账款、应收票据
                    │         │ 其他应收款
                    │         │ 预付账款
                    │         │ 应付账款
                    │ 结算账户 │ 应付票据
                    │         │ 应付职工薪酬
                    │         │ 其他应付款
                    │         │ 应交税费
                    │         │ 应付股利
                    │         └ 长期借款、应付债券、短期借款
                    │         ┌ 实收资本
                    │ 资本账户 │ 资本公积
                    │         └ 盈余公积
                    │ 集合分配账户——制造费用
                    │ 跨期摊配账户 ┬ 待摊费用、长期待摊费用
                    │             └ 预提费用
账户 ┤                ┌ 生产成本
                    │ 成本计算账户 │ 固定资产清理
                    │             └ 物资采购
                    │         ┌ 主营业务收入
                    │         │ 其他业务收入
                    │         │ 营业外收入
                    │         │ 主营业务成本
                    │         │ 营业费用
                    │ 损益计算账户 │ 投资收益
                    │         │ 主营业务税金及附加
                    │         │ 其他业务支出、劳务成本
                    │         │ 管理费用、财务费用、所得税
                    │         └ 营业外支出
                    │ 财务成果账户——本年利润
                    │         ┌ 累计折旧
                    │ 调整账户 │ 坏账准备
                    │         │ 利润分配
                    │         └ 待处理财产损益
                    │ 对外投资账户 ┬ 短期投资
                                  └ 长期股权投资、长期债权投资
```

图 6-2　账户按用途和结构的分类

表 6-1　　　　　　　　　　　　　　　　　盘存账户

借　方	贷　方
期初余额：货币资金或实物资产的结存数额 发生额：本期货币资金或实物资产的增加数额	发生额：本期货币资金或实物资产的减少数额
期末余额：货币资金或实物资产的结存数额	

二、结算账户

结算账户是用来反映企业与其他单位和个人之间债权债务结算的账户。通过核算提供债权债务变动的信息，促使企业及时催收应收款项和及时支付应付款项，是结算账户的共同用途。由于债权债务的性质不同，决定了债权结算账户和债务结算账户具有不同的具体用途和结构。按照结算账户具体用途和结构不同，结算账户又可以分为债权结算账户、债务结算账户和债权债务结算账户。

（一）债权结算账户

债权结算账户又称为资产结算账户，是用来反映企业与各个债务单位和个人之间债权结算业务的账户。这类账户的借方登记债权的增加数额，贷方登记债权的减少数额；期末余额一般在借方，表示期末尚未收回的债权实有数额。债权结算账户的结构如表 6-2 所示。属于债权结算账户的主要有"应收账款"、"其他应收款"、"应收票据"等账户。

表 6-2　　　　　　　　　　　　　　　　债权结算账户

借　方	贷　方
期初余额：期初尚未收回的应收款或尚未结算的预付账款实有数额 发生额：本期应收款项或预付款项的增加数额	发生额：本期应收款项或预付款项的减少数额
期末余额：期末尚未收回的应收款或尚未结算的预付账款实有数额	

（二）债务结算账户

债务结算账户又称为负债结算账户，是用来反映企业与各个债权单位和个人之间债务结算业务的账户。这类账户的贷方登记债务的增加数额，借方登记债务的减少数额；期末余额一般在贷方，表示期末尚未偿还的债务实有数额。债务结算账户结构如表 6-3 所示。属于债务结算账户的主要有"短期借款"、"应付账款"、"其他应付款"、"应付职工薪酬"、"应交税费"等账户。

表 6-3　　　　　　　　　　　　　债务结算账户

借　方	贷　方
发生额：本期借入款项、应付款项或预收款项的减少数额	期初余额：期初尚未偿还的借入款项，应付款项或未结算的预收款项的实有数额 发生额：本期借入款项、应付款项或预收款项的增加数额
	期末余额：期末尚未偿还的借入款项，应付款或尚未结算的预收款项实有数额

（三）债权债务结算账户

债权债务结算账户又称为往来结算账户，是用来反映企业与其他单位或个人之间往来结算业务的账户。某些与企业经常发生业务往来的单位，有时是企业的债权人，有时是企业的债务人。为了集中核算企业与这类单位之间发生的债权和债务的结算情况，需要在同一账户中核算应收和应付该单位款项的增减变动情况及其余额。这类账户的借方登记债权的增加数额或债务的减少数额，贷方登记债务的增加数额或债权的减少数额，其余额可能在借方，也可能在贷方。如果余额在借方，则表示尚未收回的债权净额，即尚未收回的债权大于尚未偿付的债务的差额；如果余额在贷方，则表示尚未偿付的债务净额，即尚未偿付的债务大于尚未收回的债权的差额。债权债务结算账户所属明细分类账的借方余额之和与贷方余额之和的差额，应与总分类账户的余额相等。债权债务结算账户的结构如表 6-4 所示。

表 6-4　　　　　　　　　　　　债权债务结算账户

借　方	贷　方
期初余额：期初债权大于债务的差额 发生额：（1）本期债权的增加数额 　　　　（2）本期债务的减少数额	期初余额：期初债务大于债权的差额 发生额：（1）本期债务的增加数额 　　　　（2）本期债权的减少数额
期末余额：期末债权大于债务的差额	期末余额：期末债务大于债权的差额

在债权债务结算账户的结构中可以看到，这类账户的总分类账借方余额或贷方余额只是表示债权与债务增减变动后的差额，并不是企业债权或债务的实际余额。而要了解债权债务的实际余额必须根据其所属明细账的余额来确定。

三、资本账户

资本账户是用来反映企业所有者权益实有数额和增减变动情况的账户。这类账户的贷方登记资本的增加数额,借方登记资本的减少数额;期初期末余额均在贷方,表示企业期初或期末资本的实有数额。资本账户的结构如表 6-5 所示。属于资本账户的有"实收资本"、"资本公积"、"盈余公积"账户。

表 6-5　　　　　　　　　　　　　　　　资本账户

借　方	贷　方
发 生 额:本期所有者权益减少数	期初余额:期初所有者权益的实有额 发 生 额:本期所有者权益的增加数
	期末余额:期末所有者权益的实有数

四、集合分配账户

集合分配账户是用来汇集和分配企业生产经营过程中某个阶段所发生的某种费用的账户。企业在生产经营过程中发生的应由各个成本计算对象共同负担的间接费用,应首先通过集合分配账户进行归集,然后再按照一定标准分配计入各成本计算对象。集合分配账户的借方登记费用的发生数额,贷方登记费用的分配数额,一般情况下,该类账户期末无余额。集合分配账户结构如表 6-6 所示。属于集合分配账户的有"制造费用"账户。

表 6-6　　　　　　　　　　　　　　　　集合分配账户

借　方	贷　方
发 生 额:本期某种费用的发生额	发 生 额:本期某种费用的分配数额

集合分配账户的特点是具有明显的过渡性质。平时用它来归集那些不能直接计入某个成本计算对象的间接费用,期末将费用全部分配出去,由有关成本计算对象负担,该账户期末余额为零。

五、跨期摊配账户

跨期摊配账户是用来反映应由各会计期间共同负担费用发生与分配情况和结果的账户。企业在生产经营活动过程中发生的某些费用的受益期延续到几个会计期间。按照权责发生制原则,必须严格划分费用的归属期,把跨越几个会计期间的费用合理地分摊到各个受益期。为此,必须设置跨期摊配账户。最为典型的账户是"长期待摊费用"账户。"长期待摊费用"账户的用途是将已经发生而不应全部记入当期成本费用的费用在以后的若干会计期间中摊销，分期记入各该期成本费用。跨期摊配账户的结构如表6-7所示。

表6-7　　　　　　　　　　　　　跨期摊配账户

借方	贷方
期初余额：期初已支付而尚未摊销的待摊费用数额 发生额：长期待摊费用本期发生数额	发生额：长期待摊费用的各期摊配数额
期末余额：已发生而尚未摊配的长期待摊费用数额	

这类账户的特点是：第一，发生的费用由若干个会计期间共同负担。第二，按照确定的会计期间平均摊配费用。第三，其理论基础是权责发生制。

六、成本计算账户

成本计算账户是用来反映生产经营过程中某一阶段所发生的全部费用，确定该阶段各成本计算对象实际成本的账户。这类账户的借方登记生产经营过程中发生的应计入成本的全部费用，包括可直接计入成本的直接费用和通过集合分配账户分配转来的间接费用；贷方登记转出的实际成本；期末如有余额一定在借方，表示尚未完成某一过程的成本计算对象的实际成本。成本计算账户的结构如表6-8所示。属于成本计算账户的有"材料采购"、"生产成本"等账户。

表6-8　　　　　　　　　　　　　成本计算账户

借方	贷方
期初余额：期初尚未完成某一过程的成本计算对象的实际成本 发生额：生产经营过程某一阶段发生的全部费用	发生额：结转已完成某一过程的成本计算对象的全部成本
期末余额：尚未完成某一过程的成本计算对象的实际成本	

成本计算账户有两个特点：第一，期末未完成某过程但已发生的成本，在成本计算账户中表现为该账户的期末余额。第二，成本计算账户的明细账要根据成本计算对象和费用控制的责任部门或环节来设置。

七、损益计算账户

损益计算账户包括收入账户和费用账户两种。

收入账户是用来反映企业在一定时期内所取得的各种收入和收益的账户。收入账户的贷方登记取得的收入或收益,借方登记收入或收益的减少数额和期末转入"本年利润"账户的收入或收益数额。由于当期实现的全部收入或收益都要于期末转入"本年利润"账户,所以收入账户期末无余额。收入账户的结构如表6-9所示。属于收入账户的有"主营业务收入"、"其他业务收入"、"营业外收入"等。

表6-9 收入账户

借方	贷方
发生额:(1) 收入或收益的减少数额 (2) 期末转入"本年利润"账户的收入或收益	发生额:本期收入或收益的增加数额

费用账户是用来反映企业在一定时期内所发生的应记入当期损益的各项费用、成本和支出的账户。费用账户的借方登记费用支出的增加数额,贷方登记费用支出的减少数额和期末转入"本年利润"账户的费用支出数额。由于当期发生的全部费用支出都要于期末转入"本年利润"账户,所以该类账户期末无余额。费用账户的结构如表6-10所示。属于费用账户的有"主营业务成本"、"其他业务成本"、"销售费用"、"管理费用"、"财务费用"、"营业外支出"、"所得税"等。

表6-10 费用账户

借方	贷方
发生额:本期费用支出的增加数额	发生额:(1) 本期费用支出的减少数额 (2) 期末转入"本年利润"账户的数额

收入账户与费用账户按配比原则归集后,用来计算本期损益,所以可将其概括为损益计算账户。这类账户的特点是:第一,期末结转后无余额。第二,发生额全部转入"本年利润"账户。第三,它们都是"虚账户"。

八、财务成果账户

财务成果账户是用来反映企业在一定时期内全部生产经营活动的最终成果的账户。"本年利润"账户属于财务成果账户,该账户的贷方登记期末从各收入和收益账户转入的主营业务收入、其他业务收入、营业外收入和投资收益等,借方登记期末从各费用账户转入的主营业务成本、其他业务成本、销售费用、管理费用、财务费用和营业外支出等,期末贷方余额表示企业获得的利润净额;反之,期末借方余额表示企业发生的亏损总额。财务成果账户的结构如表 6-11 所示。

表 6-11　　　　　　　　　　　财务成果账户

借　方	贷　方
发 生 额:应计入本期损益的各项成本费用	发 生 额:本期实现的收入和收益额
期末余额:发生的亏损总额	期末余额:实现的利润净额

九、调整账户

调整账户是用来调整被调整账户的金额,以便计算被调整账户账面价值的账户。调整账户本身是一种附属性质的账户,它依存于被调整账户,将调整账户与被调整账户有机地联系起来,可以提供管理上所需要的某些特定指标。在会计核算中,由于经营管理或其他方面的原因,有时需要对一些会计要素的具体项目用两种数字从不同的方面进行反映,因此需要设置两个账户:一个账户反映原始数字;另一个账户反映对原始数字的调整数字,将原始数字与调整数字相加或相减,即可求得调整后的实际数额。

调整账户按其调整方式的不同,可以分为抵减账户、附加账户和抵减附加账户三类,其中,抵减账户是常见的调整账户。

（一）抵减账户

抵减账户又称为备抵账户,是用来抵减被调整账户的账面余额,以求得被调整账户账面价值的账户。其调整方式,可用下列计算公式表示:

被调整账户余额－抵减账户余额＝被调整账户的实际余额（账面价值）

被调整账户的余额与抵减账户的余额方向相反是抵减账户的主要特点。如果被调整账户的余额在借方,则抵减账户的余额一定在贷方;如果被调整账户的余额在贷方,则抵减账户的余额一定在借方。按照被调整账户的性质,抵减账户又可分为资产抵减账户和权益抵减账户。

（1）资产抵减账户。资产抵减账户是用来抵减某一资产账户的账面余额,以求得该资产账户实际余额的账户。例如,"累计折旧"账户是"固定资产"账户的抵减账户,"固定资产"账户的借方余额减去"累计折旧"账户的贷方余额,其差额是固定资产的账面价值,亦即固定资产的净值。通过"固定资产"账户与"累计折旧"账户余额的对比分析,可以了解固定资产的新旧程度。

属于资产抵减账户的除了"累计折旧"以外还有"坏账准备"、"累计摊销"等账户,它们分别是"应收账款"、"无形资产"账户的备抵账户。资产抵减账户的一般结构如表 6-12 和表 6-13 所示。

表 6-12　　　　　　　　　　　　　　资产被抵减账户

借　方	贷　方
期初余额：期初资产原值 发 生 额：本期资产增加值	发 生 额：本期资产减少值
期末余额：期末资产原值	

表 6-13　　　　　　　　　　　　　　资产抵减账户

借　方	贷　方
发 生 额：本期资产抵减值核销数	期初余额：期初资产抵减值 发 生 额：本期资产抵减值增加额
	期末余额：期末资产累计抵减值

资产被抵减账户借方期末余额−资产抵减账户贷方期末余额＝资产账面价值

（2）权益抵减账户。权益抵减账户是用来抵减某一权益账户的余额，以求得该权益账户账面价值的账户。例如，"利润分配"账户就是抵减"本年利润"账户贷方余额的账户，其差额表示期末尚未分配的利润数额。"本年利润"账户与"利润分配"账户的关系如表 6-14 所示。应该注意的是权益抵减账户与被抵减账户余额分别在借方与贷方，这与资产抵减账户与被抵减账户的余额正好相反。

表 6-14　　　　　　　　　　　　　　权益抵减账户

借　方	本年利润	贷　方
	期末余额：已实现利润数额	

借　方	利润分配	贷　方
发 生 额：已分配利润数额	已实现的利润数额	
	未分配利润数额	

（二）附加账户

附加账户是用来增加被调整账户的余额，以求得被调整账户账面价值的账户。其调整方式可用下列计算公式表示：

被调整账户余额+附加账户余额=被调整账户的实际余额

附加账户的特点是：附加账户与其被调整账户的性质相同，账户的结构相同，账户的余额方向相同。如果被调整账户的余额在借方，则附加账户的余额也必定在借方；如果被调整账户的余额在贷方，则附加账户的余额也必定在贷方。

（三）抵减附加账户

抵减附加账户是兼有抵减和附加两种作用的调整账户。但是，根据抵减附加账户余额求得被调整账户的实际余额时，抵减附加账户只有一种作用，或是抵减或是附加，这取决于该账户的余额与被调整账户的余额在方向上是否一致，当其余额与被调整账户的余额在不同方向时，它所起的是抵减账户的作用；当其余额与被调整账户的余额在相同方向时，它所起的是附加账户的作用。"材料成本差异"和"待处理财产损益"属于抵减附加账户。

例如，"材料成本差异"账户是用来调整"原材料"账户的。当"材料成本差异"账户出现借方余额亦即期末库存材料实际成本大于计划成本的差额，且与"原材料"账户期末余额方向一致，这时，"材料成本差异"账户就成为"原材料"账户的附加账户。"原材料"账户期末余额加上"材料成本差异"账户期末余额等于库存材料的实际成本。当"材料成本差异"账户出现贷方余额时，与"原材料"账户期末余额方向相反，这时，"材料成本差异"账户就成为"原材料"账户的抵减账户。"原材料"账户期末余额减去"材料成本差异"账户期末余额等于库存材料实际成本。

十、对外投资账户

对外投资账户是用来反映对外投资增减变动及投资净额的账户。其基本结构类似于盘存账户。借方登记以货币资金和实物资产对外投资的增加数额，贷方登记对外投资的收回或减少数额，期末余额在借方，表示期末对外投资净额。对外投资账户的基本结构如表6-15所示。

例如，"交易性金融资产"账户就是专门核算准备随时变现而购买的股票、债券等金融资产的账户。在购买交易性金融资产时，按实际成本记入该账户的借方；在处置金融资产时，按原记录成本登记在该账户的贷方，期末借方余额表示尚未收回交易性金融资产的数额。

表6-15　　　　　　　　　　　　　对外投资账户

借　方	贷　方
期初余额：期初对外投资净额 发　生　额：本期对外投资增加数额	发　生　额：本期对外投资收回或减少数额
期末余额：期末对外投资净额	

对外投资账户主要有交易性金融资产、持有至到期投资、可供出售金融资产、长期股

权投资等账户。

☞本章小结

账户分类的目的是为了正确地设置和运用账户，了解各个账户的特性和有关账户的共性，探讨账户之间的内在联系。学习账户的分类，对前几章复式记账理论和实际运用以及对后续会计课程的学习都非常重要。

账户可以按经济内容和用途及结构两个标志进行分类。按经济内容分类是账户分类的基础，这种分类与会计要素的类别是一致的；按用途和结构分类可以帮助我们了解各账户的作用以及借贷双方分别登记的具体内容。

账户按经济内容分类，可以分为资产类、负债类、所有者权益类、收入类、费用类和利润类六类账户。各大类下又可以分为若干小类。

账户按用途和结构分类，可以分为盘存账户、结算账户、资本账户、集合分配账户、跨期摊配账户、成本计算账户、损益计算账户、财务成果账户、调整账户、对外投资账户十大类。

☞思考题

1. 什么是账户的经济内容？账户按经济内容可以分为哪几类？分别包括哪些账户？
2. 什么是账户的用途和结构？账户按用途和结构可以分为哪几类？各包括哪些主要账户？
3. 简述盘存账户的概念、特点、结构以及包括的具体账户。
4. 简述集合分配账户的概念、特点、结构以及包括的具体账户。
5. 简述成本计算账户的概念、特点、结构以及包括的具体账户。
6. 简述调整账户的概念、特点以及包括的具体账户。
7. 举例说明抵减类调整账户与其被调整账户之间的关系。
8. 研究账户的分类有什么意义？

第七章 会计凭证

◎**教学目的与要求** 通过本章的学习，应掌握会计凭证的概念；理解填制和审核会计凭证的意义；掌握会计凭证的分类方法、所分类别、有关重要概念以及包括的典型原始凭证；了解原始凭证的填制与审核方法；掌握专用记账凭证、科目汇总表的适用范围及其填制方法；理解会计凭证传递的意义与程序。

◎**教学重点与难点** 本章的教学重点和难点是会计凭证的分类、记账凭证的填制。

第一节 会计凭证的意义和种类

一、会计凭证的意义

会计凭证是记录经济业务的发生和完成情况，明确经济责任的书面证明；也是组织经济活动，传输经济信息，实行会计监督，登记会计账簿的依据。

任何单位发生每一项经济业务，如现金的收付、存货的进出、收入的形成、负债的清偿以及利润的分配等，都必须按照规定的程序和要求，由经办该项经济业务的人员取得或填制会计凭证，载明经济业务的内容和数量，并在凭证上签名或盖章，有些凭证还必须加盖单位的公章，以对会计凭证的真实性和正确性负责。一切会计凭证，只有经过有关人员审核无误后才能作为登记账簿的依据。因此，正确地填制和严格地审核会计凭证，就成为会计核算工作的一项重要内容和基础工作，也是如实反映和控制经济活动不可缺少的会计核算方法。

填制和审核会计凭证，对于及时完成会计工作任务，充分发挥会计在经济管理中的作用具有十分重要的意义。

（一）会计凭证是登记账簿的依据

任何单位的经济业务，都需要根据发生的时间、地点、内容和完成情况，正确、及时地填制会计凭证加以全面记录，为登记账簿提供可靠的依据。从会计凭证与其他会计资料之间的关系来看，会计凭证是其他会计资料的基础，任何单位日常发生的大量经济业务首先是通过会计凭证来加以如实反映的。从会计工作的程序来看，填制和审核会计凭证，是会计核算程序的首要一环。会计循环能否顺利进行，会计信息是否正确可靠，都依赖于正确及时地填制和审核会计凭证。

（二）填制和审核会计凭证，可以更好地发挥会计的控制职能

任何单位货币资金的收付以及财产物质的收、发、领、退等经济业务，都要按照规定的程序和要求填制会计凭证。这些会计凭证成为反映各单位经济活动的业务档案，为事后进行经济活动分析和会计检查提供了必要的原始资料。

通过会计凭证的审核，可以检查经济业务是否符合国家的有关法律、制度，有无违法乱纪、违反企业会计准则和会计制度的现象，有无铺张、浪费、贪污、盗窃等损害公共财产的行为发生；根据会计凭证检查经济业务还可以及时发现经济管理中存在的问题和管理制度存在的漏洞，从而有的放矢地解决问题和完善制度，提高经营管理水平和经济效益。

（三）填制和审核会计凭证，是加强经济责任制的重要手段

各单位发生的经济业务都是由有关部门和人员经办的。经办人员在办理凭证手续时要注意经济业务的真实性、合法性和合规性，并且在凭证上签章，明确这项经济业务应该由谁负责。这样，可以确定有关业务部门和人员的经济责任，加强他们的责任感。如果发生了差错和纠纷，则有关部门和人员可以查考会计凭证作出正确的裁决和处理，确定有关部门和人员的责任。此外，通过会计凭证的传递把单位内部各经办部门和人员联系在一起，使他们相互制约、相互促进，以实施基本的内部控制，及时发现问题。

二、会计凭证的种类

会计凭证种类繁多，名目各异，但按其填制程序和用途不同，可以划分为原始凭证和记账凭证两大类。

（一）原始凭证

原始凭证是在经济业务发生时取得或填制的，载明经济业务实际执行和完成情况的，明确经济责任并具有法律效力的书面证明。它是会计核算的原始资料和重要依据。

原始凭证依据不同的划分标准，又有不同的分类。

1. 按原始凭证来源分类

按原始凭证来源的不同，可以划分为自制原始凭证和外来原始凭证两类。

自制原始凭证是指在经济业务发生时或完成后，由本单位有关部门或人员，根据经济业务的内容自行填制的原始凭证。如材料入库时根据购货发票等填制的"收料单"（格式如表7-1所示），领用和发出材料时填制的"领料单"（格式如表7-2所示），支付职工工资时填制的"工资单"，出差人员填制的"差旅费报销单"等，都属于自制原始凭证。

外来原始凭证是在经济业务完成时，从发生经济业务往来的单位或个人直接取得的凭证。如从供货单位开来的发票、从银行转来的收款通知、从交通部门取得的运单等。"发票"和"增值税专用发票"的格式如表7-3、表7-4所示。

表 7-1   收 料 单

供货单位：   发票编号：   年   月   日   凭证编号：
                                                              收料仓库：

材料类别	材料编号	材料名称及规格	计量单位	数量		金额（元）		
				应收	实收	单价	运杂费	合计
备注			合计					

仓库负责人：   记账：   仓库保管员：   收料：

表 7-2   领 料 单

用途：   领料单位：   年   月   日   凭证编号：
                                                              发料仓库：

材料类别	材料编号	材料名称及规格	计量单位	数量		单价	金额（元）
				请领	实发		
备注						合计	

记账：   发料：   审批：   领料人：

表 7-3   发   票
购货单位   年   月   日   No.

货号及品名	规格	数量	单位	单价	金额

单位盖章：   主管：   制单：

表 7-4　　　　　　　　　　　　　　**增值税专用发票**

开票日期：2011 年 12 月 10 日　　　　　　　　　　　　　　　　　　No. 060526

购货单位	名称	大华公司			纳税人登记号								（略）							
	地址、电话	（略）			开户银行及账号								（略）							
商品或劳务名称	计量单位	数量	单价	金额								税率(%)	税额							
				百	十	万	千	百	十	元	角	分		百	十	万	千	百	十	元	角	分
A 材料	公斤	600	10			¥	6	0	0	0	0	0	17			¥	1	0	2	0	0	0
合计						¥	6	0	0	0	0	0				¥	1	0	2	0	0	0
价税合计（大写）				柒仟零佰贰拾零元零角零分																		
销货单位	名称	大华公司			纳税人登记号								（略）							
	地址、电话	（略）			开户银行及账号								（略）							

第一联　存根联　留存备查

收款人：×××　　　　　　　　　　　　　　　开票单位（未盖章无效）：

　　无论是自制原始凭证还是外来原始凭证，都是用来证明经济业务已经发生或完成情况，并可作为会计核算原始资料的凭证。对经济业务发生或完成情况不能起证明作用的文件、单据等不属于原始凭证，如生产通知单、生产费用核算资料、购货或销货合同等，不能作为记账的原始依据。

2. 按原始凭证填制方法分类

　　按原始凭证填制方法不同，可以划分为一次凭证、累计凭证和汇总凭证。

　　一次凭证是反映一项经济业务或反映若干项同类性质经济业务而填制手续是一次完成、一次有效的原始凭证。外来凭证都是一次凭证。自制的收料单、领料单、产品入库单等都是一次凭证。

　　累计凭证是在一定时期内，连续地反映或记录若干项不断重复发生同类性质经济业务的原始凭证。累计凭证的填制手续不是一次完成的，而是同一份原始凭证在一定时期或限额之内连续登记重复发生的同类经济业务，并且计算其累计发生额，以累计数额作为记账依据。如企业的"限额领料单"（如表 7-5 所示）就是累计凭证。

表 7-5　　　　　　　　　　　　　　**限额领料单**

领料单位：　　　　　　　　　　　　年　　月　　日
产品名称：　　　　　　　　　　　　　　　　　　　　　　　　　　发料仓库：
计划产量：　　　　　　　　　单位消耗定额：　　　　　　　　　　编　　号：

材料编号	材料名称	规格	计量单位	单价	领用限额	全月实用	
						数量	金额

领用日期	请领数量	实发数量	领料人签章	发料人签章	限额结余

供应部门负责人：　　　　　　生产部门负责人：　　　　　　仓库管理员：

汇总凭证，亦称原始凭证汇总表，是根据一定时期内若干张反映同类性质经济业务的原始凭证汇总编制而成的原始凭证。如根据一定时期的"领料单"编制的"发料凭证汇总表"（格式如表7-6所示）就是汇总凭证。使用累计凭证和汇总凭证，可以减少原始凭证的数量，简化会计核算手续，便于对账用账，达到增收节支的目的。

表 7-6　　　　　　　　　　　　　**发料凭证汇总表**

材料类别：　　　　　　　　　　　　年　　月　　日　　　　　　　　附领料单　　份

用途	领料单位	第一仓库	第二仓库	第三仓库	合计
总计					

主管会计：　　　　　　　　审核：　　　　　　　　制表：

3. 按原始凭证用途分类

按原始凭证用途分类，可以分为证明凭证和计算凭证。

证明凭证是用来证明经济业务已经发生或完成的原始凭证。如收料单、领料单、发票、收款收据等。

计算凭证是根据证明凭证或会计核算资料按照核算的规定和要求计算后而编制的原始凭证。如制造费用分配表、工资结算单、产品成本计算表等。现以"制造费用分配表"为例来说明此类凭证。制造费用分配表是由会计人员在计算产品成本时，根据"制造费用"账户本月借方发生额，按照规定的分配标准，把制造费用分配到有关产品成本中所填制的一种计算凭证。因此，在此表中，要包括成本计算对象、费用分配标准和分配金额等项内容。

【例 7-1】某企业 2011 年 12 月发生制造费用 20 000 元，按照本月生产三种产品的生产工时为分配依据，每工时分配 2 元，"制造费用分配表"的格式及分配结果如表 7-7 所示。制造费用分配表是编制借记"生产成本"、贷记"制造费用"记账凭证的原始凭证。

表 7-7   制造费用分配表
车间名称：第一车间   2011 年 3 月   编号 1

产品名称	分配标准（工时）	分配金额
甲产品	2 000	4 000
乙产品	3 000	6 000
丙产品	5 000	10 000
合计	10 000	20 000

审核（签章）   制表（签章）

原始凭证的上述分类可以用图 7-1 直观地表现出来。

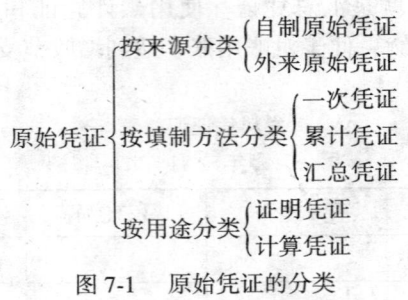

图 7-1 原始凭证的分类

（二）记账凭证

记账凭证是由财会人员根据审核无误的原始凭证填制的，载明经济业务简要内容和确定会计分录，并直接据以登记账簿的书面证明。

账簿需要按照一定的会计科目和记账规则进行登记，而原始凭证不仅格式不一，数量庞杂，而且没有写明应记账户的名称和记账方向，不能直接作为记账的依据。在实际工作中，会计分录就是通过编制记账凭证来完成的。因此，会计人员在对经济业务进行账务处理时，必须根据审核无误的原始凭证编制记账凭证，然后据以登记账簿。

记账凭证也可以根据不同的标准，划分为不同的类型。

1. 按记账凭证反映的经济业务分类

记账凭证按其反映的经济业务分类，即反映的经济业务与库存现金和银行存款的收付是否有联系来划分，可以分为收款凭证、付款凭证和转账凭证。

收款凭证是用来反映收款经济业务的记账凭证，只适用于引起现金、银行存款增加的业务。收款凭证可以进一步划分为现金收款凭证和银行存款收款凭证。根据现金收入业务的原始凭证编制的收款凭证称为现金收款凭证，根据银行存款收入业务的原始凭证编制的收款凭证称为银行存款收款凭证。收款凭证的格式如表 7-8 所示。

付款凭证是用来反映付款经济业务的记账凭证，只适用于引起库存现金、银行存款减少的业务。付款凭证可以进一步划分为现金付款凭证和银行存款付款凭证。根据现金付出业务的原始凭证填制的付款凭证称为现金付款凭证，根据银行存款付款业务的原始凭证填制的付款凭证称为银行存款付款凭证。付款凭证的格式如表 7-9 所示。

转账凭证是用来反映转账经济业务的记账凭证，只适用于不涉及库存现金和银行存款收付的业务。转账凭证的格式如表 7-10 所示。

2. 按记账凭证填制方式分类

记账凭证按填制方式分类，可以分为单式记账凭证和复式记账凭证及汇总记账凭证。

单式记账凭证就是一张凭证上只填列一个会计科目的记账凭证。如果一笔经纪业务涉及若干会计科目，就必须填制若干张单式记账凭证。采用单式记账凭证，便于汇总一定时期每一会计科目的发生额，便于分工记账，但制证工作量大，且不能在一张凭证上反映经济业务的全貌，也不便于查账。单式记账的格式如表 7-15 和表 7-16 所示。

复式记账凭证是把一项经济业务所涉及所有会计科目集中填列在一张凭证上的记账凭证。复式记账凭证可以集中反映一项经济业务所及会计科目的对应关系，便于了解经济业务的全貌，同时，也可以减少记账凭证张数，但它不便于汇总一定时期每一会计科目的发生额。表 7-8 至表 7-10 所列举的收款凭证、付款凭证和转账凭证都属于复式记账凭证。

汇总记账凭证是把同类或全部记账凭证定期汇总编制而成的记账凭证。汇总记账凭证可以减少登记总账的手续，简化记账工作，同时，也可以用来进行试算平衡，避免和减少记账技术上的差错。汇总记账凭证又可分为分类汇总记账凭证和全部汇总记账凭证。分类汇总记账凭证是定期将收款凭证、付款凭证和转账凭证分别汇总编制成为汇总收款凭证、汇总付款凭证、汇总转账凭证，其格式如表 7-11 至表 7-13 所示。全部汇总记账凭证是将本单位一定时期内编制的记账凭证，全部汇总在一张记账凭证汇总表上。全部汇总记账凭证也称为"会计科目汇总表"，其格式如表 7-14 所示。

对记账凭证的上述分类进行总结归纳，可以借助图 7-2 直观地表现出来。

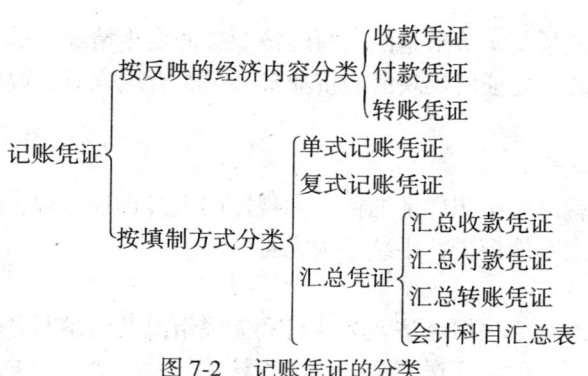

图 7-2 记账凭证的分类

第二节 原始凭证的填制和审核

一、原始凭证的填制

我国《会计人员工作规则》明确规定,"会计人员对发生的每一项经济业务,必须取得或填制原始凭证"。要做好这项工作,必须明确以下问题。

（一）原始凭证的基本内容

原始凭证的内容取决于经济业务的内容。由于各项经济业务的性质不同,所以,原始凭证的内容也是互有差异的。但是,所有原始凭证都是记载经济业务的原始依据,必须载明有关经济业务的发生情况或完成情况,必须明确经办单位和经办人员的经济责任。因此,各种原始凭证都必须具备一些共同的基本内容。原始凭证所包括的基本内容通常称为凭证要素。这些要素是:原始凭证的名称,即用来证明原始凭证所反映经济业务的性质,如收料单、发票、领料单、限额领料单等;填制凭证的日期和凭证编号,用以证明该项业务发生和完成的时间,同时,便于进行内部控制和会计检查;接受凭证单位的名称;经济业务内容,其中,包括经济业务发生的数量、单价和金额;填制凭证单位和有关人员的签章,便于明确经济责任。

为了满足经营管理活动的需要,有些原始凭证还可以补充必要的内容。例如,为了掌握计划预算或合同的执行情况,可以在有关凭证上注明计划定额或合同编号等内容,以更好地发挥会计凭证的作用。有些经济业务在不同单位中经常发生,为了使各单位所填制的原始凭证能够提供统一管理所需要的资料,应由有关单位制定统一的凭证格式,如国家税务机关统一制定的发货票、人民银行统一制定的结算凭证、铁路部门统一制定的铁路运费单据等。

（二）原始凭证的填制要求

原始凭证是根据经济业务的执行情况填制的,它是具有法律效力的书面证明。为了保证原始凭证能正确、及时反映各项经济业务的实际情况,填制原始凭证时,必须符合下列基本要求:

1. 记录真实

所谓记录真实,就是要实事求是的填写经济业务的发生情况,确保凭证内容和数字真实可靠,不得弄虚作假。凭证所反映的经济业务必须符合国家有关政策、法令、规章、制度的要求。

2. 内容完整

所谓内容完整,就是要按照凭证的格式和规定的内容逐项填列,不可遗漏和省略。该填写一式几联的,联次不能短少,手续必须完备。

3. 填制及时

所谓填制及时,就是要根据经济业务执行和完成情况及时填写各种凭证,并按时间顺序连续编号,然后按规定的程序送交会计部门审核。

4. 书写清晰

所谓书写清晰，就是要认真书写原始凭证上数字和文字，字迹要清晰、工整，不得潦草。

此外，填制原始凭证（也包括记账凭证）还要遵守一些要求。如阿拉伯数字不得连笔写。阿拉伯数字金额前面应写人民币符号"￥"。人民币符号"￥"与阿拉伯数字之间不得留有空白。凡阿拉伯数字前写有人民币符号"￥"的，字后不能再写"元"字。

所有以元为单位的阿拉伯数字，除表示单价等情况外，一律填写角、分。无角、分的，角位和分位可写"00"或符号"-"；有角无分的，分位应写"0"，不能用符号"-"代替。

大写金额数字应一律用零、壹、贰、叁、肆、伍、陆、柒、捌、玖、拾、佰、仟、万、亿、元、角、分、整等，不得乱造简化字。阿拉伯金额数字中间有"0"字时，如小写金额￥1 001.50，大写金额中可以只写一个"零"字，为"壹仟零壹元伍角"；大写金额中有角分的，元以下不写"整"字。阿拉伯金额数字元位是"0"，或数字之间连续有几个"0"，但角位不是"0"时，汉字大写金额可只写一个"零"字，也可不写"零"字，如"￥1 320.56"汉字大写金额应写成"人民币壹仟叁佰贰拾元零伍角陆分"或"人民币壹仟叁佰贰拾元伍角陆分"。

二、原始凭证的审核

一切原始凭证都应该按照规定程序及时送交会计机构。会计机构必须对原始凭证进行审核，并根据经过审核的原始凭证编制记账凭证。原始凭证的审核，一般可以从两个方面进行。

（一）原始凭证合法性与合理性的审核

会计机构和会计人员要以国家的有关政策、法令、制度以及计划、预算、合同等为依据，审核原始凭证所记录的经济业务是否符合《企业会计准则》等有关规定，是否符合节约的原则和费用开支的标准，有无违法乱纪行为等。例如，财产物资的收发、领退、报废是否按照规定手续办理，费用的开支是否符合开支范围和开支标准。

（二）原始凭证完整性和正确性的审核

会计机构和会计人员要审核原始凭证的填制是否符合规定的要求。例如，原始凭证中记录的经济业务是否与实际情况相符合，凭证中所应具备的内容是否填列完整、数字计算是否正确、数字和文字是否填写清楚，有关人员是否签名或盖章。

原始凭证的审核是一项十分细致而严肃的工作。会计机构和会计人员要做好这项工作，应该注意以下两个方面的问题：第一，既要熟悉与各项经济业务有关的政策、法令、规章制度和计划、预算的规定，又要全方面了解本单位业务经营情况。只有这样，才能确定哪些经济业务是合理合法的，哪些经济业务是不合理不合法的，才能作出合理的处理，更好地发挥会计的控制作用。第二，既要经常向领导反映情况，又要经常向职工宣传有关财经政策和制度，并依靠职工进行广泛的群众监督。

对于原始凭证审核结果的处理，会计机构、会计人员必须坚持原则，对于一切违法乱纪行为，应当坚决按照有关规定进行处理。会计机构、会计人员对不真实、不合法的原始凭证不予受理；对记载不准确、不完整的原始凭证应予退回，并要求按照国家统一的会计制度、会计准则的规定进行更正和补充；只有审核无误的原始凭证，才能作为编制记账凭证和登记账簿的依据。

第三节 记账凭证的填制和审核

一、记账凭证的填制

记账凭证是登记账簿的直接依据。在记账之前，应按实际发生经济业务的内容编制会计分录，然后据以登记有关账簿。在实际工作中，会计分录就是通过填制记账凭证来完成的。正确地填制记账凭证，对于保证账簿记录的正确性具有重要的意义。

（一）记账凭证的基本内容

国家没有规定记账凭证的具体格式，有些使用记账凭证数量较大的企事业单位也可以自行设计和印制记账凭证。为了保证账簿记录的正确性，记账凭证必须具备一些共同的内容。一般而言，记账凭证应具备以下基本内容：记账凭证的名称；填制记账凭证的日期和编号；经济业务的内容摘要；各级会计科目的名称及其相应的金额；所附原始凭证的张数；填制、审核、记账等人员的签字或盖章。

（二）记账凭证的填制方法

记账凭证按其所反映的经济业务是否与库存现金、银行存款的收付有联系，分为收款凭证、付款凭证和转账凭证。下面列举借贷记账法下这三种记账凭证的填制方法。

1. 收款凭证

收款凭证是根据货币资金的收入业务填制的。收款凭证的格式如表7-8所示。

【例7-2】2011年12月15日，某企业销售甲产品一批，销售价格30 000元，增值税销项税额5 100元，收到购货单位支票一张计金额35 100元送存银行。会计人员根据审核无误的原始凭证填制银行存款收款凭证。

表7-8　　　　　　　　　　　收 款 凭 证
借方科目　银行存款　　　　　　2011年12月15日　　　　　　银收字第34号

摘　要	贷方科目		金　额								
	总账科目	明细科目	千	百	万	千	百	十	元	角	分
售出甲产品10件	主营业务收入	甲产品			3	0	0	0	0	0	0
	应交税费	应交增值税				5	1	0	0	0	0
	合　　计			¥	3	5	1	0	0	0	0

附件1张

会计主管　　　　记账　　　　审核　　　　出纳　　　　制单

由表7-8可知，在填写收款凭证时，在该凭证的左上方"借方科目"处，应填列库存现金或者银行存款科目。该凭证的"贷方科目"栏，应填列收入库存现金或银行存款相对应的会计科目及其明细科目。在该凭证的右上方，应按业务发生的顺序写上银或现收字第××号，并注明所附原始单据的张数。"金额"栏下的"一级科目"和"二级或明细科目"栏，应分别填列各自发生的应计全额。"合计"数则表示借方或贷方应计金额之和。在"摘要"栏内，应简明扼要地说明经济业务的内容。在记账凭证中的最右侧一般还设置"账页"一栏，表明涉及的会计科目应该记入总账账簿的页次。填写"账页"一栏时一般只打"√"，表示已经入账，以免漏记或重记。

2. 付款凭证

付款凭证是根据库存现金、银行存款的付出业务填制的。付款凭证的格式如表7-9所示。

【例7-3】2011年1月15日，某企业购入A材料一批，买价60 000元，增值税进项税额10 200元，开出支票一张结清款项。会计人员根据审核无误的原始凭证填制银行存款付款凭证。

表7-9

付 款 凭 证

贷方科目 银行存款　　　　　2011年1月15日　　　　　银付字第33号

摘　要	借方科目		金　额								
	总账科目	明细科目	千	百	万	千	百	十	元	角	分
购入材料一批	原材料	A材料			6	0	0	0	0	0	0
	应交税费	应交增值税			1	0	2	0	0	0	0
	合　　计				7	0	2	0	0	0	0

附件6张

会计主管　　　　记账　　　　审核　　　　出纳　　　　制单

由表7-9可知，在填写付款凭证时，左上方"贷方科目"处，应填列库存现金或银行存款科目；凭证的"借方科目"栏，应填列与借方科目相对应的会计科目及其明细科目。其他栏内的填列方法与收款凭证相同。

如果某项经济业务只涉及现金与银行存款之间的收付，则可以只编制付款凭证，以避免重复记账。比如，从银行提取现金，可以只编制银行存款付款凭证，将库存现金送存银行可以只编制现金付款凭证。

收款凭证和付款凭证既是登记现金日记账、银行存款日记账，以及有关明细分类账和总分类账的依据，也是出纳人员收、付款项的依据。出纳员不能直接根据有关收款和付款业务的原始凭证来收、付款项，必须根据会计主管人员或其指定人员审核批准的收款凭证和付款凭证来收、付款项。这样，通过编制收、付款凭证，才可以对现金和银行存款的收付业务进行控制，加强对货币资金的管理。

出纳人员在根据收款凭证收款或根据付款凭证付款时，要在凭证上加盖"收讫"或"付讫"的戳记，以免重收或重付，防止差错。只有加盖"收讫"、"付讫"后的收付款凭证，才能作为登记账簿的依据。

3. 转账凭证

转账凭证是根据有关转账业务的原始凭证填制的。转账凭证的格式如表7-10所示。

【例7-4】 2011年1月15日，企业向大华工厂销售乙产品一批，货款70 000元，增值税销项税额11 900元。货已发出，款未收到。会计人员根据审核无误的原始凭证填制转账凭证。

表7-10

转 账 凭 证

2011年1月15日　　　　　　　　　　　　转字第33号

摘要	总账科目	明细科目	借方金额	贷方金额	
销售商品	应收账款	大华工厂	￥7 000 000		附件2张
	主营业务收入	乙产品		7 000 000	
	应交税费	应交增值税		1 190 000	
合计			￥7 000 000	￥8 190 000	

会计主管　　　　记账　　　　审核　　　　出纳　　　　制单

由表7-10可知，转账凭证与收、付款凭证在格式上的主要区别是：转账凭证不设置主体科目，某项经济业务所涉及的会计科目全部登记在"会计科目"栏内，用各科目填写的是借方金额还是贷方金额来确定会计科目之间的对应关系。转账凭证的具体填制方法是：转账凭证的"会计科目"栏，应分别填写应借、应贷一级科目以及所属的二级科目或明细科目。借方一级科目应记金额，在"借方金额"栏的同一行内填写。贷方一级科目应记金额，在"贷方金额"栏的同一行内填写。"借方金额"栏内的一级科目合计数与"贷方金额"栏内的一级科目合计数应当平衡。

在业务量少且使用记账凭证数量不多的小型企业里，可以使用通用记账凭证，即各类经济业务都采用统一格式的记账凭证，以简化记账凭证。通用记账凭证的格式和填制方法与转账凭证相同。

如果反映同类经济业务的记账凭证的数量较多，为了简化登记总分类账的工作，则可以将众多的记账凭证总编制成各种汇总记账凭证或科目汇总表，然后再据以登记总分类账。

4. 汇总记账凭证的填制方法

汇总记账凭证可以分为汇总收款凭证、汇总付款凭证、汇总转账凭证。它们的格式和填制方法如表 7-11 至表 7-13 所示。

表 7-11　　　　　　　　　　　　　汇总收款凭证

借方科目：　　　　　　　　　　　　　　　　　　　　　　　　　第　号

贷方科目	金　额				总账页数	
	（1）	（2）	（3）	总计	借方	贷方

表 7-12　　　　　　　　　　　　　汇总付款凭证

贷方科目：　　　　　　　　　　　　　　　　　　　　　　　　　第　号

借方科目	金　额				总账页数	
	（1）	（2）	（3）	总计	借方	贷方

表 7-13　　　　　　　　　　　　　汇总转账凭证

贷方科目：　　　　　　　　　　　　　　　　　　　　　　　　　第　号

借方科目	金　额				总账页数	
	（1）	（2）	（3）	总计	借方	贷方

　　会计科目汇总表是把所有记账凭证定期汇总编制成一张科目汇总表，据以记账。科目汇总表的编制方法是：根据一定时期内的全部记账凭证，按照相同科目归类，定期汇总每一会计科目的借方本期发生额和贷方本期发生额，填列在科目汇总表的有关栏内，用以反映全部会计科目的借方本期发生额和贷方本期发生额。科目汇总表可以每月汇总一次编制一张，也可以按旬汇总，每旬编制一张。科目汇总表的一般格式如表 7-14 所示。

表 7-14　　　　　　　　　　　　　　　　科目汇总表
　　　　　　　　　　　　　　　　　　年　月　日—　日　　　　　　　　　　第　　号

会计科目	总账页数	本期发生额		记账凭证起讫号数
		借方	贷方	
合计				

会计主管　　　　　记账　　　　　审核　　　　　出纳　　　　　制单

5. 单式记账凭证的填制

【例 7-5】2011 年 12 月 4 日,振兴公司收到光华公司前欠货款 10 000 元,存入银行。这项经济业务填列单式记账凭证的格式和填制方法如表 7-15 和表 5-16 所示。

表 7-15　　　　　　　　　　　　　借项记账凭证
　　　　　　　　　　　　　　　2011 年 12 月 4 日　　　　　　　编号

摘　要	一级科目	二级或明细科目	金额	记账
收到光华公司前欠货款 存入银行	银行存款		10 000	
对应一级科目：应收账款		合计		

附件　　张

会计主管　　　　　记账　　　　　审核　　　　　出纳　　　　　制单

表 7-16　　　　　　　　　　　　　贷项记账凭证
　　　　　　　　　　　　　　　2011 年 12 月 4 日　　　　　　　编号

摘　要	一级科目	二级或明细科目	金额	记账
收到光华公司前欠货款 存入银行	应收账款	光华公司	10 000	
对应一级科目：应收账款		合计		

附件　　张

会计主管　　　　　记账　　　　　审核　　　　　出纳　　　　　制单

填制记账凭证，是会计核算的一个重要环节。通过填制记账凭证，可以把大量的原始凭证按会计科目进行归类，这不仅便于原始凭证的保管和查阅，而且也简化了记账工作。

（三）记账凭证的填制要求

记账凭证的填制工作，除了必须做到上述填制原始凭证的要求外，还应注意以下几个方面的问题：

1. 科目的使用与填写

会计人员必须结合经济业务的内容，按照统一规定的会计科目正确编制会计分录，以保证核算口径一致，便于综合汇总核算指标。也便于根据会计科目的对应关系来正确了解有关经济业务的完成情况。不得把不同类型的经济业务合并填列在一张凭证上。使用借贷记账法编制会计分录时，一般情况下，不得多借多贷，只能是一借多贷或一贷多借。在记账凭证上，一级科目、二级科目和明细科目要填列齐全。

2. "摘要"的填写

记账凭证的"摘要"栏是对经济业务的简要说明，必须认真、正确填写，不得漏填或错填。如果漏填则无法从记账凭证上了解经济业务的内容，不便登记明细账；如果错填，就会影响记账所反映经济业务的正确性。同时，填写"摘要"栏时，要考虑到登记明细账的需要，对不同的经济业务和不同性质的科目，其"摘要"填写应有所区别。例如，反映原材料等实物财产的科目，"摘要"栏内应注明材料品种、数量、单价等；反映现金、银行存款的科目，应注明收付款单位名称以及款项收付原因等。

3. 金额的填写

记账凭证的金额登记方向，大小写数字必须正确，符合数字书写规定，角分位不留空格，多余的金额栏应画斜线注销。合计金额的第一位数字前要填写人民币符号"￥"。

4. 记账凭证的编号

记账凭证的编号，在一个月内必须连续，以便查考。采用一种通用凭证的，可按经济业务发生的先后顺序编号。采用收款凭证、付款凭证、转账凭证的，可以分类编号，如收字第1号、付字第1号、转字第1号等，也可采用双重编号，即总字顺序编号与各类分类顺序编号相结合。如总字第4号、收字第1号等。如果一项经济业务需要填制多张记账凭证的，则可采用分数编号法，例如，一项经济业务需要填制三张转账凭证，凭证的顺序号为第20号，则可编为转字第$20\frac{1}{3}$号、第$20\frac{2}{3}$号、第$20\frac{3}{3}$号。单式记账凭证的编号，也可采用分数编号法。每月最后一张记账凭证的编号旁边，可加注"全"字，以免凭证失散。

5. 记账凭证的附件记录与有关人员签名盖章

记账凭证本身不是原始单据，它只不过是会计自编用来确定会计分录，便于记账的一定格式的单子，它本身不具有法律效力，不能用来代替原始单据。所以，每张记账凭证必须附有原始凭证。如果一份原始凭证涉及几张记账凭证，则可把原始凭证附在一张主要的记账凭证的后面，在其余凭证上注明附有原始凭证的那张记账凭证的编号，并注明"见某某号记账凭证"的字样。如果一张原始凭证所列支出需要几个单位共同负担的，则应将其他单位负担的部分，开给对方原始凭证分割单进行结算。结账和更正错误的记账凭证，可以不附原始凭证。记账凭证填写完毕，要由有关人员签名盖章。

二、记账凭证的审核

记账凭证是登记账簿的依据,收款凭证、付款凭证还是出纳人员收付款项的依据。因此,为了保证账簿记录的正确性,监督款项的收付,除制证人员应对所编制的记账凭证自审外,还应在会计部门建立必要的专人或互相审核制度。

(一) 记账凭证的审核内容

1. 记账凭证是否附有原始凭证、记录的内容是否与所附原始凭证内容相符

审核记账凭证是否附有原始凭证或原始凭证汇总表,所附原始凭证是否齐全,是否审核无误,原始凭证所反映经济业务的发生日期和内容是否与记账凭证填制的日期和摘要的内容一致。

2. 应借、应贷的会计科目和金额是否正确

审核记账凭证上所列应借、应贷的总账科目及明细科目是否恰当,使用的会计科目及其核算内容是否符合会计制度规定,账户对应关系是否清晰,借、贷双方的金额是否计算准确。

3. 各个项目的填列是否齐全,有关人员是否都已签名或盖章

审核记账凭证的各项内容是否按规定的要求填写完整,摘要是否填写清楚,日期、凭证编号、附件张数及各类有关人员的签章是否齐全等。

4. 记账凭证所记载的经济业务是否符合有关的政策和会计制度等

审核记账凭证所反映的经济业务是否合理、合法,有无违法乱纪、弄虚作假的情况。

(二) 记账凭证的审核方式

记账凭证审核的主要方式包括自身、序审、专审三种。

1. 自审

自审即自我审核,是记账凭证填制人员对自己编制的记账凭证进行的审核,记账凭证一旦填制完毕随即进行审核。这是保证记账凭证质量的第一道关口。

2. 序审

序审是按照记账凭证的传递顺序,由下一道岗位的会计人员对上道岗位传递来的记账凭证进行的审核。序审使得记账凭证得到了重复审核,每位记账人员都负有审核责任。

3. 专审

专审是指由单位专设的稽核人员对记账凭证进行审核。专业审查人员必须熟悉企业生产经营活动情况,并有丰富的实践经验和高度的责任心,才能从事专门的审查工作。

在审核的过程中,如果发现记账凭证有错误,则应及时查明原因,予以更正。只有审核无误后的记账凭证才能作为登记账簿的直接依据。

第四节 会计凭证的传递和保管

一、会计凭证的传递

会计凭证的传递是指会计凭证从取得和填制到归档保管为止,在本单位内部有关部门

和人员之间按照规定时间、规定路线传递和处理的程序。

(一) 会计凭证传递的意义

正确组织会计凭证的传递，对于及时利用会计凭证正确反映和有效监督各项经济业务，合理组织经济活动，加强经济责任，具有重要的意义。

1. 加强经济管理，提高工作效率

正确组织会计凭证的传递，可以把反映在会计凭证中的有关经济业务完成情况的资料及时地传递到本单位内部各部门、各个环节，最后集中到财会部门来。这样，有利于加强经济管理，提高工作效率。例如，企业需要预借给职工一笔差旅费，首先要由职工填制借款单，注明借款用途和事由，经主管部门负责人签字同意后，到财会部门办理借款手续，经财会部门相关人员审核批准填制付款凭证后，出纳人员方可据以支付这笔款项，并在付款凭证上打上"付款"戳记，再交会计人员记账。这样，明确规定会计凭证的传递程序，就能及时地、真实地反映和控制各项经济业务的完成情况。

2. 加强岗位责任制，进行有效会计监督

任何单位所发生的各项经济业务，都要借助会计凭证来记录和证明。因此，正确组织会计凭证的传递，就能把本单位有关部门和人员的活动紧密联系起来，使他们既有分工又有协作，从而使正常的经济活动得以实现。会计凭证实际上还起着相互牵制、相互监督的作用。因此，正确组织会计凭证的传递，可以督促各有关部门和人员及时、正确地完成各项经济业务，并按各自的分工和规定办理好各种凭证手续。这样，就有利于加强岗位责任制，有效地发挥会计的控制职能。

(二) 会计凭证的传递程序

各单位所发生的经济业务不同，内部机构组织和人员分工的情况不同，会计凭证的传递程序也就不同。但是，任何单位对于经常发生的需要有关部门办理的主要经济业务，都应合理地组织会计凭证传递。为此，应注意以下问题：

1. 传递路线

各单位应根据经济业务的特点，结合内部机构和人员分工情况，满足经济管理和会计核算的需要，制定会计核算过程，规定全部会计凭证流转的环节，以规范会计行为，实施内部控制制度，既要保证有关部门和人员了解经济业务的情况，及时办理凭证手续，又要避免凭证传递经过不必要的环节，以提高工作效率。

2. 传递时间

要根据有关部门和人员办理经济业务所需要的时间，恰当地规定会计凭证在各环节的停留时间和传递交接时间，以保证会计凭证的及时传递。

会计凭证的传递程序和方法，是经济管理的一项重要规章制度。会计主管人员应在充分调查研究的基础上，会同本单位有关部门共同制定。会计凭证的传递程序与方法一经确定，各有关部门和人员必须严格遵守，自觉执行，会计主管人员要监督其执行。

二、会计凭证的保管

会计凭证的保管是指会计凭证在登账之后的整理、装订和归档存查。

会计凭证是进行会计工作的基础，是重要的经济档案和历史资料。本单位及有关部门可能因各种需要查阅会计凭证，特别是发生贪污、盗窃、违法乱纪行为时，会计凭证还是依法处理的法律依据。因此，任何单位在完成经济业务手续和记账之后，必须按规定的立卷归档制度，对会计凭证妥善保管，以便日后查阅。

会计凭证的保管主要包括以下两个方面的内容：

1. 分类整理、装订成册

会计部门的有关人员根据会计凭证登记账簿以后，应将各种记账凭证按照编号顺序连同所附原始凭证定期分类整理，装订成册并在装订线上加贴封签，然后在封签处加盖会计主管的骑缝图章。为了便于事后查阅，装订成册后的会计凭证应加具封面，在封面上应注明单位名称、年度、月份和起讫日期、记账凭证的种类和起讫号数及张数、所附原始凭证的张数，并由有关人员签名或盖章。会计凭证封面的一般格式如图7-3所示。

对于数量过多的原始凭证，如收料单、发料单等，可以单独装订保管，在封面上注明记账日期、编号、种类，同时，在记账凭证上注明"附件另订"和原始凭证名称及编号。

各种经济合同、存出保证金收据以及涉外文件等重要原始凭证，应另编目录，单独登记、保管，并在有关记账凭证和原始凭证上相互注明日期和编号。

年月份第册	（企业名称）				
		年　月份　　共　册第　册			
	收款				
	付款	凭证第　　号至第　　号共　张、			
	转账				
		附　原始凭证共　　张			
	会计主管（签章）：			保管（签章）：	

图 7-3

2. 依法办事，归档存查

装订成册的会计凭证，应指定专人负责保管，年度终了，则应移交财会档案室归档保管。会计凭证的保管必须法制化，严格按照有关会计法规和制度执行。原始凭证不得外借，其他单位如因特殊原因需要使用原始凭证时，经本单位负责人批准，可以复制。向外单位提供的原始凭证复制件，应在专设的登记账簿上登记，并由提供人员和收取人员共同签名或盖章。

会计凭证的保管期限和销毁手续，必须严格按《会计档案管理办法》的有关规定执行。原始凭证、记账凭证和汇总凭证的保管期限一般不得少于15年，其中，涉及外事的会计凭证应当长期保存。未到期的会计凭证，任何人不得自行销毁。对于保管期满的会计凭证，要按照会计档案管理办法的规定，由财会部门和档案部门共同鉴定，报经批准后进行处理。对需要销毁的会计凭证，要填写"会计档案销毁清册"。在销毁时，由单位负责人指定档案部门和财会部门共同派员监销，并在销毁清册上签名或盖章。"会计档案销毁清册"要长期保存。

☞ 本章小结

会计凭证是记录经济的发生和完成情况，明确经济责任的书面证明；也是组织经济活动，传输经济信息，实行会计监督，登记会计账簿的依据。会计凭证分为原始凭证和记账凭证两大类。

原始凭证是在经济业务发生时取得或填制的，载明经济业务实际执行和完成情况的，明确经济责任并具有法律效力的书面证明。原始凭证可以按照来源、填制方法和用途分类。

记账凭证是由财会人员根据审核无误的原始凭证填制的，载明经济业务简要内容和确定会计分录，并直接据以登记账簿的书面证明。记账凭证实际上是对原始凭证中记录的经济业务按会计具体对象进行分类反映，也是对前述各章会计分录的内容扩展和表格化形式。

原始凭证、记账凭证都有规定的填制方法，并且必须严格审核，以保证其内容的完整性和真实性。

会计凭证要按规定的路线进行传递，每届期末要妥善保管。

☞ 思考题

1. 什么是会计凭证？填制会计凭证的意义是什么？
2. 什么是原始凭证和记账凭证？它们各包含哪些种类？
3. 试说原始凭证的要素及其填制要求。
4. 举例说明收款凭证、付款凭证和转账凭证的填制方法。
5. 正确组织会计凭证传递应注意什么问题？
6. 会计凭证的保管有什么基本要求？

☞ 练习题

（一）目的：练习记账凭证的填制。

（二）江城公司 2010 年 9 月份发生了下列经济业务：

（1）9 月 3 日，收到甲公司归还前欠货款 48 000 元存入银行。

（2）9 月 8 日，向乙工厂购入甲材料，进价 40 000 元，增值税进项税额 6 800 元。货款以商业汇票支付，材料已验收入库。

（3）9 月 12 日，从银行提取现金 30 000 元以备零用。

（4）9 月 15 日，销售 B 产品一批，货款 850 元，增值税销项税额 144 元。货已发出，收到现金。

（5）9 月 21 日，生产车间领取甲材料 12 000 元用以生产 A 产品。

（6）9 月 24 日，管理人员王大祥出差回来，应报销差旅费 3 600 元，余款交回现金 400 元。

（7）9 月 26 日，销售 B 产品一批给 C 公司，价款 36 000 元，增值税销项税额 6 120

元。代垫运杂费 500 元，以现金支付。货已发出，款未收到。

（8）9月30日，以银行存款支付水费1 800元，电费600元。

（9）9月30日，本月取得主营业务收入900 000元，其他业务收入200 000元，营业外收入1 000元，投资收益100 000元。据以结转利润。

（10）9月30日，本月发生主营业务成本600 000元，其他业务成本150 000元，营业税金及附加18 000元，销售费用5 000元，管理费用30 000元，财务费用10 000元，营业外支出1 000元。据以结转利润。

（11）9月30日，计算和结转本月应交所得税96 750元。

（12）9月30日，提取法定盈余公积38 700元。

（三）要求：根据上述经济业务，按照收款凭证、付款凭证、转账凭证分别编号，填写专用记账凭证或通用记账凭证。

第八章 会计账簿

◎**教学目的与要求** 通过本章的学习，应掌握会计账簿的概念；理解设置和登记会计账簿的意义；掌握会计账簿的分类方法、所分类别、有关重要概念以及包括的典型账簿；了解设置账簿的原则和账簿的基本内容；掌握三栏式特种日记账、三栏式总分类账以及三栏式、数量金额式、多栏式明细账的设置和登记方法；了解账簿的启用和登记规则；掌握更正错账的方法；掌握对账、结账的概念、内容和方法。

◎**教学重点与难点** 本章的教学重点和难点是会计账簿的分类方法、账簿的设置和登记方法。

第一节 账簿的意义和种类

一、账簿的概念和作用

（一）账簿的概念

账簿是以会计凭证为依据，在具有专门格式的账页中全面、连续、系统、综合地记录和反映企事业单位经济业务的簿籍。设置和登记会计账簿是会计核算的一种专门方法。

在会计核算工作中，各单位日常发生的经济业务，首先是通过会计凭证来反映的。但是，会计凭证只能分散的记录经济业务，不能全面、连续、系统地记录和反映一定时期内经济业务的发生、完成情况，不能提供系统的财务及其他经济信息。所以，为了便于了解单位在某一时期内的全部经济活动情况，取得经济管理所需要的一系列总括和详细数据和指标，就必须设置和登记账簿，把分散在凭证上的大量资料加以集中、归类，并全面、连续、系统地加以记录，为经济管理提供各种会计资料。

（二）会计账簿的作用

设置和登记账簿，对于提高经济管理水平，加强经济核算具有重要意义。

1. 设置和登记账簿，可以为经济管理提供系统、全面的会计资料

通过账簿记录，既能对经济活动进行序时核算，又能进行分类核算；既可以提供总括会计核算资料，又可以提供明细核算资料。账簿能够全面反映企业的资金运动过程和结果，便于加强经济核算，提高经营管理水平。

2. 设置和登记账簿，可以保护企业财产物资的安全与完整

通过有关财产物资账簿的设置，如库存现金、银行存款、库存商品、固定资产等账

簿，记录这些财产物资的增减变动情况，确定企业在一定会计期间所拥有的财产物资数量，同时，通过定期的财产清查盘点，并与账面结存数量相核对，使其达到账实相符，从而保护企业财产的安全与完整。

3. 设置和登记账簿，可以为编制会计报表提供系统的会计核算资料

账簿所提供的资料，是编制会计报表的主要依据。科学设置和正确登记账簿，对保证会计报表编制的准确性和及时性具有十分重要的作用。

4. 设置和登记账簿，可以为企业开展会计分析和会计检查提供依据

会计账簿提供的会计核算资料记录了企业的生产经营过程和结果，通过会计账簿资料可以考核经营管理者的经营成果。同时，会计账簿提供的生产经营过程和经营成果数据，可以作为会计分析和会计检查的数据资料来源。

二、账簿的种类

会计账簿的种类是多种多样的，可以按照不同的标准进行适当的分类，以便正确设置和运用会计账簿。

（一）账簿按用途分类

按账簿用途分类，可以分为序时账簿、分类账簿和备查账簿三种。

1. 序时账簿

序时账簿通常又称为日记账，它是按照全部经济业务发生和完成时间的先后顺序进行登记的账簿。在实际工作中，序时账簿是按照会计部门收到凭证的先后顺序逐日逐笔进行登记的。利用序时账簿有利于经常性的进行全部经济业务的账证和账账核对，确保账簿记录的完整性和正确性。

序时账簿又可分为普通日记账和特种日记账两种。普通日记账是把所有经济业务，全部按其发生时间顺序登记。特种日记账是按照经济业务的性质分别设立账簿，将不同性质的经济业务按照发生的时间，在日记账中顺序登记。例如，对现金收付业务，可以设置"现金日记账"，对银行存款收付业务，可以设置"银行存款日记账"，对购货业务可以设立"购货日记账"，对销售业务可以设立"销货日记账"等。特种日记账的设立，应根据经济业务的发生和实际需要来决定，对于那些发生频繁并需要经常查核的经济业务，可以设置特种日记账。

2. 分类账簿

分类账簿是对全部经济业务进行分类核算的账簿。按照分类账反映内容详细程度的不同，可以分为总分类账和明细分类账两种。总分类账是根据总账科目开设的账簿，用来分类登记全部经济业务，提供资产、负债、所有者权益、收入、费用等总括核算资料的分类簿籍，简称总账。明细分类账是按照明细科目开设的账簿，用来分类登记某一类经济业务，提供明细核算资料的簿籍，简称明细账。

在一些经济业务比较简单，总分类账为数不多的单位，为了简化记账工作，可以把序时记录和总分类记录结合在一起，在一本账簿中同时进行序时登记和总分类登记，这种账簿又称为联合账簿。日记总账就是兼有日记账和总分类账作用的联合账簿。但采用日记总账的单位，为了加强对库存现金、银行存款的核算和管理，仍应设置库存现金日记账和银

行存款日记账。

3. 备查账簿

备查账簿是对某些在序时账和分类账中未能记载的事项进行补充登记的账簿，又称为辅助账簿。备查账簿可以对某些经济业务的内容提供必要的详细参考资料，如租入固定资产登记簿、委托加工物资登记簿等都属于备查账簿。这种账簿属于备查性质的辅助登记，与其他账簿之间没有严密的钩稽关系，也没有固定的格式，可以根据实际需要加以设计。

（二）账簿按外表形式分类

账簿按外表形式分类，可以分为订本式、活页式、卡片式三种账簿。

1. 订本式账簿

订本式账簿是在未启用以前就把许多账页装订在一起，并印制有固定页码的账簿。应用订本式账簿，能避免账页散失和防止账页被抽换，能更好地起到统驭和控制作用。因此，库存现金日记账、银行存款日记账和总分类账要求采用订本式账簿。但是，采用订本式账簿也有一些缺点，主要是账页固定，不能根据记账需要增减账页，每一账簿必须预留一定的空白账页，如果账页多余，则会造成浪费；如果留页过少，则又会影响账簿记录的连续登记，不便查阅，而且一本账簿在同一时间只能由一人登记，不便于记账人员的分工。

2. 活页式账簿

活页式账簿是把分散的账页装置在账夹内，根据核算和管理需要，可以随时增添或抽减账页的一种账簿。明细分类账一般采用活页式账簿，这样便于序时和分类连续登记，有利于记账人员分工和提高工作效率，但容易造成账页的散失和抽换。

3. 卡片式账簿

卡片式账簿是将硬卡片作为账页，并存放在卡片箱中予以保管的一种账簿。卡片式账簿实际上也是一种活页账，只是有些账页需要经常抽取，为了防止损坏而采用硬卡片作为账页。这种卡片账簿使用起来较灵活方便，反映的内容比较详细具体，又可以跨年度长期使用，无需要换账页，便于分类汇总和根据管理的需要转移账卡。固定资产和周转材料明细账常常采用卡片式账簿予以登记。

（三）账簿按照账页格式分类

账簿按照账页格式不同，主要分为三栏式账簿、数量金额式账簿和多栏式账簿。

1. 三栏式账簿

三栏式账簿设置借方、贷方和余额三栏。三栏式账簿一般适用于各种总账和只需要核算金额的明细账，如应收账款、应付账款的总账和明细账，都可以使用三栏式账簿。三栏式账簿的主要特点是不用核算数量指标，只需提供金额指标。

2. 数量金额式账簿

数量金额式账簿分为收入、发出、结存三大栏，每大栏内又分设数量、单价、金额等专栏。可以将数量金额式账簿看成是三栏式账簿的变化形式。数量金额式账簿适用于既需要提供金额，又需要提供数量指标的核算，主要适用于原材料、库存商品等存货类物资的明细分类核算。

3. 多栏式账簿

多栏式账簿是将三栏式账簿的借方或贷方金额栏按照明细项目分设若干专栏。多栏式账簿适用于成本费用类账户的明细分类核算。

在实际工作中，成本费用类账户的明细账，可以只按借方发生额设置专栏，贷方发生额由于每月发生的笔数很少，可以在借方直接用红字冲销。这类明细账也可以在借方设专栏的情况下，贷方设一总的金额栏，再设一余额栏。

会计账簿的各种分类如图 8-1 所示。

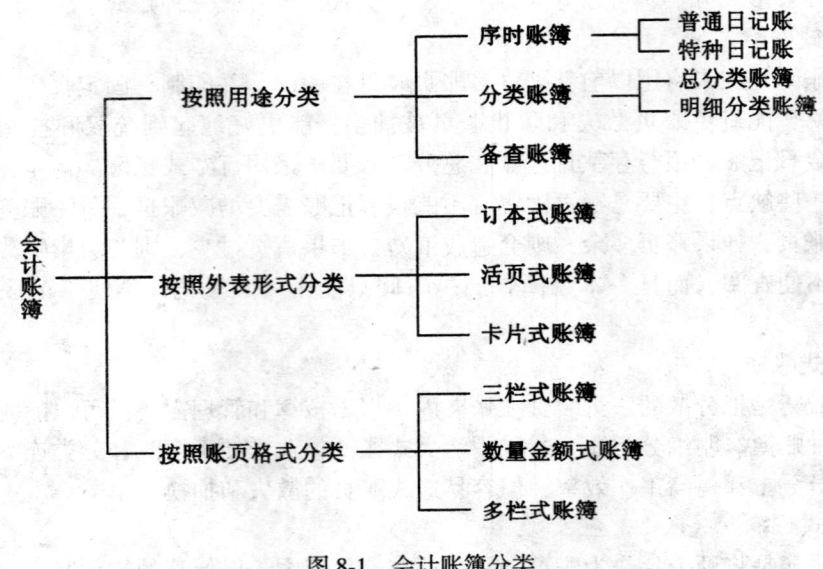

图 8-1 会计账簿分类

第二节 账簿的设置和登记

一、设置账簿的原则

会计账簿的设置，包括确定账簿的种类，设计账页的格式、内容和规定账簿的登记方法等。为了充分发挥会计账簿的作用，并切实做好记账工作，设置账簿应遵守以下基本原则：

（一）符合法规原则

相关财经法律法规为财会工作的顺利进行提供了法律保障，设置账簿时遵守相关的法律法规既是对会计工作人员的行为约束，又是对他们的合理保护。如《会计法》规定各单位必须依法设置账簿，并保证其真实、完整。

（二）全面系统原则

设置的会计账簿要能够全面、系统地反映企业的经济活动，为企业经营管理提供所需的会计核算资料为原则；同时，要符合各单位生产经营规模和经济业务的特点，使设置的会计账簿能够反映企业活动经济活动全貌。

（三）组织控制原则

设置的会计账簿要有利于会计账簿的组织、记账人员的分工，有利于加强岗位责任制和内部控制制度的建设与执行，有利于财产物资的管理，便于账实核对，以保证企业各项财产物资的安全完整和有效使用。

（四）平行制约原则

建账应根据不同会计账簿的作用和特点，使账簿结构做到严密、科学，有关账簿之间要有统驭或平行制约的关系，以保证账簿资料的真实、正确和完整；账页格式的设计应力求简明、实用，反映的经济内容及有关数据有钩稽关系，以提高会计信息处理效率、利用效率和详细反映经济活动。

（五）繁简得当原则

设置账簿不但要保证完成会计任务的需要，还要结合企业科学管理的要求，既要防止账簿重叠、辗转誊抄、烦琐复杂，又要防止过于简化以至于不能提供日常管理所需要的资料和编制报表的数据，应使人力、物力、财力得到合理利用。

二、账簿的基本内容

账簿虽然多种多样，但它们一般均包括下列基本内容：

（一）账簿的名称

每本账簿都要在封面上标明账簿名称、记账单位名称和会计年度。其中，账簿名称如库存现金日记账、总账、原材料明细账等。

（二）账簿的使用记录

每本账簿都应在扉页记载本账簿的使用情况和交接情况。一般包括账簿启用日期、经管人员姓名和印鉴、接管日期、接管人员姓名和印鉴等。

（三）账页的格式

账簿是由许多账页订制而成的，或是用许多活页装成的册子。无论什么账簿，账页都有一定的格式。账页的具体内容一般包括账户名称、日期、凭证种类和号数、摘要、金额栏以及总页次和分户页次等。

三、序时账簿的设置与登记

（一）普通日记账的设置与登记

普通日记账一般为两栏式，用以登记每一会计分录的借方和贷方账户及金额。普通日记账的基本格式如表 8-1 所示。普通日记账也称为分录簿，由记账员根据会计凭证逐笔登记。除了登记日期、凭证号数、借贷方账户和金额以外，还须在摘要栏说明经济业务的内容。如果分类账是根据日记账登记的，则过账后应在日记账的过账页数栏中说明分类账的页数。

表8-1　　　　　　　　　　　　　普通日记账　　　　　　　　　　　　　　第　页

年		凭证		摘　要	应记账户	过账页数	借方金额	贷方金额
月	日	种类	编号					

在普通日记账与特种日记账同时设置的情况下，普通日记账只序时登记特种日记账以外的经济业务。例如，在同时设置现金日记账和银行存款日记账的情况下，普通日记账就只登记转账业务，也可以称为转账日记账。在不设特种日记账而只采用普通日记账并序时登记全部经济业务时，对于发生额记录频繁的账户，如"库存现金"、"银行存款"、"主营业务收入"等账户，可以在日记账中另外设立专栏。

（二）特种日记账的设置与登记

特种日记账主要有库存现金日记账和银行存款日记账两种。我国几乎所有的企事业单位都设置这两本账簿。有些企业还可以根据需要开设"销售日记账"、"购货日记账"等。

1. 库存现金日记账的设置和登记

库存现金日记账是出纳人员根据审核无误的现金收款凭证、现金付款凭证序时登记库存现金每天收入、支出和结余情况的账簿。利用库存现金日记账的记录，可以检查现金收款凭证、付款凭证有无丢失情况，保证账证相符、账实相符。同时，可以加强对库存现金的保管、使用及现金管理制度的执行情况进行严格的日常监督。

库存现金日记账的格式有两种：一种是三栏式；另一种是多栏式。在三栏式库存现金日记账里，库存现金的收入和支出同在一张账页上，不分别按对应科目设专栏反映。三栏式库存现金日记账的格式如表8-2所示。

表8-2　　　　　　　　　　　　库存现金日记账

年		凭证		摘　要	对方科目	收入	支出	结存
月	日	字	号					

多栏式库存现金日记账，是在三栏式日记账基础上发展建立起来的。库存现金支出数按应借科目分设专栏，收入数按应贷科目分设专栏。这种库存现金日记账的收入栏和支出栏，如果分别按对应科目设置若干栏目，并列入一本账簿，则账簿篇幅势必太大，因而一

般将这种日记账划分为库存现金收入日记账和库存现金支出日记账,其格式如表 8-3 和表 8-4 所示。

表 8-3　　　　　　　　　　　　　库存现金收入日记账　　　　　　　　　　　第　页

年		凭证号数	摘要	应贷科目					支出合计	结存
月	日			银行存款	主营业务收入	其他业务收入	营业外收入	收入合计		

表 8-4　　　　　　　　　　　　　库存现金支出日记账　　　　　　　　　　　第　页

年		凭证号数	摘要	应借科目					支出合计
月	日			物资采购	管理费用	营业外支出	其他应收款	银行存款	

　　三栏式库存现金日记账一般是根据现金收款凭证、现金付款凭证逐日逐笔登记,填明业务日期、凭证号数、摘要、对方科目、收入或支出金额,当日账当日清,不得数日合并登记。从银行提取现金收入数,由于只编制银行存款付款凭证,不再编制库存现金收入凭证,因而应根据银行存款付款凭证登记。

　　多栏式库存现金日记账的登记方法与三栏式相同,区别在于现金收入和支出分别反映在两本账上。根据现金付款凭证登记库存现金支出日记账,并按日结出每天的库存现金支出总数登记在支出合计栏内,同时,将库存现金支出日记账上的支出合计数转到库存现金收入日记账上。根据现金收入凭证登记库存现金收入日记账,并按日结出每天库存现金收入总数,登记在收入合计栏里,同时根据"上期结存+本期收入-本期支出=本期结存"的计算公式,结出当天库存现金的结存余额,与库存现金实存数核对相符。

　　2. 银行存款日记账的设置和登记

　　银行存款日记账是用来逐日反映银行存款增减变动和结余情况的账簿。通过银行存款日记账的设置和登记,可以加强对银行存款的日常监督和管理,并便于与银行进行账项核对。

　　银行存款日记账的格式,也有三栏式和多栏式两种,基本结构与现金日记账相同。由于银行存款的收付都是根据特定的结算凭证进行的,因此为了反映结算凭证的种类、号数，特设了"结算凭证"及其"种类"、"号数"栏。三栏式银行存款日记账的格式如表8-5所示。

为了进一步反映账户的对应关系，避免多栏式银行存款日记账的篇幅过大，在实际工作中，一般也将这种日记账划为银行存款收入日记账和银行存款支出日记账，其格式与库存现金收入日记账和库存现金支出日记账基本相同。

表8-5　　　　　　　　　　　　　　银行存款日记账　　　　　　　　　　　　第　页

年		凭证		摘要	结算凭证号		对方科目	收入	付出	结余
月	日	字	号		种类	号数				

3. 其他特种日记账的设置和登记

除了上面介绍的库存现金、银行存款日记账以外，还有商品流通企业常用的"购货日记账"和"销货日记账"等特种日记账。

购货日记账主要用于序时登记商品采购业务的发生和付款情况。销货日记账主要用于序时登记销货业务的发生和收款情况。两者的格式基本相同。购货日记账的格式如表8-6所示。

表8-6　　　　　　　　　　　　　　购货日记账　　　　　　　　　　　　　第　页

年		凭证号数	摘要	应贷账户		金额	付款情况
月	日			一级账户	二级或明细账户		

购货日记账和销货日记账，除上列内容以外，还可以根据实际需要增设供应单位名称、发票号数、货款支付日期等专栏，以便更加详细的核算和监督商品购销业务。

四、分类账簿的设置和登记

（一）总分类账的设置与登记

总分类账简称总账，是根据一级会计科目设置的、分类、连续地记录和反映会计主体全部资产、负债、所有者权益、收入、费用等总括情况的账簿。它运用货币指标，集中登记会计主体的全部经济业务，反映各会计主体的资金运动情况，为编制会计报表提供必要的资料。

各单位都必须设置总账，总账的外表形式为订本式。由于订本式账簿页次固定，既不能随时增减账页,也不能任意撕毁账页,因而在启用时应根据各科目发生业务的多少适当预留账页。总账的账页格式通常分为三栏式和多栏式两种。三栏式总账的格式如表8-7所示。

表 8-7　　　　　　　　　　　　　　　总分类账　　　　　　　　　　　　　　第　页

年		凭证		摘　要	借方金额	贷方金额	借或贷	余额
月	日	字	号					

总分类账也可采用多栏式账页。它有两种设计方法,一种是按经济业务性质设置专栏,另一种是按会计科目设置专栏。在多栏式账页的总分类账里,月末可以清楚地反映当月资金运动的全貌,还可以进行全部会计科目的试算平衡,但这种多栏式总账在会计科目较多时,账页篇幅过大,登记不便。多栏式总账的格式如表8-8和表8-9所示。

表 8-8　　　　　　　　　　　　　　　总分类账
　　　　　　　　　　　　　　　　　　2011年×月

年		凭证号	摘要	会计科目	期初余额		本期发生额						期末余额	
							借　方			贷　方				
月	日				借方	贷方	银行存款业务	现金业务	转账业务	银行存款业务	现金业务	转账业务	借方	贷方

表 8-9　　　　　　　　　　　　　　　总分类账
　　　　　　　　　　　　　　　　　　2011年×月

年		凭证号	摘要	应贷科目 / 应借科目	期初余额		固定资产 1	累计折旧 2	……	借方本期发生额合计	期末余额	
月	日				借方	贷方					借方	贷方
				1 固定资产								
				2 ……								
				贷方本期发生额合计								

（二）明细分类账的设置与登记

明细分类账的格式一般有三栏式、数量金额式、多栏式和卡片式四种。

1. 三栏式明细分类账的设置和登记

三栏式明细分类账只设有借方、贷方和余额三个金额栏。这种格式适用于那些只需要进行金额核算而不需要进行数量核算的债权债务结算账户。如"应收账款"、"应付账款"等账户的明细分类核算，根据记账凭证和有关原始凭证登记。三栏式账页的格式如表8-10所示。

表8-10　　　　　　　　　　　　　三栏式明细分类账

明细科目：　　　　　　　　　　　　　　　　　　　　　　　　　　　第　页

年		凭证		摘要	借方	贷方	借或贷	余额
月	日	字	号					

2. 数量金额式明细分类账

数量金额式明细分类账设有收入、发出和结余的数量栏和金额栏，适用于既要进行金额核算，又要进行实物数量核算的各种财产物资账户。如"原材料"、"库存商品"等总分类账户的明细分类核算，都应该使用数量金额式明细账，以便加强实物的管理和监督。在数量金额式明细分类账页的上端，还可以根据实际需要，设置和登记一些必要的项目。如商品、材料物资的类别、名称和规格、计量单位、计划单价、储备定额、最高和最低储备量等。数量金额式明细分类账的格式如表8-11所示。

表8-11　　　　　　　　　　　　　　明细分类账

类别：　　　　　　　名称和规格：　　　　　　最高储备量：　　　　编号：
计量单位：　　　　　存放地点：　　　　　　　最低储备量：
计划单价：　　　　　储备定额：　　　　　　　　　　　　　　　　　第　页

年		凭证		摘要	收入			发出			结存		
月	日	字	号		数量	单价	金额	数量	单价	金额	数量	单价	金额

3. 多栏式明细分类账的设置和登记

多栏式明细分类账，是根据经济业务的特点和经营管理的需要，在一张账页内按照明细科目分设若干专栏,用于登记各个明细科目的金额,即在这种格式的"借方发生额"或"贷方发生额"下分别设置若干金额栏,分栏登记各个明细科目的数额。在实际工作中,"生产成本"、"制造费用"、"管理费用"这类账户的多栏式明细分类账可以只按借方发生额设置账页,贷方发生额由于每一会计期间只发生一笔或几笔,可以在有关栏内用红字登记,表示从借方发生额中冲销。这种格式适用于"生产成本"、"制造费用"、"管理费用"、"主营业务收入"、"本年利润"等成本、费用、收入、利润账户的明细分类核算。多栏式明细分类账的格式如表8-12至表8-14所示。

表8-12　　　　　　　　　　　　　　明细分类账
明细科目：　　　　　　　　　　　　　　　　　　　　　　　　　　第　　页

年		凭证		摘要	借方（项目）					贷方	余额
月	日	字	号						合计		

表8-13　　　　　　　　　　　　　　明细分类账
明细科目：　　　　　　　　　　　　　　　　　　　　　　　　　　第　　页

年		凭证		摘要	借方	贷方（项目）				余额
月	日	字	号						合计	

表8-14　　　　　　　　　　　　　　明细分类账
明细科目：　　　　　　　　　　　　　　　　　　　　　　　　　　第　　页

年		凭证		摘要	借方（项目）			贷方（项目）			借或贷	余额
月	日	字	号				合计			合计		

4. 卡片式明细分类账的设置和登记

为了适应固定资产、周转材料等账户的明细分类核算的特殊要求,可以使用卡片式明细分类账。在卡片的两面设置必要的栏次以进行明细记录,具体格式各单位可以自行设计。固定资产卡片账的参考格式如表8-15所示。

表8-15 固定资产卡片
（正面）

单位名称：　　　　　　　　　　　　　　　　　　　　　　　卡片编号：
资产管理部门：　　　　　　　　　　　　　　　　　　　　　资产类别：
使用部门：　　　　　　　　　　　　　　　　　　　　　　　固定资产：
项目编号：

固定资产项目名称	开始使用日期		折旧率		
型号规格	原价				
建造单位	其中：安装费				
建造日期	预计残值				
验收日期	预计清理费用		尚能使用年限		
取得来源	预计使用年限				
附属设备			原价变动记录		
名称	规格	数量	金额	日期	凭证	增加金额	减少金额	变动后金额

（背面）

大修理记录				停用记录			内部转移记录			
日期	凭证	摘要	金额	停用原因	停用日期	动用日期	内部转移日期	凭证	使用或保管单位	存放地点

调出记录：　　　　　　　　　　报废清理记录：　　　　　　　设立卡片日期：
日期：　　　　　　　　　　　　日期：　　　　　　　　　　　注销卡片日期：
凭证号数：　　　　　　　　　　凭证号数：　　　　　　　　　卡片登记人：
调出方式：　　　　　　　　　　报废原因：
调入单位：　　　　　　　　　　原始价值：
原始价值：　　　　　　　　　　已提折旧额：
已提折旧额：　　　　　　　　　残值收入：
有偿调出价款：　　　　　　　　清理费用：
备注：　　　　　　　　　　　　备注：

　　明细分类账可视经济业务的繁简和经营管理的实际需要，根据记账凭证和所附原始凭证或原始凭证汇总表逐日逐笔登记或定期汇总登记。固定资产、周转材料、债权债务等明细账，为了核算和监督其具体增减变动情况，又适当简化记账工作，也可以逐日汇总登记；业务收入、费用开支等明细分类账可以逐笔登记，也可以逐日或定期汇总登记。为了便于事后检查和核对账目，在各种明细分类账的"摘要"栏内，必须将有关经济业务的内容简明扼要地填写清楚。

第三节 账簿的启用、登记规则和错账更正

登记账簿是会计核算的一种专门方法,也是会计核算的一项重要基础工作。为了保证会计核算质量,正确、全面、系统地核算与监督经济活动情况,为编制会计报表提供可靠的数据资料,必须严格认真地做好记账工作,切实做到登账及时、内容完整、数字正确、摘要清楚,不错、漏、重复登账,并要便于查阅。为此,必须遵循下列规则:

一、账簿启用规则

账簿是储存数据资料的重要档案,为了保证账簿记录的合法性,明确记账责任,保证资料完整,防止舞弊行为,在账簿启用时,应当在账簿封面上写明单位名称和账簿名称。在账簿扉页上应当附启用表,内容包括:启用日期、账簿页数、记账人员和会计机构负责人、会计主管人员姓名,并加盖名章和单位公章。记账人员或者会计机构负责人、会计主管人员调动工作时,应当注明交接日期、接办人员或者监交人员姓名,并由交接双方人员签名或者盖章。

启用订本式账簿,应当从第一页到最后一页顺序编定页数,不得跳页、缺号。使用活页式账页,应当按账户顺序编号,并须定期装订成册。装订后再接实际使用的账页顺序编定页码。"账簿启用和经管人员一览表"如表8-16所示。

表8-16 账簿启用和经管人员一览表

单位名称									单位盖章
账簿名称									
账簿编号			年 总 册 第 册						
账簿页数			本账簿共计 页 第 页						
启用日期			年 月 日						
经管人员	负责人			主办会计			记账		
	职别	姓名	盖章	职别	姓名	盖章	职别	姓名	盖章
交接记录	职别	姓名	接管			移交			印花税票粘贴处
			年	月	日	年	月	日	

为了防止账页散失和便于检查起见，在总分类账和明细分类账第一页的前面，应当分别附有会计科目目录及各该会计科目的起止页数。

订本账编有固定页码，使用时不得撕毁账页。当活页账的每一张账页开始使用时，应当由记账人员和会计主管人员在账页上端空白处盖章。活页账的账夹上应当写明账簿的名称。卡片账在使用前，应当登记卡片登记簿，以免散失。

二、账簿登记规则

根据我国《会计基础工作规范》的规定，会计人员应当根据审核无误的会计凭证登记会计账簿。登记账簿的基本要求是：

（1）在登记会计账簿时，应当将会计凭证日期、编号、业务内容摘要、金额和其他有关资料逐项记入账内；做到数字准确、摘要清楚、登记及时、字迹工整。

（2）在登记完毕后，要在记账凭证上签名或者盖章，并注明已经登账的符号，表示已经记账。

（3）账簿中书写的文字和数字上面要留有适当空格，不要写满格，一般应占格距的1/2。

（4）登记账簿要用蓝黑墨水或者碳素墨水书写，不得使用圆珠笔或者铅笔书写。银行使用的复写账可以使用圆珠笔。

（5）下列情况，可以用红色墨水记账：按照红字冲账的记账凭证，冲销错误记录；在不设借贷等栏的多栏式账页中，登记减少数；在三栏式账户的余额栏前，如果没有印明余额借贷方向的，在余额栏内登记负数余额；根据国家统一会计制度的规定可以用红字登记的其他会计记录。

（6）各种账簿按页次顺序连续登记，不得跳行、隔页。如果发生跳行、隔页，则应当将空行、空页画线注销，或者注明"此行空白"、"此页空白"字样，并由记账人员签名或者盖章。

（7）凡需要结出余额的账户，结出余额后，应当在"借或贷"栏内写明"借"或者"贷"字样。没有余额的账户，应当在"借或贷"栏内写"平"字，并在余额栏内用"Q"表示。

（8）当每一账页登记完毕结转下页时，应当结出本页合计数及余额，写在本页最后一行和下页第一行有关栏内，并在摘要栏内注明"过次页"和"承前页"字样；也可以将本页合计数及金额只写在下页第一行有关栏内，并在摘要栏内注明"承前页"字样。对需要结计本月发生额的账户，结计"过次页"的本页合计数应当为自本月初起至本页末止的发生额合计数；对需要结计本年累计发生额的账户，结计"过次页"的本页合计数应当为自年初起至本页末止的累计数；对既不需要结计本月发生额，也不需要结计本年累计发生额的账户，可以只将每页末的余额结转次页。

（9）实行会计电算化的单位，总账和明细账应当定期打印。发生收款和付款业务的，在输入收款凭证和付款凭证的当天必须打印出现金日记账和银行存款日记账，并与库存现金核对无误。

（10）账簿记录发生错误，不准涂改、挖补、刮擦或者用药水消除字迹，不准重新抄写，必须按照规定的画线更正法、红字更正法以及补充登记法予以更正。由于记账凭证错误而使账簿记录发生错误，应当按更正的记账凭证登记账簿。

三、错账更正方法

账簿记录中发生的错误是多种多样的，有的是填制凭证和记账时发生的单纯笔误，有的是错用应借应贷会计科目，有的是错记摘要或金额，有的是过账错误，有的是合计错误。当账簿记录发生错误时，一经发现，应按照规定的方法立即更正。由于错误性质和发现错账的时间不同，更正的方法也不同。常用的方法有画线更正法、红字更正法和补充登记法三种。

（一）画线更正法

当账簿或凭证中的文字或数字发生错误时，可用细红线画销，并在画线上面作出正确的记录。这种更正方法，叫做画线更正法。在结账以前如果发现账簿记录有错误，而记账凭证无错误，即纯属数字或文字上的笔误或数字计算错误，在这种情况下，则应采用画线更正法更正。更正的方法是：将错误的文字或者数字画红线注销，但必须使原有字迹清晰可认；然后在画线上方填写正确的文字或者数字，并由记账人员在更正处盖章。对于错误的数字，应当全部画红线更正，不得只更正其中的错误数字。对于文字错误，可只画去错误的部分。

【例 8-1】记账人员将数字 630.07 误记为 360.07，在更正时，应将错误的数字 360.07 用红线全部画掉，并在上方写上正确的数字。

即　　630.07　　签章
　　　~~360.07~~

（二）红字更正法

记账凭证应借、应贷科目或金额发生错误，并已登记入账，可先用红字填制内容相同的记账凭证，登账后冲销原有错误记录，然后用蓝字填制正确的记账凭证并重新登记入账，这种更正方法叫做红字更正法，也称为红字订正法。

【例 8-2】某企业外购一批材料，在填制记账凭证时误将"材料采购"写为"原材料"科目，并已登记入账如下：

借：原材料　　　　　　　　　　　　　　　　　　　　　2 400
　　贷：银行存款　　　　　　　　　　　　　　　　　　　　　2 400

更正时，先用红字金额填制一张记账凭证如下（方框表示红字）：

借：原材料　　　　　　　　　　　　　　　　　　　　　[2 400]
　　贷：银行存款　　　　　　　　　　　　　　　　　　　　[2 400]

然后，再用蓝字填制一张正确的记账凭证如下：

借：材料采购　　　　　　　　　　　　　　　　　　　　2 400
　　贷：银行存款　　　　　　　　　　　　　　　　　　　　　2 400

将上述更正错误的两张记账凭证中的会计分录记入有关账户后，则有关账户中的原错误记录即得到更正。

以上有关账簿更正记录如图 8-2 所示。

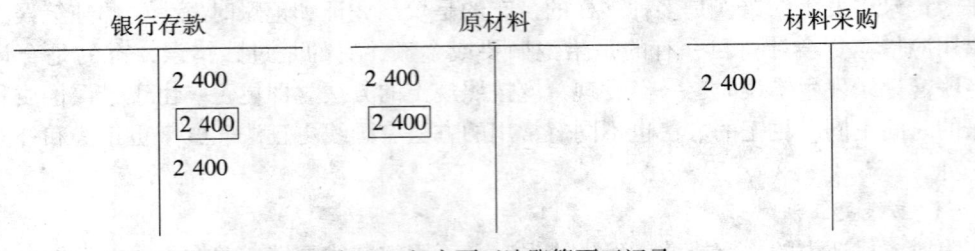

图 8-2 红字更正法账簿更正记录

当原记账凭证中应借、应贷科目并无错误，但发现所记金额大于应记金额时，也可以按照正误数字之间的差额用红字金额填制一张记账凭证，据以登记入账加以冲销。

【例 8-3】从银行提取现金 5 000 元，在填制记账凭证上错误写成 6 000 元，并已据以登记入账。有关会计分录如下：

借：库存现金　　　　　　　　　　　　　　　　　　　　　6 000
　　贷：银行存款　　　　　　　　　　　　　　　　　　　　　6 000

更正时，用红字金额填制一张记账凭证：

借：库存现金　　　　　　　　　　　　　　　　　　　　　1 000
　　贷：银行存款　　　　　　　　　　　　　　　　　　　　　1 000

然后将记账凭证用红字金额入账，则可冲销多记金额。

以上有关账簿更正记录如图 8-3 所示。

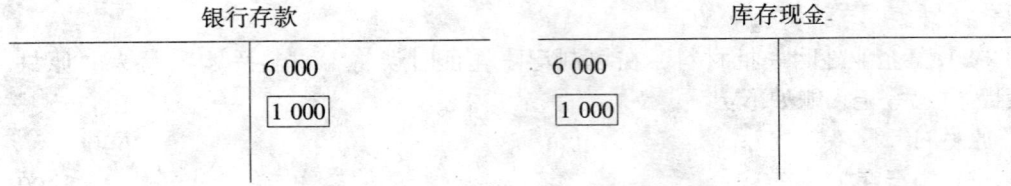

图 8-3 红字更正法账簿更正记录

利用红字更正法，优点是除了可以冲销账目中的错误的金额外，还可以直接反映该笔业务的正确金额，保持账目记录的真实性，如实反映该笔经济业务的来龙去脉，有利于查阅和审核。

（三）补充登记法

在记账以后，如果发现记账凭证中应借、应贷科目没有错误，但是所填金额小于应填金额时,按照正确数字与错误数字之间的差额用蓝字填制一张记账凭证据,以补充登记入账。这种更正错账的方法叫做补充登记法。

【例8-4】将现金 4 000 元存入银行,记账凭证上误写成 400 元,并据以登记入账。有关会计分录如下:

借:银行存款　　　　　　　　　　　　　　　　　　　　　　　　　400
　贷:库存现金　　　　　　　　　　　　　　　　　　　　　　　　　400

在更正时,将少填金额 3 600 元,填制一张记账凭证:

借:银行存款　　　　　　　　　　　　　　　　　　　　　　　　3 600
　贷:库存现金　　　　　　　　　　　　　　　　　　　　　　　　3 600

并据以登记账簿,即可将少记的 3 600 元补上,使"库存现金"和"银行存款"账户所反映的数额与实际保持一致。

以上有关账簿更正记录如图 8-4 所示。

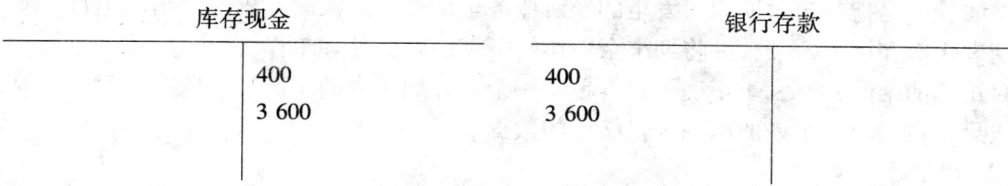

图 8-4　补充登记法账簿更正记录

第四节　对账和结账

一、对账

(一) 对账的意义

对账就是把账簿上记录的资料进行相互核对,以保证账证相符、账账相符、账实相符的一种方法。

客观反映企业经济活动情况,是会计核算的一项基本原则。为了各种账簿记录的完整与正确,如实核算和监督经济活动,为编制会计报表提供真实可靠的数据资料,必须做好对账工作。

(二) 对账的内容

各单位应当定期对会计账簿记录的有关数字与库存实物、货币资金、有价证券、往来单位或者往来个人等进行相互核对,保证账证相符、账账相符、账实相符。对账工作每年至少进行一次。

1. 账证核对

账证核对就是核对会计账簿记录与原始凭证、记账凭证的时间、凭证字号、内容、金额是否一致，记账方向是否相符。

2. 账账核对

账账核对就是核对不同会计账簿之间的账簿记录是否相符，包括：总账有关账户的余额核对，总账与明细账核对，总账与日记账核对，会计部门的财产物资明细账与财产物资保管和使用部门的有关明细账核对等。

3. 账实核对

账实核对就是核对会计账簿记录与财产等实有数额是否相符。包括：库存现金日记账账面余额与库存现金实际库存数相核对；银行存款日记账账面余额定期与银行对账单相核对；各种财物明细账账面余额与财物实存数额相核对；各种应收、应付款明细账账面余额与有关债务、债权单位或者个人核对等。

二、结账

（一）结账的意义

为了总括反映一定时期内账簿中记录的经济业务，便于编制会计报表，必须定期进行结账。结账，就是把一定时期内所发生的经济业务全部登记入账的基础上，结算出每个账户的本期发生额和期末余额，并将期末余额结转下期的账务处理工作。

及时正确的结账，有利于正确了解本单位一个会计期间内的生产经营情况、财务状况和财务成果，也为会计报表的编制提供必要的数据。

（二）结账的方法

1. 结账的程序

结账是会计期末对账簿记录的总结工作。结账是一个过程，包括以下基本程序：

（1）查明本期所发生的经济业务是否已全部登记入账，若发现漏账、错账，则应及时补记、更正。

（2）在全面入账的基础上，按照权责发生制的会计处理基础将收入和费用归属于各个相应的会计期间，即编制调整分录，包括分摊已登账的长期待摊费用、递延已经收到但未完全实现的收入、计提应承担但尚未支付的应付费用、确认已实现但尚未收到的应收收益等。然后，据以登记入账。

（3）编制结账分录：对于各种收入、费用类账户的余额，应在有关账户之间进行结转，如将主营业务收入、主营业务成本、销售费用、管理费用、财务费用等损益类账户的余额转入本年利润账户，以便在账簿上重新记录下一个会计期间的业务。结账分录也需要登记到相应的账簿中去。

（4）计算各账户的本期发生额合计和期末余额，画双线以结束本期记录。然后，将期末余额结转到下期，作为下一个会计期间的期初余额。

2. 结账的种类和方法

结账工作分月结、季结和年结三种。结账的一般方法是：

（1）月结。在账簿中进行月终结账时，应在各账户本月份最后一笔记录的数字下面一行结算出本月发生额和月末余额，在同一行次的摘要栏内注明"本月合计"字样，然后在数字下面画一通栏单红线，并在下一行内结转下月1日的期初余额。月末如无余额，应在"余额"栏前面的"借或贷"一栏内注明"平",并在"余额"栏中记"0",然后在下面画通栏单红线。对于需要逐月结算本年累计发生额的账簿,在结算本月发生额及期末余额以后,应在下一行摘要栏内注明"本年累计"字样,并在下面画通栏单红线,然后再结转下月份的期初余额。对于本月份未发生金额变化的账户,一般不进行月结。

(2) 季结。季度终了,结算出本季度三个月的发生额合计数,写在月结数的下一行内,在"摘要"栏内注明"本季合计"字样,并在季结下面画一条通栏单红线。

(3) 年结。年底,在 12 月份月度结账数字下,结算填列全年四个季度的发生额合计数,并在"摘要"栏内注明"本年合计"字样,然后在年结下面画通栏双红线,表示封账。年度发生额及余额,年度终了,需要更换新账簿,要把各账户余额结转下年,并在"摘要"栏内注明"结转下年"字样;在下一会计年度新建有关会计账簿的第一行余额栏内填写上年结转的余额,并在"摘要"栏内注明"上年结转"字样。

以上结账的具体格式如表 8-17 所示。

表 8-17　　　　　　　　　　原材料总分类账

年		凭证号数	摘　要	借方	贷方	借或贷	余额
月	日						
1	1		上年结转			借	150 000
	8				6 000	借	144 000
	12			10 000		借	154 000
	23				4 000	借	150 000
	31		本月合计	10 000	10 000	借	150 000
2	1		月初余额			借	150 000
	8			20 000		借	170 000
	12			5 000		借	175 000
	23				10 000	借	165 000
	28		本月合计	25 000	10 000	借	165 000
3	1		月初余额			借	165 000
	8			10 000		借	175 000
	10			5 000		借	180 000
	15			15 000		借	195 000
	20				5 000	借	190 000
	31		本月合计	30 000	5 000	借	190 000
	31		本季合计	65 000	25 000	借	190 000
			⋮	⋮	⋮	⋮	⋮
			本季合计	……	……	……	……
12	31		本年合计	100 000	60 000	借	190 000
12	31		结转下年		190 000	平	0

做好结账工作，不仅可以使账簿记录完整，而且也是编制会计报表的前期准备工作。因此，结账工作应在期末进行，结账后才能编制会计报表。

☞ 本章小结

账簿是以会计凭证为依据，在具有专门格式的账页中全面、连续、系统、综合地记录和反映企事业单位经济业务的簿籍。

账簿可以按照不同的分类标准进行分类。按用途可以分为序时账簿、分类账簿和备查账簿；按外表形式可以分为订本式账簿、活页式账簿和卡片式账簿；按账页格式分类可以分为三栏式、数量金额式和多栏式账簿。

各种账簿都有规定的设置与登记方法。

如果发生记账错误，则应该按照规定的更正方法予以更正。更正错账的方法有画线更正法、红字更正法和补充登记法三种。

每届会计期末都应进行对账和结账工作。对账是把账簿上记录的资料进行相互核对，以保证账证相符、账账相符、账实相符的一种方法。结账是把一定时期内所发生的经济业务全部登记入账的基础上，结算出每个账户的本期发生额和期末余额，并将期末余额结转下期的账务处理工作。

☞ 思考题

1. 什么是账簿？设置和登记账簿有什么作用？
2. 账簿按用途分为哪几种？按外表形式和账页格式的不同分别分为哪几种？
3. 掌握序时账、分类账、备查账以及订本式、活页式、卡片式等账簿的概念、优缺点及适用范围。
4. 设置账簿应遵循哪些原则？账簿一般具备哪些内容？
5. 掌握普通日记账、库存现金日记账、银行存款日记账的登记方法。
6. 什么是三栏式明细账、数量金额式明细账、多栏式明细账？它们分别适用于哪些账户的明细分类核算？
7. 简述账簿的启用规则、账簿的登记规则。
8. 错账的更正方法有哪几种？掌握这些方法的概念、适用范围和具体的更正方法。
9. 什么是对账？对账的主要内容有哪些？
10. 什么是结账？结账的程序是什么？
11. 怎样进行月结、季结和年结？

☞ 练习题

习题一

（一）目的：练习库存现金、银行存款的设置与登记方法。

（二）资料：某企业2011年8月31日银行存款日记账余额480 000元，现金日记账余额9 600元。9月上旬发生下列银行存款和现金收付业务：

（1）1 日，投资者投入现金 27 600 元，存入银行（银收 901）。
（2）1 日，以银行存款 24 000 元归还短期借款（银付 901）。
（3）2 日，以银行存款 36 000 元偿还应付账款（银付 902）。
（4）2 日，以现金 1 800 元存入银行（现付 901）。
（5）3 日，用现金暂付职工差旅费 840 元（现付 902）。
（6）3 日，从银行提取现金 3 600 元备用（银付 903）。
（7）4 日，收到应收账款 72 000 元，存入银行（银收 902）。
（8）5 日，以银行存款 42 000 元支付购买材料款（银付 904）。
（9）6 日，从银行提取现金 24 000 元，准备支付工资（银付 905）。
（10）6 日，用现金 24 000 元发放职工工资（现付 903）。
（11）7 日，以银行存款支付本月电费 2 040 元（银付 907）。
（12）8 日，销售产品一批，获得 85 440 元存入银行（银收 903）。
（13）9 日，用银行存款支付广告费用 600 元（银付 907）。
（14）10 日，用银行存款上交营业税金 5 040 元（银付 908）。
（三）要求：登记银行存款日记账和现金日记账，并结出 10 日的累计余额。

习题二

（一）目的：练习改正错账的方法。
（二）资料：某企业 2011 年 7 月末在对账过程中，发现以下记账错误：
（1）从银行提取现金 2 400 元备用，记账凭证填制无误，并已经登记入账，月末结账前发现登记账簿时把金额写成 24 000 元。
（2）以银行存款支付购入原材料的装卸运费 240 元，记账时误记入"销售费用"账户。
（3）销售产品一批，收取货款计 42 120 元，存入银行，原记账凭证上误记成 42 120 元，并据以登记入账。
（4）收到银行通知，已经偿还银行短期借款 36 000 元和支付三个月借款费用 1 800 元。原记账借方记作短期借款 37 800 元，据以入账。
（5）以银行存款支付下季度厂部报纸杂志费 1 560 元，原记账凭证记作财务费用，据以入账。
（三）要求：根据上述资料采取合适的方法更正错账。

第九章　成 本 计 算

◎**教学目的与要求**　通过本章的学习，应理解费用、成本的含义及二者之间的联系和区别；掌握费用分类方法及内容；了解产品成本的作用；理解产品成本计算的基本要求和成本计算的一般程序；掌握工业企业生产经营过程的成本计算方法。

◎**教学重点与难点**　本章的教学重点和难点是费用、成本的含义及二者之间的联系和区别；工业企业生产经营过程的成本计算方法。

第一节　成本计算概述

企业在生产经营活动过程中，经常要发生各种人力、物力和财力的消耗。这些消耗的货币表现，称为生产费用。各种费用归集到一定的成本计算对象上，就构成各该成本计算对象的成本。成本计算就是采用一定的方法将生产经营活动过程中所发生的各种费用归集起来，然后选择合理的分配标准将其分配到一定的成本计算对象中去，从而形成各成本计算对象的总成本和单位成本。

一、费用、成本的含义及其联系与区别

企业在生产经营活动过程中，为了取得收入而生产产品、提供劳务等，必然会发生各种各样的耗费，包括原材料等劳动对象的耗费、机器设备等劳动手段的耗费，以及全体职工的活劳动耗费等。这些耗费会使企业的经济资源减少，最终会减少所有者权益，表现为企业经济利益的流出。

费用有广义与狭义之分。广义的费用包括企业的各种费用和损失，换言之，凡是能够列入"收入-费用=利润"这一会计等式左侧减项的，都属于费用。狭义的费用只包括以取得营业收入为目的所提供商品和劳务而发生的耗费。我国企业会计准则采用的是狭义的费用概念，即仅包括与商品或劳务相联系的耗费，而不包括非经常性业务活动所发生的支出。非经常性经营活动发生的各项支出主要包括：对外投资所产生的损失，与正常经营活动无直接联系的营业外支出等。因为，企业对外进行股权或债权投资取得的收益、与正常经营活动无直接联系的营业外收入等，属于企业的利得而不属于收入，那么，与其相关的投资损失、营业外支出等，也只能属于企业的损失而不属于费用了。

成本与费用有着密切的联系。与费用一样，成本也有广义与狭义之分。广义的成本泛指取得资产所付出的代价，比如，为购买原材料付出的代价称为原材料成本，为取得固定资产的代价称为固定资产成本，为生产产品所花费的代价就是产品成本。狭义

的成本仅指制造业产品的生产成本，是生产一定种类和一定数量产品所发生的生产费用总和。

成本、费用的联系和区别主要表现在三个方面：第一，成本是对象化了的费用，费用是成本的构成要素。企业为了生产产品，陆续发生材料费用、职工薪酬费用、固定资产折旧费用等，待产品生产完工时，它们就被归集为该批产品的生产成本。如果有一部分产品尚未完工，则其费用称为在产品成本。第二，二者与会计期间的联系不同。费用指某一会计期间为进行产品生产与销售而发生的费用，它与一定的会计期间相联系；成本指为生产某一种或几种产品而消耗的费用，它与一定种类和数量的产品相联系。第三，成本与费用在一定的业务范围内可以相互转化。企业一定时期内发生的费用的一部分形成产品生产成本，产品通过市场实现销售后，产品生产成本转化为产品销售成本，从而转变为必须从当期销售收入中补偿的一种费用；企业一定时期内发生的费用的另一部分，形成销售费用、管理费用与财务费用，直接从当期销售收入中补偿。

二、费用的分类

费用按经济用途可以分为生产成本费用和期间费用两大类。其中，属于生产成本的费用，按照计入产品生产成本的方式，又分为直接费用和间接费用两种。

（一）生产成本费用

生产成本费用是计入产品成本、构成产品价值的费用。主要包括直接材料费用、直接人工费用、制造费用三项。

直接材料费用是指企业在产品生产过程中直接用于产品生产，构成产品实体的原材料、主要材料、外购半成品，以及有助于产品形成的辅助材料和其他材料费用。

直接人工费用是指企业在产品生产过程中，直接参加产品生产的工人工资总额和按规定比例计算提取的职工福利费等。

制造费用是指企业各生产单位为组织和管理生产而发生的各项费用，包括管理人员和其他人员的工资和福利费、固定资产的折旧费和修理费、办公费、水电费、机物料消耗、劳动保护费等。

直接材料费用、直接人工费用发生后，如果能够确认用于哪种产品的生产，则可以直接计入该种产品的生产成本。制造费用是间接费用，它用于一个生产单位内全部产品的生产组织和管理，因此，必须将一个会计期间的发生额汇总起来，再按一定的程序和方法进行分配，才能计入相关产品的生产成本。

（二）期间费用

期间费用是指企业当期发生的，必须从当期收入中得到补偿的费用。期间费用与当期产品的生产没有必然的联系，所以不能将其计入产品生产成本，而是直接抵减当期营业收入。比如，企业取得三年期借款100万元，年利息率6%，每年利息费用6万元。在借款期内，不论企业生产量大小，也不论企业是否进行生产，利息费用仍然照常发生。所以，就这一类费用的处理方式而言，抵减当期营业收入比计入产品成本更加符合权责发生制原则。期间费用包括销售费用、管理费用和财务费用三项。

三、产品成本的作用

产品成本的经济内涵决定了成本计算在经济管理工作中具有十分重要的作用。

(一)产品成本是补偿生产耗费的尺度

为了保证企业再生产的不断进行,必须对生产耗费进行补偿。企业在生产产品过程中所发生的各种耗费是通过自身的营业收入来弥补的,而产品成本则是衡量这一补偿份额的尺度。企业在生产经营活动过程中,只有用经营收入弥补生产耗费以后,才能维持原有的资金周转。否则,企业的收入在不能弥补生产耗费的情况下,就会使企业的再生产不能按原有生产规模进行。可见,产品成本作为补偿生产耗费的尺度,对企业的生产经营活动有着重要的影响。

(二)产品成本是制订产品价格的基础

在市场经济条件下,企业在制定产品价格时应遵循价值规律的基本要求。产品价格由产品价值和市场供求关系等诸多因素决定,但在实际经济生活中,产品的价值是难以确定的,人们只有通过产品成本来间接地掌握产品的价值。一般而言,产品成本高,产品价值就大,产品价格就高;反之,产品价格就低。对于企业来说,产品价格的高低,直接影响企业盈利的大小。而产品成本的高低,也影响企业产品在市场上的竞争力。在产品质量相当的情况下,成本低的企业产品在市场上会处于有利的竞争地位。

(三)产品成本是企业进行生产经营决策的重要依据

企业能否提高经济效益,能否在激烈的市场竞争中处于不败之地,在很大程度上取决于企业管理阶层的正确决策。在进行生产决策时需要考虑的因素有很多,其中成本因素是一个非常重要的因素。因为在其他决策条件相同的情况下,成本高低直接影响着企业盈利的多少,也影响着企业的竞争力。

第二节 产品成本计算的基本要求

一、严格执行成本开支范围和费用开支标准

所谓成本开支范围,就是哪些费用允许列入成本,哪些费用不允许列入成本的规定。成本开支范围的基本内容是:一切与生产经营活动有关的支出,都应当计入企业的成本、费用。就工业企业来说,所发生的直接材料、直接人工、制造费用和销售费用、管理费用、财务费用构成企业成本、费用的范围。其中,直接材料、直接工资和制造费用构成产品的生产成本;销售费用、管理费用和财务费用不计入产品生产成本,而是直接计入当期损益。费用开支标准是指对某些费用支出的数额、比例所作出的具体规定,如计提职工福利费的比例、计提业务招待费的比例等。企业严格遵守成本开支范围和费用开支标准,既能保证成本的真实性、内容的一致性,便于开展成本费用分析,又能正确地计算企业利润,真实地反映企业的财务成果。

二、正确划分各种费用的界限

（一）正确划分资本性支出与收益性支出的费用界限

工业企业的经济活动多种多样，支出的用途也不尽相同。为了正确计算产品成本，首先要分清哪些支出可以计入产品成本或期间费用，哪些支出不应计入当期产品成本或期间费用，即区分资本性支出与收益性支出。资本性支出应分期计入产品成本或期间费用，不应在发生当期直接列入产品成本。收益性支出应计入当期产品成本或期间费用。

（二）正确划分产品生产费用与期间费用的界限

工业企业在日常生产经营活动过程中所发生的各项耗费，其用途和计入损益的时间是不同的。用于产品生产的生产费用形成产品成本，并在产品销售后作为产品销售成本计入企业损益。由于当月投产的产品不一定当月完工，当月完工的产品也不一定当月销售，因而，当月的生产费用不一定都是计入当月损益的产品销售成本。而本月发生的销售费用、管理费用和财务费用，则应作为期间费用直接计入当期损益。因此，为了正确计算产品成本和期间费用，正确计算各月份的损益，必须正确地划分产品生产费用和各项期间费用的界限。

（三）正确划分各月份的费用界限

为了按月分析和考核成本计划的执行情况和结果，如实反映企业的财务状况和经营成果，进行产品成本核算时还必须正确划分各月份的费用界限。本月发生的生产费用，都应在本月全部入账，不得延至下月入账。更重要的是应该贯彻权责发生制的会计处理基础，正确地核算长期待摊费用和预计费用。为了简化核算工作，对于数额较小的应该待摊或预计的费用，按照重要性原则，可以不作为待摊费用或预计费用处理，而在发生当期计入产品成本。

正确划分各月份的费用界限，是保证成本核算正确的重要环节。企业应当防止利用待摊和预计的方法任意调节各月产品成本和各月损益。

（四）正确划分各种产品的费用界限

无论企业的生产类型、生产规模、管理要求如何，为正确计算生产经营损益以及加强成本管理，都必须计算出各种产品的实际成本。因此，必须将应计入本月产品成本的生产费用在各种产品之间正确地进行划分。凡属于某种产品单独发生，能够直接计入该种产品的费用，应直接计入该种产品成本；凡属于几种产品共同发生，不能直接计入某种产品成本的费用，应采用适当的方法，分配计入这几种产品的成本。

在划分各产品费用界限时，要防止在可比产品与不可比产品之间以及盈利产品与亏损产品之间任意转移生产费用，避免以盈补亏、掩盖成本超支、弄虚作假的错误做法。

（五）正确划分完工产品与在产品的费用界限

在月末计算产品成本时，如果某种产品已经全部完工，则这种产品的各项生产费用之和，就是这种产品的完工成本总额；如果某种产品尚未完工，则这种产品的各项生产费用之和，就是这种产品的月末在产品成本总额；如果某种产品既有完工产品，又有在产品，则应将这种产品的各项生产费用，采用适当的分配方法在完工产品与月末在产品之间进行分配，分别计算完工产品成本与月末在产品成本。要注意防止通过月末在产品成本的任意升降来调节完工产品成本的错误做法。

上述五个方面费用界限的划分过程，也就是产品成本的计算和各项期间费用的归集过程。

第三节 成本计算的一般程序

产品成本计算的一般程序是指对企业在生产经营过程中发生的各项费用，按照成本计算的要求，逐步进行归集和分配，最后计算出各种产品成本的基本过程。根据前述的费用分类和成本计算要求，可将成本计算的一般程序归纳如下：

一、确定成本计算对象

成本计算对象是生产费用的归集对象和生产耗费的承担者，它是设置产品成本计算单和计算产品成本的前提。由于企业的生产特点和管理要求的不同，企业的成本计算对象也不同。企业应根据自身的生产特点和管理要求，选择合适的成本计算对象。例如，在计算供应过程中材料采购成本时，先要确定计算哪几种材料的采购成本。在计算生产过程中产品生产成本时，先要确定计算哪些产品的生产成本，以及哪些产品需要单独计算成本，哪些产品可以合并计算成本，在多阶段生产方式下哪些产品还要分阶段计算成本等。生产过程的成本计算对象，可以是产品的品种、产品的生产步骤，但在分批生产或产品品种、规格繁多的企业里，也可以是产品的分批或分类。合理确定成本计算对象、便于精确计算成本、加强成本管理责任制以及节约成本核算的费用。

二、确定成本项目

成本项目是指各种费用按经济用途的分类。构成各种成本的费用，其经济用途是不相同的。例如，材料采购成本中的各项费用，有一部分是用于材料的买价，另一部分则是用于材料的运输和装卸；产品成本中的各项费用，有一部分被产品直接耗用，另一部分则间接地用于产品生产的组织和管理工作。因此，为了满足成本核算、成本管理的需要，就必须把成本若干组成要素按经济用途进行分类，设置出成本项目，按成本项目归集费用、计算成本。这不仅可以明确成本中各种费用用于哪些方面，应由哪个部门负责控制和监督，以加强成本管理责任制，而且还可以明确成本构成情况，便于分析成本升降的具体原因，便于查考各成本项目的金额比计划、比上年、比同行业的差距，以及对总成本升降的影响程度。企业在计算材料采购成本、产品生产成本时，究竟应该设置哪些成本项目，应参照会计准则以及财经法规的有关规定并根据本单位的具体情况加以确定。工业企业一般设置直接材料、直接人工、制造费用三个产品成本项目。

三、确定成本计算期

成本计算期是指间隔多长时间计算一次成本。由于费用和成本是伴随着生产经营活动过程的进行而逐步发生和积累形成的，所以，从理论上说，成本计算期与产品生产周期相一致较为合理。在按单件、小批产品组织生产的工业企业里，宜采用这种成本计算期。但是，对于成本计算期的确定，还必须考虑企业生产技术和生产组织的特点以及分期考核经营成果的要求。在大批量生产的工业企业里，不断投入又不断完工地重复生产一种或几种产品，不可能具体确定产品完工期间，通常只能人为地按月划分生产周期，把每个月作为产品成本计算期。

四、正确归集和分配各种费用

成本计算过程，实际上就是以一定成本计算对象为目标而归集和分配各种费用的过程。生产费用的归集和分配，是根据各种会计资料或其他业务资料，通过编制汇总或登记有关账目等求得某项费用的发生总额，然后采用一定的计算方法在各个受益对象之间进行分配，直至分割出所有成本计算对象的总成本和单位成本。这里所指受益对象包括成本对象和非成本计算对象。非成本计算对象主要是指有关的成本费用项目，例如，原材料费用的归集和分配，通常以领料单为依据编制"发出材料汇总表"以归集当期材料消耗总额，再采用一定方法分配给它的受益者：各种产品和"制造费用"、"管理费用"等成本或费用项目。在受益对象之间分配费用，必须选择恰当的分配标准并保持相对的稳定性进行分配，才能保证成本计算的正确性。因为，从发生的费用与受益对象的关系来看，有些费用只与某一个受益对象有关，常称之为直接费用，可以直接计入该受益对象；而有些费用则与两个或两个以上的受益对象有关，常称之为间接费用，必须按一定分配标准进行分配以后，才能计入各有关受益对象。对间接费用分配时，分配标准选择的是否合理，对成本计算的正确性影响很大。所以，分配标准的选择必须慎重行事，而且一经选定，不得轻易变更，以保持各期成本计算口径的一致性。

五、计算完工产品成本与在产品成本

对于月末既有完工产品又有在产品的产品，应将汇集的该种产品月初在产品生产费用与本月生产费用之和，在完工产品与月末在产品之间进行分配，计算出该种产品的完工产品成本与月末在产品成本。这是生产费用在同种产品的完工产品与月末在产品之间纵向的分配和归集。

为了进行产品成本的总分类核算，应设置"生产成本"总账账户。在"生产成本"总账账户下，可以按产品的品种、规格设置"生产成本明细账"进行明细分类核算。

第四节 工业企业生产经营过程的成本计算

工业企业的生产经营过程，是由供应、生产、销售三个阶段所组成的。在供应阶段要计算材料的采购成本，在生产阶段要计算产品的生产成本，在销售阶段要计算产品的销售成本。

一、材料采购成本的计算

材料采购成本的计算，就是以外购材料的类别、品种或规格为成本计算对象，归集和分配在采购过程中所支付的材料买价和采购费用，并按成本项目计算各种材料的采购总成

本和单位成本。

材料采购成本的计算期应当是每种材料的采购期间，即从支付价款到材料验收入库为止的整段时间。如果把采购期间作为材料采购的成本计算期，就应该在每次采购业务完成，材料验收入库后及时计算采购成本。但是，如果这样操作，则将会使外购材料品种繁多、采购次数频繁的企业成本核算工作不胜其烦。所以，在实际工作中，采购成本一般按月计算，并且只对已完成采购过程验收入库的材料计算成本，对尚未完成采购过程的材料作为在途物资处理。

材料采购成本设置的成本项目有两个：一是买价；二是采购费用。材料买价是指供应单位开具的发货票价格。采购费用是指为采购材料发生的各种费用支出，具体包括外地运杂费、运输途中合理损耗、入库前整理挑选费用等。

材料买价属于直接费用，应直接计入各种材料的采购成本。采购费用，凡是能够分清归属哪种材料负担的应直接计入各种材料采购成本，凡是不能分清的，应按材料的重量、买价、体积等为比例，分别计入各种材料的采购成本。采购费用分配的计算公式如下：

$$采购费用分配率 = 采购费用总额 \div \Sigma 各种材料的分配标准$$

$$某种材料应分配的采购费用 = 采购费用分配率 \times 该材料的分配标准$$

为了简化核算，对于企业供应部门或材料仓库所发生的经常性费用、采购人员的差旅费、采购机构经费，以及市内采购材料的运杂费等不计入材料采购成本，可以直接列入管理费用。

现举例说明材料采购成本的计算方法。

【例9-1】 光明工厂2011年3月份购进甲、乙两种材料，均已完成采购过程，各项支出如表9-1所示。

表9-1　　　　　　　　　　　材料采购支出资料
2011年3月

材料名称	重量（吨）	单价（元）	买价（元）	运杂费（元）
甲材料	6 000	5.00	30 000	6 750
乙材料	7 500	3.50	26 250	

表中所列材料的买价属于直接费用，可以直接计入各种材料的采购成本；运杂费属于间接费用，须在两种材料之间分配后，再计入各种材料的采购成本。该企业可按材料重量分配运杂费，分配方法和计算过程如下：

$$运杂费分配率 = 6\ 750 \div (6\ 000 + 7\ 500) = 0.50（元/吨）$$

$$甲材料应分配的运杂费 = 6\ 000 \times 0.50 = 3\ 000（元）$$

$$乙材料应分配的运杂费 = 7\ 500 \times 0.50 = 3\ 750（元）$$

根据甲、乙材料的买价及分摊的运杂费，编制记账凭证并登记材料采购明细账。材料采购明细账的格式及登记内容如表9-2和表9-3所示。最后根据各种材料采购明细账资料，编制如表 9-4 所示的材料采购成本计算表。

表 9-2　　　　　　　　　　　　材料采购明细分类账

材料名称：甲材料

2011年		凭证号	摘要	借方金额			贷方金额	借或贷	余额
月	日			买价	采购费用	合计			
			购入 6 000 吨 单价 5 元	30 000		30 000		借	30 000
			分摊运杂费		3 000	3 000		借	33 000
			结转采购成本				33 000	平	0
			本期发生额及期末余额	30 000	3 000	33 000	33 000	平	0

表 9-3　　　　　　　　　　　　材料采购明细分类账

材料名称：乙材料

2011年		凭证号	摘要	借方金额			贷方金额	借或贷	余额
月	日			买价	采购费用	合计			
			购入 7 500 吨 单价 3.5 元	26 250		26 250		借	26 250
			分摊运杂费		3 750	3 750		借	30 000
			结转采购成本				30 000	平	0
			本期发生额及期末余额	26 250	3 750	30 000	30 000	平	0

表 9-4　　　　　　　　　　　　材料采购成本计算表

2011 年 3 月

采购成本项目	甲材料 6 000 吨		乙材料 7 500 吨	
	总成本	单位成本	总成本	单位成本
买　　价	30 000	5.00	26 250	3.50
采购费用	3 000	0.50	3 750	0.50
材料采购成本	33 000	5.50	30 000	4.00

根据"材料采购成本计算表"编制会计分录如下：

借：原材料——甲材料　　　　　　　　　　　　　　　　　　　　33 000
　　　　　　——乙材料　　　　　　　　　　　　　　　　　　　　30 000
　　贷：材料采购——甲材料　　　　　　　　　　　　　　　　　　33 000
　　　　　　　——乙材料　　　　　　　　　　　　　　　　　　30 000

二、产品生产成本的计算

产品生产成本的计算，就是把企业在生产过程中发生的各种生产费用，按照产品的品种或类别进行归集和分配，计算出各产品的实际生产总成本和单位成本。成本计算期可以是定期的，也可以是不定期的。一般而言，单件、小批生产产品的企业，待产品全部完工后再计算该件、该批产品的生产成本，这是不定期的成本计算。大量、大批生产产品的企业，月末不论产品是否全部完工，都要定期计算产品生产成本，这是定期的成本计算。

（一）直接材料和直接人工的归集

企业生产产品时，直接用于产品生产、构成产品实体的材料，一般分产品领用，应根据领料凭证直接计入相应产品成本的"直接材料"项目。对于不能分产品领用的，如家具厂生产桌椅两种产品共用的油漆等，需要采用适当的分配方法，分别计入各相关产品成本的"直接材料"成本项目。

直接进行产品生产的生产工人薪酬，可以直接计入产品成本的"直接人工"成本项目，不能直接计入产品成本的职工薪酬，可以按产品生产工时、产品产量等为分配标准进行合理分配，计入各有关产品成本的"直接人工"项目。

（二）制造费用的归集和分配

企业为了归集和分配当期发生的间接生产费用，应设置"制造费用"账户。在实际工作中，先通过"制造费用"账户归集间接生产费用，期末按照一定分配标准分配给各产品。制造费用的分配标准主要有生产工人工资、生产工人工时、机器工时等。企业在选择制造费用分配标准时应结合实际情况，选择与制造费用发生有直接关系的分配标准，以保证产品成本计算的正确性。比如，在一个机械化程度很高的企业里，应该选用机器工时作为分配标准。制造费用分配的计算公式如下：

制造费用分配率＝应分配的制造费用总额÷∑各种产品的分配标准

某种产品应分配的制造费用＝制造费用分配率×该产品的分配标准

【例 9-2】光明公司 2011 年 10 月生产 A、B 两种产品，A 产品当月投产并全部生产完工，B 产品上月投产本月仍未完工。产品产量、耗用工时及发生费用如表 9-5 所示。

表 9-5　　　　　　　　　　　　　　产品生产有关资料

产品名称	完工产品数量（台）	生产工时（个）	直接材料（元）	直接人工（元）	制造费用（元）	合计（元）
A 产品	15	7 000	11 400	5 250		
B 产品		4 250	7 200	2 250	9 000	
合　计		11 250	18 600	7 500	9 000	35 100

由上列资料可知，直接材料 18 600 元和直接工资 7 500 元属于直接费用，可以直接记入 A、B 两种产品的生产成本明细账。制造费用 9 000 元应归两种产品共同负担，属于间接费用，本例可采用生产工时为分配标准进行分摊后，再记入 A、B 两种产品的生产成本明细账。

制造费用分配率＝9 000÷（7 000+4 250）＝0.80（元/工时）
A 产品应分配制造费用＝7 000×0.80＝5 600（元）
B 产品应分配制造费用＝4 250×0.80＝3 400（元）

对制造费用的分配应结合"制造费用分配表"的编制进行，以提供会计记账的原始凭证。然后，根据制造费用分配表及有关凭证登记生产成本明细账。"制造费用分配表"的格式如表 9-6 所示。

表 9-6　　　　　　　　　　制造费用分配表
2011 年 10 月

产品名称	分配标准 （生产工时）	分配率	分配金额 （元）
A 产品	7 000	0.80	5 600
B 产品	4 250	0.80	3 400
合　　计	11 250	0.80	9 000

根据"制造费用分配表"编制会计分录如下：
借：生产成本——A 产品　　　　　　　　　　　　　　　　　5 600
　　　　　　——B 产品　　　　　　　　　　　　　　　　　3 400
　　贷：制造费用　　　　　　　　　　　　　　　　　　　　9 000

（三）产品生产成本的计算

产品生产成本的计算可以结合生产成本明细账的登记进行。生产成本明细账应按产品品种或类别设置，分别归集所发生的生产费用。期末将归集的生产费用在各种产品之间、完工产品和在产品之间进行分配。

成本计算方法的选择与企业的生产组织特点和管理要求有直接关系，不同类型的生产组织特点和管理要求，可以采用不同的成本计算方法。成本计算方法有品种法、分批法和分步法等。其中，品种法就是以产品品种为成本计算对象，分品种设置生产成本明细账计算完工产品成本和期末在产品成本。

根据表 9-5 和表 9-6 所反映的 A、B 产品耗用的直接材料、直接人工和分配的制造费用及相关分录，设置和登记的生产成本明细账以及月末编制的"产品生产成本计算表"如表 9-7 至表 9-9 所示。

表9-7　　　　　　　　　　　　　生产成本明细账
产品名称：A产品

2011年		凭证号	摘要	借方				贷方	借或贷	余额
月	日			直接材料	直接人工	制造费用	合计			
			耗用材料	11 400			11 400		借	11 400
			支付工资及计提福利费		5 250		16 650		借	16 650
			分配制造费用			5 600	22 250		借	22 250
			结转完工产品成本					22 250	平	0
			本期发生额及期末余额	11 400	5 250	5 600	22 250	22 250	平	0

表9-8　　　　　　　　　　　　　生产成本明细账
产品名称：B产品

2011年		凭证号	摘要	借方				贷方	借或贷	余额
月	日			直接材料	直接人工	制造费用	合计			
			期初在产品成本	1 000	450	200	1 650		借	1 650
			本月耗用材料	7 200			8 850		借	8 850
			支付工资及计提福利费		2 250		11 100		借	11 100
			分配制造费用			3 400	14 500		借	14 500
			期末在产品成本	8 200	2 700	3 600	14 500		借	14 500

表9-9　　　　　　　　　　　　　产品生产成本计算表
2011年10月

成本项目	A产品（15台）	
	总成本	单位成本
直接材料	11 400	760.00
直接人工	5 250	350.00
制造费用	5 600	373.33
合计	22 250	1 483.33

根据"产品生产成本计算表"应编制如下会计分录：
　　借：库存商品——A产品　　　　　　　　　　　　　　　　　　148.33
　　　　贷：生产成本——A产品　　　　　　　　　　　　　　　　　148.33

三、产品销售成本的计算

产品销售成本是指已销产品的生产成本，可以根据当期产品的销售数量乘以单位生产成本计算求得。假设本月销售 A 产品 12 台，单位生产成本 1 483.33 元。则：
$$A 产品销售成本 = 12×1\,483.33 = 17\,799.96（元）$$

根据计算结果结转已销产品的生产成本，编制会计分录如下：

借：主营业务成本——A 产品　　　　　　　　　　　　　　17 799.96
　　贷：库存商品——A 产品　　　　　　　　　　　　　　　17 799.96

☞本章小结

　　成本计算就是采用一定的方法将生产经营活动过程中所发生的各种费用归集起来，然后选择合理的分配标准将其分配到一定的成本计算对象中去，从而形成各成本计算对象的总成本和单位成本。

　　广义的成本泛指取得资产所付出的代价，狭义的成本是指企业生产一定种类和一定数量产品所发生费用的总和。成本和费用有一定的联系和区别。

　　费用可以分为生产成本费用、期间费用两大类。生产成本费用可以进一步分为直接材料费用、直接人工费用、制造费用。期间费用可以进一步分为销售费用、管理费用、财务费用。

　　产品成本是补偿生产耗费的尺度，也是制定价格和进行生产经营决策的重要依据。

　　在计算产品成本时，要严格执行成本开支范围和费用开支标准，并正确划分各种费用的界限。

　　计算成本，必须确定成本计算对象、确定成本项目、确定成本计算期、正确归集和分配各种费用、计算完工产品和在产品成本。

　　企业在供应、生产和销售过程中，必须分别计算材料采购成本、产品生产成本和产品销售成本。

☞思考题

1. 什么是费用？什么是成本？成本与费用有什么联系和区别？
2. 费用是怎样分类的？包括哪些内容？
3. 产品成本在经济管理工作中有什么作用？
4. 产品成本计算有哪些基本要求？
5. 简述成本计算的一般程序。
6. 材料采购成本由哪些项目构成？对采购费用如何分配？分配采购费用的标准有哪些？
7. 什么是成本项目？产品生产成本由哪些项目构成？
8. 怎样归集制造费用？如何对制造费用进行分配？制造费用常用的分配标准有哪些？
9. 产品生产成本怎样计算？
10. 产品销售成本怎样计算？

☞练习题

（一）目的：练习材料采购成本、产品生产成本和产品销售成本的计算。

(二) 资料：光明公司 2011 年 12 月份发生的经济业务如下：

(1) 1 日，从大华公司购入 A 材料 100 吨，单价 120 元，计货款 12 000 元，增值税进项税额 2 040 元，价税合计 14 040 元；购入 B 材料 200 吨，单价 80 元，计价款 16 000 元，增值税进项税额 2720 元，价税合计 18 720 元。两种材料价税总合计 32 760 元。材料尚未入库，签发转账支票结清款项。

(2) 2 日，收到材料"入库单"，上项材料已验收入库，结转入库材料的实际采购成本。

(3) 4 日，仓库发出 A 材料 120 000 元，其中，生产甲产品耗用 60 000 元，生产乙产品耗用 55 200 元，企业管理部门耗用 4 800 元。

(4) 6 日，从中兴公司购入 A 材料 500 吨，单价 132 元，计货款 66 000 元，增值税进项税额 11 220 元，全部价款共计 77 220 元货款，采用商业汇票方式结算。

(5) 9 日，以银行存款支付 1 日及 6 日购入 A 材料的运杂费 8 000 元。

(6) 10 日，从中兴公司购入的 A 材料验收入库，结转入库材料的实际采购成本。

(7) 13 日，销售给鸿达公司甲产品 300 件，单位售价 288 元，计货款 86 400 元；乙产品 10 件，单位售价 1 200 元，计货款 12 000 元。增值税税率 17%，增值税销项税额共计 16 728 元。全部款项共计 115 128 元尚未收到，货物已经发出。

(8) 14 日，分配职工工资费用共计 65 280 元，其中，生产甲产品工人工资 28 800 元，生产乙产品工人工资 19 200 元，车间管理人员工资 9 360 元，企业管理人员工资 7 920元。

(9) 15 日，按职工工资总额的 14% 计提职工福利费。

(10) 21 日，销售给和顺公司甲产品 100 件，单位售价 288 元，计货款 28 800 元；乙产品 20 件，单位售价 1 200 元，计货款 24 000 元。增值税税率 17%。货已发出，款项 61 776 元已经收存银行。

(11) 23 日，以银行存款支付本月份的水电费 1 560 元，其中车间水电费 1 080 元，企业管理部门水电费 480 元。

(12) 31 日，计提本月固定资产折旧 9 840 元，其中生产车间使用的固定资产折旧 6 240 元，企业管理部门使用的固定资产折旧 3 600 元。

(13) 31 日，根据前述资料分配与结转本月发生的制造费用。

(14) 31 日，本月生产甲产品 500 件、乙产品 100 件全部生产完工，已验收入库。根据前述资料，计算和结转已完工产品的实际生产成本。

(15) 31 日，根据上述材料反映的产品销售数量和生产成本，计算和结转本月已销产品的实际生产成本。

(三) 要求：

(1) 根据以上资料编制会计分录；设置和登记材料采购明细账和编制 A 材料的采购成本计算表。

(2) 根据以上资料编制"制造费用分配表"，设置和登记甲、乙产品生产成本明细账以及编制生产成本计算表。

(3) 根据以上资料计算甲、乙产品的销售成本。

第十章　财产清查

◎**教学目的与要求**　通过本章的学习，应掌握财产清查的概念、分类、存货盘存制度、银行存款的清查方法，以及财产清查结果的账务处理方法；了解财产物资账实不符的原因、财产清查的作用；理解财产清查的分类；了解财产清查前的准备工作；理解实物、库存现金、往来账项的清查方法以及财产清查结果的处理程序。

◎**教学重点与难点**　本章的教学重点和难点是存货盘存制度、银行存款的清查方法，以及财产清查结果的账务处理方法。

第一节　财产清查的意义和种类

一、财产清查的意义

（一）财产清查的概念

财产清查，就是通过盘点实物、核对账目来确定企事业单位各项财产物资、货币资金和债权、债务的实有数额，并查明账存数与实存数是否相符的一种会计核算方法。

企业及行政事业单位的各项物资财产都是通过账簿记录来核算和监督其增减变动和结存情况的。为了保证账簿记录完整和正确，应当审核会计工作中使用的会计凭证，然后据以登记账簿，并且经常性地进行账证核对和账账核对，以保证账证相符、账账相符和账表相符。但是，即使账证相符、账账相符和账表相符，也不能说明账簿记录就是客观真实的。因为实际工作中可能有种种原因导致各项财产物资的账面结存数额与实际结存数额不相符合，所以任何经济单位都应当通过财产清查的方法，使账实相符，以便正确掌握各项资产的真实情况。

（二）账实不符的原因

造成企业财产物资和债权债务账实不符的原因，归纳起来主要有以下几个方面：

（1）各种财产物资的收发计量工作可能出现差错。比如，财产物资在收入、发出时，因为计量器具、检验器具等不准确或者不够完备，造成多计或少计以及品种、质量等方面的差错。

（2）在财产物资收入、发出时，没有填制收发凭证，或者虽然填制了收发凭证，但未记入有关账簿或记录有误。

（3）财产管理制度不健全或管理工作人员失职而导致的财产物资短缺、变质及意外损失、超定额损耗。

（4）由于财产物资保管人员营私舞弊以及不法分子贪污盗窃而导致的财产物资损失。

（5）由于非常性事故的发生，如水灾、火灾、地震等自然灾害造成财产物资的破坏或损失。

（6）在财产物资的保管过程中，由于自然因素或其他条件的影响所发生的自然升溢或损耗或质量上的变化。

（7）由于企业和银行对收付款项入账时间不同形成未达账项而引起的账账、账实不符。

以上各种情况的发生都会导致账簿记录与财产物资的实际情况不符，因此，各单位都很有必要进行财产清查工作，借以保证账实相符，保证会计核算资料的真实可靠。

（三）财产清查的作用

财产清查对于加强会计的核算和监督职能，强化财产物资的管理有着重要作用。财产清查的主要作用，归纳起来有如下几个方面：

1. 保证会计核算资料真实可靠

通过财产清查，可以保证账簿记录与实物、款项相符，查明各项财产物资的实际结存数与账面结存数的差异，以及盘盈盘亏的原因和责任，并及时调整账面结存数，保证会计资料的真实可靠。

2. 改善经营管理，提高资金使用效率

通过财产清查，可以发现财产物资管理上存在的问题，以便查明原因，改善经营管理，健全财产管理制度。财产清查中，要查明各项财产物资是否做到合理、充分利用，以及有无呆滞积压的情况，以便充分挖掘现有财产物资的潜力，加速资金周转，提高资金使用效率。

3. 保护各项财产物资的安全与完整

在财产清查过程中，通过查明各项财产物资的收发保管等制度的执行情况，若发现问题，则须及时查明原因，根据具体情况作出处理。若是人为因素造成损失，则应当追究其经济直至法律责任，这样就可以逐步健全企业内部管理制度，保护企业财产安全完整。

4. 监督财经法规和财经纪律的执行

通过财产清查，还可以监督企业对国家财经制度的执行情况。在财产清查过程中，通过对各种物资、货币资金的清查和对各种结算款项的查询核对，可以具体地检查企业、单位对财经法规和财经纪律的遵守情况。例如，对各种物资的清查，可以同时检查企业、单位是否遵守市场管理法规；对货币资金和结算款项的清查，可以检查企业、单位是否遵守了结算纪律和信贷纪律，有无违反现金管理的规定，各种结算款项有无长期拖欠不还的情况等。通过这些检查，可以了解企业、单位对财经纪律的遵守情况，发现问题，及时纠正，从而督促企业严格遵守财经法规和财经纪律。

二、财产清查的种类

财产清查可以按不同的标准进行分类，主要有按照清查的对象和范围分类、按照清查的时间分类以及按照执行主体分类三种。

（一）按照清查的对象和范围分类

按照清查的对象和范围分类，可以分为全面清查和局部清查两类。

1. 全面清查

全面清查就是对企业的全部财产进行全面、彻底的盘点和核对。清查的对象一般包括现金、银行存款及其他债权债务；在途材料、原材料、在产品、库存商品、委托加工物资、在建工程、固定资产、无形资产；交易性金融资产、各种对外投资等。

全面清查范围广，工作量大，一般在年终决算、清产核资、企业撤销、合并或改变隶属关系、单位主要负责人调离工作时进行。

2. 局部清查

局部清查是指对一个单位的部分财产进行的清查。对流动性较大的项目如库存现金、银行存款、其他货币资金、原材料、库存商品、各种投资、往来款项、银行借款等，除年度清查外，还应根据实际需要在年度内轮流盘点或重点抽查；对各种贵重物资每月至少盘点一次；对库存现金，每日终了都应盘点；对银行存款和银行借款，每月至少与银行核对一次。

（二）按照清查的时间分类

按照清查的时间分类，可以分为定期清查和不定期清查两类。

1. 定期清查

定期清查就是按预先计划规定的时间，对财产进行的清查。一般在年末、季末或月末结账时进行。根据实际情况和需要，定期清查可以是全面清查，也可以是局部清查。

2. 不定期清查

不定期清查就是预先没有规定清查日期，而是根据实际需要所进行的临时性清查。一般是在更换财产保管人员、财产物资发生意外损失，上级机关和审计机关以及银行等部门对企业进行会计检查，企业进行清产核资或兼并、重组、清算、迁移或改变隶属关系等情况时进行的清查。不定期清查，可以是全面清查，也可以是局部清查，应根据实际需要而定。

（三）按照财产清查的执行主体分类

按照财产清查的执行主体分类，可以分为内部清查和外部清查两类。

1. 内部清查

内部清查是指由企业内部人员组织的对财产进行的清查。这是企业内部管理控制的手段之一，通过内部清查可以提高企业的管理水平，防止企业内部违法行为的发生。

2. 外部清查

外部清查是指由企业外部的相关部门如审计机关、司法部门等根据有关规定对企业财产进行的清查。这是一种外部监督机制。

第二节 存货的盘存制度

存货是指企业在日常活动中持有以备出售的产成品或商品、处在生产过程中的在产品、在生产过程或提供劳务过程中耗用的材料、物料等。存货的清查是财产清查的重要部分。一般情况下，我们把保证存货账实相符的方法称为存货盘存制度。在实际工作中，存货的盘存制度有永续盘存制和实地盘存制两种。

一、永续盘存制

（一）永续盘存制的含义及其适用范围

永续盘存制也叫账面盘存制，就是对各项财产物资的增减变化，都要根据原始凭证和记账凭证在有关账簿中进行连续登记，并能随时在账面上结出各种财产物资账面余额的一种方法。

这种盘存制度具体的做法就是在收到或发出某项财产物资时，根据收入或发出业务的会计凭证，逐日逐笔在该种财产物资账上按实际发生数进行连续登记，并根据上项业务后的账面余额加上增加发生额或减去减少发生额计算出新的结存数额，登记在结存栏中。

使用这种盘存方法，可以及时了解和掌握各项财产物资的增减变动和结存数额情况，便于对存货进行数量和金额的双重控制。但永续盘存制的缺点是存货的明细分类核算工作量较大，需要较多的人力和费用，同时，由于自然和人为的影响，仍可能发生账实不符的情况。因此，采用永续盘存制的单位，同样需要对各种财产物资进行清查盘点，以查明账实是否相符。永续盘存制适用于大多数存货的核算。

（二）永续盘存制下存货发出成本的确定方法

在永续盘存制下，存货明细账能随时反映商品的发出数量和结存数量，同时，也可以确定存货的发出成本和结余成本。存货发出成本的确定方法先进先出法、加权平均法和个别计价法。

1. 先进先出法

先进先出法是假设先入库的存货先发出，即按照存货入库的先后顺序，用先入库存货的单位成本确定发出存货成本的一种方法。下面举例说明先进先出法的计算过程。

【例10-1】某企业2011年12月份A材料月初结存数360千克，单价50元，总计金额18 000元。本月10日购进A材料1 080千克，单价60元，共计价款64 800元。11日发出A材料960千克。18日再购进A材料720千克，单价70元/千克，总计价款50 400元。20日发出A材料960千克。采用先进先出法登记的原材料明细账及计算的原材料发出成本如表10-1所示。

表 10-1　　　　　　　　　　　　原材料明细账

存货名称及规格：A　　　　　　　　　　　　　　　　　　　　计量单位：元/千克

2011年		凭证编号	摘要	收入			发出			结存		
月	日			数量	单价	金额	数量	单价	金额	数量	单价	金额
12	1		期初余额							360	50	18 000
	10	略	购入	1 080	60	64 800				360 1 080	50 60	18 000 64 800
	11	略	发出				360 600	50 60	18 000 36 000	480	60	28 800
	18	略	购入	720	70	50 400				480 720	60 70	28 800 50 400
	20	略	发出				480 480	60 70	28 800 33 600	240	70	16 800
12	31		本月合计	1 800	—	115 200	1 920	—	116 400	240	70	16 800

采用先进先出法对存货进行计价，可以将发出存货的计价工作分散在平时进行，减轻了月末的工作量；期末存货的计价标准为后入库的存货价格，从而使资产负债表上的存货价值比较接近当前市价。但在物价上涨时，本期发出存货成本要比当前市价低，从而使本期利润偏高，需多缴所得税。

2. 加权平均法

永续盘存制下存货计价的加权平均法又分为一次加权平均法和移动加权平均法两种。

采用一次加权平均法，对于本月发出的存货，平时只登记数量，不登记单价和金额，月末按计算的一次加权平均单价，计算本期发出存货成本和期末存货成本。该方法的计算公式如下：

$$一次加权平均单价 = \frac{期初结存存货成本 + 本期入库存货成本}{期初结存存货数量 + 本期入库存货数量}$$

本月发出存货成本 = 发出数量 × 加权平均单价

月末存货成本 = 库存数量 × 加权平均单价

或者：月末存货成本 = 期初存货成本 + 本月入库存货成本 − 本月发出存货成本

采用一次加权平均法登记的原材料明细账及计算的原材料发出成本如表 10-2 所示。

【例 10-2】以上述例 10-1 资料为例，采用一次加权平均法计算存货成本如下：

$$A\ 材料平均单位成本 = \frac{18\ 000 + 115\ 200}{360 + 1\ 920} = 61.67（元）$$

本月发出原材料成本 = 1 920 × 61.67 = 118 406.40（元）

月末库存原材料成本 = 18 000 + 115 200 − 118 406.4 = 14 793.60（元）

表 10-2 原材料明细账

存货名称及规格：A　　　　　　　　　　　　　　　　　　　　　　　　　　　　计量单位：元/千克

2011年		凭证编号	摘要	收入			发出			结存		
月	日			数量	单价	金额	数量	单价	金额	数量	单价	金额
12	1		期初余额							360	50	18 000
	10	略	购入	1 080	60	64 800				1 440		
	11	略	发出				960			480		
	18	略	购入	720	70	50 400				1 200		
	20	略	发出				960			240		
12	31		本月合计	1 800	—	115 200	1 920	61.67	118 406.40	240	—	14 793.60

采用移动加权平均法，当每次入库存货单价与结存单价不同时，就需要重新计算一次加权平均单价，并据此计算下次入库前的发出存货成本和结存存货成本。该种方法的计算公式如下：

$$\text{移动加权平均单价} = \frac{\text{本次入库前结存成本} + \text{本次入库存货成本}}{\text{本次入库前结存数量} + \text{本次入库存货数量}}$$

【例 10-3】仍以表 10-1 中数据为例，采用移动加权平均法计算存货成本的过程和结果以及据以登记的原材料明细账如表 10-3 所示。

第一次收入原材料后的平均单位成本 =（18 000+64 800）/（360+1080）= 57.5（元）

第一批发出原材料的成本 = 960×57.5 = 55 200（元）

当时结存的存货成本 = 480×57.5 = 27 600（元）

第二次收入原材料后的平均单位成本 =（27 600+50400）/（480+720）= 65（元）

第二批发出原材料的成本 = 960×65 = 62 400（元）

当时结存的存货成本 = 240×65 = 15 600（元）

该企业本月发出 A 原材料成本 117 600 元，月末结存 240 千克，月末原材料成本 15 600 元。

表 10-3 原材料明细账

存货名称及规格：A　　　　　　　　　　　　　　　　　　　　　　　　　　　　计量单位：元/千克

2011年		凭证编号	摘要	收入			发出			结存		
月	日			数量	单价	金额	数量	单价	金额	数量	单价	金额
1	1		期初余额							360	50	18 000
	10	略	购入	1 080	60	64 800				1 440	57.5	82 800
	11	略	发出				960	57.5	55 200	480	57.5	27 600
	18	略	购入	720	70	50 400				1 200	65	78 000
	20	略	发出				960	65	62 400	240	65	15 600
12	31		本月合计	1 800	—	115 200	1920	—	117 600	240	65	15 600

3. 个别计价法

个别计价法又称个别认定法，就是每次发出存货的成本按购入或生产的实际成本分别计价的方法。采用个别计价法需要逐一辨认各批发出存货和期末存货的购进或生产批别，分别以购入或生产时确定的单位成本来计算确定各批发出和期末存货的成本。这种方法的优点是成本计算准确，符合实际情况。而其缺点是发出存货成本分辨的工作量繁重。个别计价法适用于容易辨认，品种数量不多，且单位成本较高的存货计价。

二、实地盘存制

（一）实地盘存制的含义及其适用范围

实地盘存制是指在账簿中只登记各项财产物资的增加数，不登记减少数，每当结账时，通过实地盘点，取得各项财产物资的期末结存数，然后倒挤出各项财产物资发出数额的一种方法。这种盘存制度具体的做法就是平时只登记增加数，不登记减少数，也不登记结余数，期末进行物资盘点以后，以期初余额加上本期增加数减去期末实存数，倒挤出本期减少数，并据以登记入账。

实地盘存制的最大优点是不需要每天记录存货的发出和结存数量，核算工作简单，工作量小。缺点是不能随时反映存货的发出和结存成本，倒轧出的存货成本中可能包含有非正常因素造成的存货减少，因而不便于对存货进行控制和监督，影响成本计算的准确性。实地盘存制一般适用于大堆大垛以及鲜活商品或者价值较低收发频繁的存货的核算。

（二）实地盘存制下存货发出成本的确定方法

对于采用实地盘存制的存货，每期期末实地盘点存货，确定各种存货的实际结存数量，然后用存货数量乘以最后一次或某一次的进货单位成本，得出各种存货的成本，将各种存货成本相加，即可求得期末存货总成本。

求得期末存货成本以后，用期初存货成本加本期入库存货成本，减去期末存货成本，即可求得本期发出存货成本。

有关计算公式为：

本期发出存货成本＝期初结存存货成本＋本期入库存货成本－期末结存存货成本

期末结存存货成本＝期末存货实地盘存数×单位进货成本

【例10-4】仍以表10-1中数据为例，采用实地盘存制计算存货成本的过程和结果以及据以登记的原材料明细账如表10-4所示。

在采用实地盘存制时，假设原材料为建筑工地的黄沙、石子等，由于领用频繁，同时，也不便于确认领用的数量和金额，只有待期末盘存后，才可以根据期初结存数量和本期入库数量之和减去期末盘存数量，得出本期耗用数量。

经过期末盘点，A材料结存240千克，由于本期入库数量1 800千克，所以，本期耗用数量1 920千克，期末原材料成本按最后一次的进货成本计算为16 800元。有关计算公式为：

$$本月耗用数量 = 360 + 1\,800 - 240 = 1\,920（千克）$$
$$期末原材料成本 = 240 \times 70 = 16\,800（元）$$
$$本月耗用原材料成本 = 18\,000 + 115\,200 - 16\,800 = 116\,400（元）$$

表 10-4　　　　　　　　　　　原材料明细账

存货名称及规格：A　　　　　　　　　　　　　　　　　　　　　　　计量单位：元/千克

2011年		凭证编号	摘要	收入			发出			结存		
月	日			数量	单价	金额	数量	单价	金额	数量	单价	金额
12	1		期初余额							360	50	18 000
	10	略	购入	1 080	60	64 800						
	18	略	购入	720	70	50 400						
	31	略	发出	1 800	—	115 200	1 920	60.63	116 400	240	70	16 800

第三节　财产清查前的准备工作及财产清查方法

一、财产清查前的准备工作

财产清查是一项复杂细致的工作，涉及面广，工作量大，因此，在进行财产清查之前，为了保证财产清查工作的顺利进行，应在组织上和业务上充分做好各项准备工作。

（一）组织上的准备工作

在财产清查工作开始前，应在主管厂长和总会计师的领导下成立专门的领导小组来负责财产清查的领导和组织工作，该小组由财务部门牵头，联合设备、技术、生产及行政等相关部门共同组成。该领导小组的主要任务是：

1. 清查开始前

根据要求制订清查计划，明确财产清查的对象和范围，安排具体的清查工作进程，配备相关财产清查人员。

2. 清查过程中

掌握清查的进度，检查和督促清查工作的进行，及时解决出现的问题。

3. 清查结束后

总结清查工作经验，写出清查工作书面报告，对财产清查结果提出处理意见。

（二）业务上的准备工作

业务上的准备工作是进行财产清查的前提，各业务部门和相关人员应积极配合，充分做好清查前的准备工作。业务上的准备工作包括以下内容：

1. 财会部门

财会部门及其人员应在财产清查之前将所有发生的经济业务登记入账，并结出余额。账簿登记的经济业务应明确所属，同时，做到账账相符、账证相符，为财产清查提供可靠的会计信息。根据财产清查的内容，取得银行存款、银行借款和各种债权、债务对账单。

2. 财产物资保管部门

财产物资保管部门应在财产清查之前将各项财产物资的进出办好相应的凭证手续，登记入账、结出余额，并与财会部门的相应财产物资分类账户核对相符。同时，该部门人员应将所保管的各种财产物资摆放整齐，挂上标签，标明品种、规格及结存数额，以便进行实物盘点。在各物资存放地点准备好各种必要的计量器具和检验器具，以及有关的财产物资盘点、核对时所用的表册。

二、财产清查方法

对各项财产物资的清查，都要从数量和质量两个方面进行清查，因而清查的方法不一样。下面分别从实物、现金、银行存款、往来款项几个方面具体说明各种财产清查的方法。

（一）实物的清查

实物财产主要包括原材料、在产品、库存商品、固定资产等。实物清查一般采用实地盘点方法。实地盘点法是指在财产物资堆放现场逐一清点数量或用计量仪器确定实际结存数的一种方法。实物清查工作的程序和方法如下：

1. 盘点实物

在盘点实物时，实物保管人员必须在场，并参加盘点工作，以便明确经济责任。在盘点时，根据被清查实物的不同特点，应采用不同的盘点方法来确定其实有数。对可以逐一点数、过磅、量尺的财产物资，一般应对实物逐一盘点，如对制造完工的机器设备要实地点数；对库存金属材料，要实地过磅等。对包装完整的材料或库存商品等可以清点的大件，要确定大件数量，并拆包进行部分抽查。而对于那些大量成堆、难以逐一清点的财产物资，可采用技术推算法确定数量或重量，如量方、计尺等方法。对于在途实物清查，采用外调核对法。而对于实物质量的检查方法，可采用物理方法，亦可采用化学方法。总之，盘点实物要根据实物的特点，采取相应的方法进行清查，同时，防止重查、漏查。

2. 登记盘存单

实物盘点后，应将盘点的结果如实登记到"盘存单"中去，并由盘点人员和实物保管人员签章。盘存单是记录实物清查结果的原始凭证，也是记录盘存结果的书面证明。盘存单的一般格式如表 10-5 所示。

表 10-5   盘 存 单
编制单位：   盘点时间：
财产类别：   存放地点：   第　页

编号	名称	规格或型号	计量单位	数量	单价	金额	备注

盘点人签章：   实物保管人签章：

3. 编制实存账存对比表

为了进一步查明盘点结果与账面余额是否相符，确定盘盈或盘亏的情况，会计人员应根据盘存单和有关账簿资料编制"实存账存对比表"，以确定实存数和账存数的差异。实存账存对比表是调整账簿记录的原始凭证，也是查明差异、分析差异产生原因、明确经济责任的依据。实存账存对比表的一般格式如表10-6所示。

表 10-6　　　　　　　　　　　　**实存账存对比表**

编制单位：　　　　　　　　　　　　年　月　日　　　　　　　　　　　　第　页

编号	类别及名称	规格或型号	计量单位	单价	实存		账存		对比结果				备注
									盘盈		盘亏		
					数量	金额	数量	金额	数量	金额	数量	金额	

单位主管：　　　　　　　　　　主管会计：　　　　　　　　　　制表：

（二）库存现金的清查

库存现金清查是通过实地盘点方式确定库存现金实存数，然后与现金日记账的账面余额进行核对，以查明账实是否相符。在盘点现金时，出纳人员必须在场，现金由出纳人员经手盘点，清查人员从旁监督。按现金管理制度的有关规定，不允许以借条、白条、收据抵充现金。在盘点结束后，应根据盘点的结果编制"库存现金盘点报告表"，并由出纳人员和盘点人员共同签章说明。库存现金盘点报告表的格式如表10-7所示。

表 10-7　　　　　　　　　　　　**库存现金盘点报告表**

单位名称：　　　　　　　　　　　　年　月　日

实存金额	账存金额	对比结果		备注
		盘盈	盘亏	

盘点人员签章：　　　　　　　　　　　　　　　　　　出纳员签章：

（三）银行存款的清查

银行存款没有实物形态存在，它的清查方法与实物、库存现金的清查方法不同，它是通过采用银行存款日记账与银行对账单相互核对的方法来进行的。进行银行存款清查前，要详细检查本单位的银行存款日记账，以保证记录的完整性和正确性，然后再与银行送交的对账单进行逐笔核对。由于企业单位大部分的结算业务都必须通过银行来进行，因而企业银行存款的增减变动就较为频繁，企业和银行都难免有漏账、错账的情况出现，导致企业银行存款日记账余额与银行对账单余额不相等，因此，在进行银行存款日记账和银行对账单的逐笔核对时，如发现本单位的错账、漏账，应予及时更正，发现开户银行的错账、漏账，则应及时通知银行查明更正，以保证银行存款的核算准确、完整和及时。在银行存款清查中，即使银行存款日记账和银行对账单双方记账都没有差错，它们的余额也可能不一致，这是由于未达账项而引起的。

未达账项是指由于企业和银行取得凭证的时间不同，发生的一方已经登记入账而另一方尚未登记入账的款项。未达账项一般有四种情况存在。

（1）企业已经收款入账而银行尚未入账的款项。如企业将其他单位转来的支票存入银行，企业便登记银行存款的增加，而银行则要待付款单位开户银行进行转账划拨，待手续完毕收到款项后才能入账。这样，就产生了记账时间上的差异。

（2）企业已经付款入账而银行尚未付款的款项。如企业已开出支票登记银行存款的减少，而持票人未到银行办理结算手续，银行一方由于没有收到支票没有作企业银行存款的减少记录。

（3）银行已经收款入账而企业尚未入账的款项。如银行已收到购货单位汇来的货款，并已作企业存款增加的记录，而企业尚未收到银行的收款通知单因而未登记入账。

（4）银行已经付款而企业尚未付款入账的款项。如银行从企业存款中扣去借款利息，银行已作企业存款减少的记录，而企业尚未收到银行的付款通知单尚未入账。

上述四种情况都会引起银行存款日记账余额和银行对账单余额不一致。其中，（1）、（4）两种情况，会使企业的银行存款日记账余额大于银行对账单余额。（2）、（3）两种情况，会使企业银行存款日记账余额小于银行对账单余额。因此，在核对双方账目时，为查明银行存款的实有数额，应找出未达账项，在记账无误的情况通过编制"银行存款余额调节表"进行调整。调整账项的计算公式如下：

企业银行存款日记账余额+银行已收企业未收款项−银行已付企业未付款项=银行对账单余额+企业已收银行未收款项−企业已付银行未付款项

下面举例说明"银行存款余额调节表"的编制方法。

【例10-5】某企业2011年5月31日银行存款日记账余额70 440元。银行送来的对账单余额73 680元，经逐笔核查，发现未达账项如下：

（1）30日，企业为支付职工借支差旅费开出现金支票一张，金额600元，持票人尚未到银行取款。

（2）30日，企业收到转账支票1 200元存入银行，银行尚未入账。

（3）31日，银行收到企业托收的销货款4 800元，企业尚未接到收款通知单。

（4）31日，银行代企业支付水电费共计960元银行已经入账，企业尚未收到银行的付款通知单。

根据上述未达账项，编制的"银行存款余额调节表"如表10-8所示。

表 10-8　　　　　　　　　　　　　　　　**银行存款余额调节表**

　　　　　　　　　　　　　　　　　　　　　年　月　日　　　　　　　　　　　　　　　　　　　　单位：元

项　目	金　额	项　目	金　额
企业银行存款日记账余额	70 440	银行对账单的存款余额	73 680
加：银行已收款入账而企业未入账的款项	4 800	加：企业已收款入账而银行未入账的款项	1 200
减：银行已付款入账而企业尚未入账的款项	960	减：企业已付款入账而银行未入账的款项	600
调节后的存款余额	74 280	调节后的存款余额	74 280

　　在存在未达账项的情况下，经过银行存款余额调节表调节后的余额既不等于企业银行款日记账的余额，也不等于银行对账单的余额，这个数字是企业可以随时动用的银行存款实有数额。在银行存款余额调节表中，调节后的存款余额应该相等，如果不相等，则说明记账有错误，应及时查明原因予以更正。但应当注意的是，银行存款余额调节表不是原始凭证，不能据以调整账簿记录，对于企业尚未入账的账项，只有在收到有关凭证后才能在银行存款账上进行登记。对于长期悬置的未达账项，应及时查找原因，根据实际情况进行处理。

　　（四）往来账项的清查

　　往来账项是指企业因商品购销等原因而形成的各种债权、债务，包括应收账款、应收票据、其他应收款、应付账款、应付票据和其他应付款等。往来款项的清查方法和银行存款的清查方法一样，采取同对方核对账目的方法。清查单位在自己所记账目正确完整的基础上，编制往来账款对账单，送交对方单位核对。对账单应按明细账户逐笔抄列，一式两联，其中的一联作为回单。

　　对方单位在经过详细核对后，如核对无误，应在回单上盖章，并退回清查单位，作为清查结果的依据。若核对中发现事项或数字不符，则应在回单上注明不符的情况或根据本单位账簿记录另编对账单退回清查单位，作为进一步核对的依据；若核对中发现有未达账项，则应予调查，其具体核对办法与银行存款的核对方法相同。清查单位在收到对方单位退回的回单后，应编制"往来账项清查报告表"。列示各项债权、债务情况，分析其中长期拖欠款项的原因，根据实际情况进行账务处理。"往来账项清查报告表"如表 10-9 所示。

表 10-9　　　　　　　　　　　　　　**往来结算款清查报告表**

清查日期：　　　　　　　　　　　　　　　　　　　　　　　　　　　　　制表日期：
总分类账户名称：　　　　　　　　　　　　　　　　　　　　　　　　　总分类账户结余金额：

明细账户名称	账面结存金额	清查结果		核对不符的原因和金额				合计	备注
		核对相符金额	核对不符金额	有争执的款项	未达账项金额	坏账金额			

清查人员签章：　　　　　　　　　　　　　　　　　　　　　　　　　　　记账员签章：

第四节 财产清查结果的处理

一、财产清查结果的处理程序

通过财产清查，必然会发现会计工作、财产物资管理以至整个经营管理工作中存在的问题。对于这些问题，必须进行妥善处理，这是财产清查工作的主要目的之一，也是财产清查发挥积极作用的关键所在。对于财产清查结果的处理，不应当仅仅着眼于账务处理，做到账实相符，更重要的是要提出改进财产物资管理的措施，从而更好地发挥会计的管理职能。

财产清查结果的处理，主要包括以下几个方面的工作：

1. 查明各种财产物资盘盈、盘亏的原因并按规定进行处理

财产物资的盘盈、盘亏，包括各种固定资产、原材料、在产品、库存商品等实物财产的溢余、短缺，货币资金的溢缺，以及应收、应付款项账面余额与查询核实数额之间的差异。对于这些财产物资的盘盈、盘亏，必须有专人负责，通过调查研究，查清原因，分清责任，并按照规定进行处理：对于定额以内或是自然原因引起的盘盈盘亏，应当按规定办理手续及时转账；对于有争议的应收、应付款项应当按国家法规以及签订过的购销合同、协议，作出结论，或是提请有关部门仲裁；对于那些由于保管人员失职而引起的盘亏和损失，必须查清失职的情节，按规定程序报请有关管理部门作出处理；对于贪污盗窃案件，应当会同有关部门或报送有关单位处理；对于属于保险范围的财产损失，如果已经向保险公司投保财产保险的，则还应向保险公司索取赔偿。

2. 检查各项储备定额的遵守情况，及时采取改进措施

对于已经制定了储备定额的财产物资，在财产清查以后，应当全面检查储备定额的执行情况。对于储备不足的物资，应当通知有关部门补充储备；对于多余、积压的物资，应当查明原因，分别处理。由于盲目采购、盲目建造或者生产任务改变而造成的积压、多余物资，应当积极组织销售或另行处理。对于那些稍加改制即可利用的物资，应当设法改制和利用。对于因品种不配套而造成的半成品积压，应当调整生产计划，组织均衡生产，消除半成品的积压。对于利用率不高或闲置不用的固定资产，必须查明原因积极处理，使所有固定资产都能充分地加以利用。

3. 及时调整账目，进行必要的账务处理

对于财产清查中发现的各种盘盈盘亏，应当及时进行账务处理，调查账簿记录，做到账实相符。在经过批准作出处理后，再按批准的意见作出转账处理。为了体现资本保全原则，盘亏和毁损的财产不能冲减资本金，盘盈的财产不能增加资本金，而应作为营业外收支核算，直接计入当期损益。

二、财产清查结果的账务处理

（一）设置的账户

为了核算和监督企业财产物资的盘盈、盘亏和毁损情况，应设置"待处理财产损益"

账户。

"待处理财产损益"账户,是用来核算企业在财产清查过程中查明的各项财产物资盘盈、盘亏和毁损情况的账户。该账户的借方登记各项财产物资的盘亏和毁损数额及各项财产物资盘盈报经批准后的转销数额;贷方登记各项财产物资的盘盈数额及各种财产物资盘亏报经批准后的转销数额。本账户期末如有借方余额,为尚未处理的各种财产物资的净损失;如有贷方余额,为尚未处理的各种财产物资的净溢余。该账户下应设置"待处理固定资产损益"和"待处理流动资产损益"两个明细账户。"待处理财产损益"账户的结构如表 10-10 所示。

表 10-10　　　　　　　　　　　　　　待处理财产损益

借方	贷方
财产物资的盘亏、毁损及财产物资盘盈的转销数额	财产物资的盘盈及财产物资盘亏毁损的转销数额
借方余额:尚未处理的各种财产物资的净损失	贷方余额:尚未处理的各种财产物资的净溢余

对于无法收回的账款,应及时查明,予以转销。坏账损失的转销,不必通过"待处理财产损益"账户核算,应该通过"坏账准备"账户核算。

(二) 账务处理方法

财产清查中发现的差异,主要是各项财产物资的盘盈、盘亏、损毁,以及无法偿还的债务、无法收回的债权等。对于这些差异的处理,由于有一个报批的过程,因而账务处理应分两步进行:第一步,审批前,应根据已查明的财产盘盈、盘亏和损毁数额,编制记账凭证,据以登记入账,做到账实相符。第二步,审批后,根据差异发生的性质和原因以及批准差异的处理意见,再次编制记账凭证,并登记入账,调整有关账簿记录。下面举例说明财产清查结果的账务处理方法。

【例 10-6】某企业在固定资产清查中,盘盈账外机器一台,重置价值 10 000 元,估计尚有六成新。

审批前,根据盘盈数编制记账凭证,并据以登记入账,调整固定资产的账面价值。审批前会计分录为:

　　借:固定资产　　　　　　　　　　　　　　　　　　　　　　　10 000
　　　　贷:累计折旧　　　　　　　　　　　　　　　　　　　　　　4 000
　　　　　　待处理财产损益——待处理固定资产损益　　　　　　　　6 000

【例 10-7】上述盘盈固定资产,经审批后,作为营业外收入处理。会计分录为:

　　借:待处理财产损益——待处理固定资产损益　　　　　　　　　　6 000
　　　　贷:营业外收入——固定资产盘盈　　　　　　　　　　　　　6 000

【例10-8】某企业在进行库存材料清查时，盘盈甲材料1 800元。审批前会计分录为：
　　借：原材料——甲材料　　　　　　　　　　　　　　　　　　　　1 800
　　　　贷：待处理财产损益——待处理流动资产损益　　　　　　　　　　1 800

【例10-9】经调查，上述材料盘盈是由于计量工具不准确而造成的，经批准冲减管理费用。会计分录为：
　　借：待处理财产损益——待处理流动资产损益　　　　　　　　　　　1 800
　　　　贷：管理费用　　　　　　　　　　　　　　　　　　　　　　　　1 800

【例10-10】某企业在财产清查中，发现短少一台设备，原值24 000元，已提折旧20 400元。会计分录为：
　　借：待处理财产损益——待处理固定资产损益　　　　　　　　　　　3 600
　　　　累计折旧　　　　　　　　　　　　　　　　　　　　　　　　 20 400
　　　　贷：固定资产　　　　　　　　　　　　　　　　　　　　　　 24 000

【例10-11】上述固定资产盘亏经批准转作营业外支出处理。会计分录为：
　　借：营业外支出——固定资产盘亏　　　　　　　　　　　　　　　　3 600
　　　　贷：待处理财产损益——待处理固定资产损益　　　　　　　　　　3 600

【例10-12】某企业盘点原材料，盘亏乙材料4 800元。会计分录为：
　　借：待处理财产损益——待处理流动资产损益　　　　　　　　　　　4 800
　　　　贷：原材料——乙材料　　　　　　　　　　　　　　　　　　　4 800

【例10-13】上述盘亏材料4 800元，其中的3 600元是由于自然损耗造成的，经批准作管理费用的增加，其余的1 200元是由于材料保管人员失职造成的损失，责成当事人如数赔偿。会计分录如下：
　　借：管理费用　　　　　　　　　　　　　　　　　　　　　　　　　3 600
　　　　其他应收款——某职工　　　　　　　　　　　　　　　　　　　1 200
　　　　贷：待处理财产损益—待处理流动资产损益　　　　　　　　　　　4 800

【例10-14】某企业在财产清查中，发现一笔应收账因对方单位撤销而无从收回，金额960元。会计分录为：
　　借：坏账准备　　　　　　　　　　　　　　　　　　　　　　　　　　960
　　　　贷：应收账款　　　　　　　　　　　　　　　　　　　　　　　　960

☞本章小结

财产清查，就是通过盘点实物、核对账目来确定企事业单位各项财产物资、货币资金和债权、债务的实有数额,并查明账存数与实存数是否相符的一种会计核算方法。

财产清查按照清查的对象和范围可以分为全面清查和局部清查两类;按照清查的时间可以分为定期清查和不定期清查两类;按照财产清查的执行主体可以分为内部清查和外部清查两类。

存货的盘存制度有永续盘存制和实地盘存制两种。永续盘存制是指对各项财产物资的增减变化,都要根据原始凭证和记账凭证在有关账簿中进行连续登记,并能随时在账面上结出各种财产物资账面余额的一种方法。实地盘存制是指在账簿中只登记各项财产物资的增加数,不登记减少数,每当结账时,通过实地盘点,取得各项财产物资的期末结存数,然后倒挤出各项财产物资发出数额的一种方法。

在采用永续盘存制时,应该采用先进先出法、加权平均法、个别计价法确定存货发出成本。

实物和现金的清查方法主要是先盘点实物,然后要登记盘存单或盘存报告表。银行存款的清查主要是与开户银行核对账目,查找未达账项并编制银行存款余额调节表。

在对财产清查结束时,要通过"待处理财产损益"账户对盘点盈亏情况进行核算。

☞思考题

1. 什么是财产清查?财产清查的作用是什么?
2. 财产清查按照不同的标准分为哪几类?什么是全面清查、局部清查、定期清查、不定期清查、外部清查、内部清查?
3. 什么是永续盘存制?什么是实地盘存制?它们的优缺点和适用范围是什么?
4. 在永续盘存制下,存货发出成本的计算方法有哪几种?什么是先进先出法、加权平均法、个别认定法?
5. 在实地盘存制下,如何确定存货发出成本?
6. 财产清查前的准备工作包括哪些内容?
7. 实物清查的程序和方法是什么?
8. 什么是未达账项?未达账项有哪四种情况?谈谈银行存款余额调节表的编制方法。
9. 怎样进行往来账项的清查?
10. 对财产清查结果的处理包括哪几个方面的工作?

☞练习题

习题一

(一)目的:练习银行存款余额调节表的编制。

(二)资料:某企业2010年12月31日银行存款日记账余额25 440元,银行对账单的余额21 000元,经核对,有下述未达账项发生:

(1)企业将销售货款转账支票一张存入银行。金额9 600元,企业已入账,银行尚未到入账。

(2)企业支付机器修理费用360元,开出现金支票一张,企业已入账,持票人未到银行取款。

(3) 银行收到企业托收的销货款 12 000 元，企业尚未接到收款通知单。
(4) 银行代交水电费 4 800 元，企业尚未收到付款通知单。
(5) 银行代付借款利息 2 400 元，企业尚未收到付款通知单。
（三）要求：根据以上未达账项编制"银行存款余额调节表"。

习题二

（一）目的：练习存货的计价方法。
（二）资料：某企业 2010 年 12 月 A 材料收入、发出和结存资料如下：
(1) 1 日，结存 120 件，单位成本 7 元。
(2) 5 日购进 120 件，单位成本 8 元。
(3) 10 日发出 60 件。
(4) 15 日购进 420 件，单位成本 9 元。
(5) 20 日发出 480 件。
(6) 25 日购进 60 件，单位成本 10 元。
(7) 31 日结存 180 件。
（三）要求：根据上述资料分别采用先进先出法、加权平均法和移动平均法计算发出材料和结存材料的实际成本。

习题三

（一）目的：练习财产清查的账务处理。
（二）资料：2011 年 12 月某企业发生以下财产清查事项：
(1) 盘亏甲材料 3 600 元。
(2) 盘盈机器设备一台，重置价值 12 000 元，估计已提折旧 6 000 元。
(3) 经审批，将盘亏材料作管理费用的增加处理。
(4) 经审批，将盘盈固定资产作营业外收入处理。
(5) 在财产清查中，发现一笔应收账款无法收回，金额 1 800 元。该企业已经提取过坏账准备金。
（三）要求：编制以上经济业务的会计分录。

第十一章 会计报表

◎**教学目的与要求** 通过本章的学习，应掌握会计报表的概念和作用以及会计报表的分类；理解编制会计报表的要求；掌握资产负债表的概念、结构、项目排列规律以及填列方法；掌握利润表的概念、结构、项目排列规律以及填列方法；掌握现金流量表的含义、结构；了解现金流量表的编制方法。掌握会计核算的综合例题。

◎**教学重点与难点** 本章的教学重点和难点是资产负债表和利润表的概念、结构、项目排列规律以及填列方法。

第一节 会计报表概述

一、会计报表的作用

会计报表是以企业日常会计核算资料为依据，按照规定的格式、内容和填报要求编制，反映企业财务状况和经营成果的书面报告文件。

企业定期编制和报送会计报表，有以下重要作用：

1. 为投资者、潜在投资者的投资决策提供有用的经济信息

各单位的投资者包括国家、法人、个人和外商等。投资者关心投资风险和投资报酬，在投资前，需要了解企业的资金状况和经营活动情况，以作出正确的投资决策。在投资后，需要了解企业的经营成果、资金使用状况以及资金报酬率等资料。会计报表可以全面、系统地向投资者提供他们所需要的信息资料，满足投资决策的需要。

2. 为债权人提供是否继续贷款或提供商业信用的决策信息

贷款人是商品经济条件下企业的重要债权人，包括银行、其他金融机构、债券购买者等，需要企业提供能否按时支付利息和偿还本金的资料，以决定是否继续提供贷款或进行债务重组。商业债权人是商品经济条件下企业又一重要债权人，他们通过供应材料、设备及劳务等交易活动成为企业的债权人，需要单位有关偿债能力的资料，以决定是否继续赊销货物或劳务以及制定收账政策。会计报告可以提供以上资料，以供债权人作出信贷和赊销的决策。

3. 为企业内部管理人员改善经营管理提供依据

企业内部管理人员通过阅读和分析会计报表，可以定期总结生产经营活动情况，分析、检查财务、成本、利润计划执行情况，不断发现问题，找出差距，制定对策，进一步改善经营管理，不断提高经济效益。财务会计报告可以为其提供管理活动过程及结果的全

面、完整、系统的数据资料，以便企业管理阶层作出正确的结论，使企业的生产经营活动良性发展。

4. 为国家进行宏观经济管理提供信息资料

财政、税务、工商、审计等行政管理部门通过阅读和分析会计报表，可以及时检查各单位财政、信贷及结算纪律的遵守情况，会计法规、财务制度的执行情况，是否及时、足额地缴纳了税金，其发展方向是否符合国家产业政策等，以便对企业实施管理和监督以及政府加强对经济发展的宏观调控。

二、会计报表的种类

由于各单位经济性质不同，会计核算内容不同，所编制的会计报表种类也不尽相同。会计报表可以按照不同的标准分为不同的类别。

（一）按照会计报表反映的经济内容分类

按照会计报表反映的经济内容分类，可以分为资产负债表、利润表、现金流量表等。资产负债表是反映企业某一特定日期的资产、负债和所有者权益构成情况的会计报表。资产负债表主要反映企业的财务状况。利润表是反映企业在一定会计期间内收入、费用、利润构成情况的会计报表。利润表主要反映企业的经营成果。现金流量表是反映企业在一定会计期间的现金和现金等价物流入和流出情况的会计报表。现金流量表主要反映企业的现金流动状态及其结果。

（二）按照会计报表反映资金运动情况分类

按照会计报表反映资金运动情况的不同，可以分为静态会计报表和动态会计报表两类。

静态会计报表是反映企业某一时点财务状况的会计报表，资产负债表就是静态报表。动态报表是反映企业某一时期经营成果和财务情况的会计报表，利润表和现金流量表就是动态报表。

（三）按照会计报表报送对象分类

按照会计报表报送对象的不同，可以分为对外报送报表和对内报送报表两类。

会计信息使用者有内外之分，因此，有些报表需要向外报送，有些报表只能对内报送。财务会计加工的资产负债表、利润表和现金流量表都是对外报送的会计报表。企业根据内部管理需要而编制各种成本报表、费用报表、存货明细表等属于对内报送报表。

（四）按照会计报表编制单位性质分类

按照会计报表编制单位性质不同，可以分为营利组织会计报表和非营利组织会计报表两类。

有些经济组织以实现利润为目标，称为营利组织，它们编制的会计报表就是营利组织会计报表。营利组织的主要报表是企业的资产负债表、利润表和现金流量表。有些经济组织的目标并不是营利，例如，行政机关和事业单位都不以营利为目标，它们编制的会计报表就是非营利组织会计报表。非营利组织的主要会计报表是资产负债表、收入支出总表、收入明细表和支出明细表等。

（五）按照会计报表的编制主体分类

按照会计报表的编制主体分类，可以分为个别会计报表与合并会计报表两类。

个别企业会计报表是由企业在自身会计核算基础上对账簿记录进行加工而编制的会计报表，仅用于反映该企业财务状况、经营成果和现金流量情况。合并会计报表是以母公司和子公司组成的企业集团为会计主体，根据母公司和所属子公司的会计报表编制的反映该企业集团整体财务情况的会计报表。

（六）按照会计报表编报期间分类

按照会计报表编报期间的不同，可以分为月度报表、中期会计报表和年度会计报表三类。

月度报表是指每月最后一日编制的反映当月财务状况和经营成果的会计报表。中期会计报表是指反映企业半年财务状况和经营成果的会计报表。年度会计报表是按照一个完整的会计年度为基础编制和报送的会计报表。

三、编制会计报表的基本要求

为了使会计报表能够成为传递会计信息的有效手段，企业必须严格按照要求编制会计报表。我国《企业会计准则——会计报表列报》对会计报表的编制提出了具体要求。

（一）以持续经营为前提编制会计报表

企业会计准则明确规定：企业应当以持续经营为基础编制会计报表。企业在编制会计报表的过程中，应当根据市场经营风险、目前及长期盈利能力、偿债能力等因素，对企业持续经营的能力进行评价。经过评价，如果对企业持续经营能力产生重大怀疑，则应当在会计报表附注中披露导致该重大怀疑的有关不确定因素。

（二）以信息列报的一致性为基础编制会计报表

根据会计准则规定：各企业在编制会计报表时，对会计报表中的项目名称、项目内容、项目分类、项目排列顺序等，各个会计期间必须保持一致，不得随意变更。但是当会计准则要求改变会计报表项目的列报，或者因企业经营业务的性质发生重大变化而变更会计报表项目列报确实能够提供更可靠、更相关的会计信息时，可以改变会计报表项目的列报。

（三）以归类列报为基础编制会计报表

在编制会计报表时，对于性质或功能不同的项目，应当单独列报，但不具有重要性的项目可以合并列报。判断一个会计报表项目是否具有重要性，关键是看该项目的省略或错报能否影响使用者据此作出正确的经济决策。如果一个项目省略或错报，导致会计报表信息使用者作出错误的决策，那么该项目就具有重要性；反之，就不具有重要性。企业在进行重要性判断时，应当根据所处环境，从项目的性质和金额大小两个方面予以判断。

（四）以非抵消列报为基础编制会计报表

会计报表项目应当以总额列报，资产和负债之间、收入和费用之间不能相互抵消。

以下两种情况可以以净额列示，不属于抵消：一是资产项目按扣除减值准备后的净额列示，不属于抵消。因为，对资产计提减值准备，表明该项资产的价值确实已经发生减损，按扣除减值准备后的净额列示，更能反映该资产当时的真实价值。二是非日常活动的发生具有偶然性，并非企业主要的业务，从重要性来讲，非日常活动产生的损益以收入扣减费用后的净额列示，更有利于报表使用者的理解。

（五）以相互可比为基础编制会计报表

企业在列报当期会计报表时，应当提供所有列报项目上一可比会计期间的比较数据，以及与理解当期会计报表相关的说明，以便向会计报表使用者提供对比数据，使他们能够全面了解企业财务状况、经营成果和现金流量的发展趋势，提高他们的判断和决策能力。

在会计报表项目的列报确需发生变更的情况下，企业应当对上期比较数据按照当期的列报要求进行调整，并在附注中披露调整的原因和性质，以及调整的各项目金额。

第二节 资产负债表

一、资产负债表的含义及其编制原理

资产负债表是反映企业某一特定日期财务状况的会计报表。也就是说，资产负债表具体列示一个会计主体的资产、负债和所有者权益金额。

资产负债表根据"资产＝负债+所有者权益"这一会计等式所包含的经济内容和数量关系编制而成。资产按照流动资产和非流动资产分别列示；负债按照流动负债和非流动负债分别列示；所有者权益项目则按照永久性高低分项目列示。

满足下列条件之一的资产，应当归类为流动资产列示：自资产负债表日起一年内变现的资产；自资产负债表日起一年内，交换其他资产或清偿负债的能力不受限制的现金或现金等价物。流动资产以外的资产应当归类为非流动资产，并按其性质分类列示。

满足下列条件之一的负债，应当归类为流动负债列示：预计在一个正常营业周期中清偿的负债；主要以交易为目的而持有的负债；自资产负债表日起一年内到期应予以清偿的负债；企业无权自主地将清偿推迟至资产负债表日后一年以上的负债。流动负债以外的负债应当归类为非流动负债，并按其性质分类列示。

二、资产负债表的结构和排列方式

资产负债表由三个部分组成：表头、表体和表尾。表头包括报表的名称、编号、编制单位、报表所反映经济内容的时间和计量单位等。表尾包括企业或单位法定代表人的签名、主管会计工作负责人的签名和会计主管人员的签名等。资产负债表的表体是核心内容，按照表体内容的排列方式不同，资产负债表有账户式资产负债表和报告式资产负债表两种。其中，账户式资产负债表最为常见，账户式资产负债表将资产、负债和所有者权益分左右两边列示，左边列示资产项目，右边列示负债和所有者权益项目。报告式资产负债表将资产、负债和所有者权益进行上下列示，上方列示资产项目，下方列示负债和所有者权益项目。报告式资产负债表也可以按照流动资产、流动负债、长期资产、长期负债、所有者权益的先后顺序排列。

按照我国会计准则的规定，无论是账户式资产负债表还是报告式资产负债表，资产都按照流动性大小前后排列，流动性强的项目排在前面，流动性差的项目排在后面。负债按

照偿还期短长程度前后排列，偿还期短的项目排在前面，偿还期长的项目排在后面。所有者权益按照永久性高低前后排列，永久性高的排在前面，永久性低的排在后面。一般企业资产负债表的基本格式如表11-116所示。

三、资产负债表的填列方法

（一）年初余额栏的填列方法

资产负债表"年初余额"栏内各项目数字，应根据上年末资产负债表"期末余额"栏内所列数字填列。如果上年度资产负债表规定的各个项目的名称和内容同本年度不相一致，则应当对上年末资产负债表各项目的名称和数字按照本年度的规定进行调整，填入本年度资产负债表"年初余额"栏内。

（二）资产负债表期末余额栏数据的主要来源

资产负债表各项目数据主要通过以下几种方式取得：

（1）根据总账科目余额直接填列。资产负债表各项目的数据来源，主要是根据总账科目期末余额直接填列，如"在建工程"和"短期借款"等。

（2）根据总账科目余额计算填列。资产负债表某些项目需要根据若干总账科目的期末余额计算填列，如"货币资金"项目根据"库存现金"、"银行存款"、"其他货币资金"科目的期末余额合计数填列。

（3）根据明细科目余额计算填列。资产负债表某些项目需要根据有关科目所属的相关明细科目期末余额计算填列，如"应付账款"项目根据"应付账款"、"预付账款"科目的所属相关明细账的期末贷方余额计算填列。

（4）根据总账和明细账余额分析计算填列。如"长期借款"项目，需要根据"长期借款"总账期末余额，扣除"长期借款"总账所属明细账中反映的将于一年内到期的长期借款部分，分析计算填列。

（5）根据有关账户余额减去备抵账户余额后的净额填列。如"固定资产"项目是减去"累计折旧"和"固定资产减值准备"后的净额填列。

（三）资产负债表各项目期末余额栏数据的填列方法

（1）"货币资金"项目根据"库存现金"、"银行存款"、"其他货币资金"账户的期末余额合计填列。

（2）"交易性金融资产"项目根据"交易性金融资产"账户的期末余额填列。

（3）"应收票据"项目根据"应收票据"账户的期末余额填列。已向银行贴现和已背书转让的应收票据不包括在本项目内。

（4）"应收股利"项目根据"应收股利"账户的期末余额填列。

（5）"应收利息"项目根据"应收利息"账户的期末余额填列。

（6）"应收账款"项目根据"应收账款"、"预收账款"账户所属明细科目的期末借方余额合计，减去"坏账准备"账户中根据应收账款计提的坏账准备期末余额后的金额填列。若"应收账款"账户所属明细账期末有贷方余额，则在本表"预收账款"项目内填列。

（7）"其他应收款"项目根据"其他应收款"账户的期末余额，减去"坏账准备"

账户中根据其他应收款计提的坏账准备期末余额后的金额填列。

（8）"预付账款"项目根据"预付账款"、"应付账款"账户所属各明细账的期末借方余额合计填列。若"预付账款"账户所属有关明细账期末有贷方余额的，则应在本表"应付账款"项目内填列。

（9）"存货"项目根据"在途物资"或"材料采购"、"原材料"、"周转材料"、"库存商品"、"委托加工物资"、"生产成本"等账户的期末余额合计，减去"存货跌价准备"账户期末余额后的金额填列。

（10）"其他流动资产"项目根据有关账户的期末余额填列。

（11）"长期股权投资"项目根据"长期股权投资"账户的期末余额，减去"长期股权投资减值准备"账户余额后的金额填列。

（12）"固定资产"项目根据"固定资产"账户余额减去"累计折旧"账户和"固定资产减值准备"账户余额后的金额填列。

（13）"在建工程"项目根据"在建工程"账户的期末余额，减去"在建工程减值准备"账户期末余额后的金额填列。

（14）"固定资产清理"项目根据"固定资产清理"账户的期末借方余额填列。若"固定资产清理"账户期末为贷方余额，则以"-"号填列。

（15）"无形资产"项目根据"无形资产"账户的期末余额，减去"无形资产减值准备"账户期末余额后的金额填列。

（16）"开发支出"项目根据"研发支出"账户的期末余额填列。

（17）"长期待摊费用"项目根据"长期待摊费用"账户的期末余额减去将于一年内（含一年）摊销的数额后的金额填列。

（18）"其他非流动资产"项目根据有关账户的期末余额填列。若其他长期资产价值较大的，则应在会计报表附注中披露其内容和金额。

（19）"短期借款"项目根据"短期借款"账户的期末余额填列。

（20）"应付票据"项目根据"应付票据"账户的期末余额填列。

（21）"应付账款"项目根据"应付账款"、"预付账款"账户所属各有关明细账的期末贷方余额合计填列。若"应付账款"账户所属各有关明细账有期末借方余额，则在本表"预付账款"项目内填列。

（22）"预收账款"项目根据"预收账款"、"应收账款"科目所属各有关明细科目的期末贷方余额合计填列。若"预收账款"科目所属有关明细科目有借方余额的，则在本表"应收账款"项目内填列。

（23）"应付职工薪酬"项目根据"应付职工薪酬"账户期末贷方余额填列。若"应付职工薪酬"账户期末有借方余额，则以"-"号填列。

（24）"应付股利"项目根据"应付股利"账户的期末余额填列。

（25）"应交税费"项目根据"应交税费"账户的期末贷方余额填列。若"应交税费"账户期末为借方余额，则以"-"号填列。

（26）"其他应付款"项目根据"其他应付款"账户的期末余额填列。

（27）"其他流动负债"项目根据有关账户的期末余额填列。若其他流动负债价值较

（28）"长期借款"项目根据"长期借款"账户的期末余额填列。若该账户含有一年内到期的借款，则应按冲减后的差额填列。

（29）"应付债券"项目根据"应付债券"账户的期末余额填列。

（30）"预计负债"项目根据"预计负债"账户的期末余额填列。

（31）"其他长期负债"项目根据有关账户的期末余额填列。若其他长期负债价值较大的，则应在会计报表附注中披露其内容及金额。

（32）"实收资本"项目根据"实收资本"账户的期末余额填列。

（33）"资本公积"项目根据"资本公积"账户的期末余额填列。

（34）"盈余公积"项目根据"盈余公积"账户的期末余额填列。

（35）"未分配利润"项目根据"本年利润"账户和"利润分配"账户的余额计算填列。未弥补的亏损，在本项目内以"－"号填列。

第三节 利润表

一、利润表的含义及其编制原理

利润表是反映企业在一定会计期间的经营成果的会计报表。也就是说，利润表比较详细地列示了一个会计主体在一定时期内收入、费用和利润的金额。

利润表根据"利润＝收入－费用"这一会计等式所包含的经济内容和数量关系编制而成。各项收入可以整体列示于利润表的"营业收入"项目中，费用则按照功能进行分类，分为从事经营业务发生的成本、管理费用、销售费用和财务费用等。

二、利润表的结构

利润表由三个部分组成：表头、表体和表尾。表头部分包括报表的名称、编号、编制单位、报表所反映经济内容的时期和计量单位等。表尾包括企业法定代表人的签名、主管会计工作负责人的签名和会计主管人员的签名等。利润表的表体是核心内容，按照表体内容的排列方式不同，可以分为单步式利润表和多步式利润表两种。多步式利润表首先列示日常营业活动对利润的影响，再列示非日常营业活动对利润的影响，最后列示营业外收支和所得税项目对利润的影响。单步式利润表将所有的收入项目列示在一起，再将所有的费用项目列示在一起，最后将两者相抵计算出净利润。相对而言，单步式利润表对利润形成的过程反映过于简单。

按照我国会计准则的规定，多步式利润表按照各项活动的重要性、各项活动的频繁度将这些活动所引起的收入和费用上下排列，重要和经常发生的活动引起的收入和费用列示在先，不重要和偶尔发生的活动引起的收入和费用列示在后。

为了便于会计报表使用者通过比较不同期间利润的实现情况，判断企业经营成果的未来发展趋势，利润表还必须填列各项目的"本期金额"和"上期金额"两栏数据。表11-117是一般企业利润表的基本格式。

三、利润表的填列方法

（一）利润表"上期金额"各项目的填列方法

利润表"上期金额"栏内各项数字，应根据上年该期利润表"本期金额"栏内所列数字填列。如果上年该期利润表规定的各个项目名称和内容同本期不一致，则应对上年该期利润表各项目的名称和数字按本期的规定进行调整，填入利润表"上期金额"栏内。

（二）利润表"本期金额"各项目的填列方法

利润表"本年金额"栏内各项数字，一般应当根据收入、费用等项目的本期发生额填列。利润表各个项目反映的具体内容以及填列方法如下：

利润表中各项目的金额，一般是根据有关账户的本期发生额来填列的。"本月数"栏内各项数字，根据以下方法填列：

（1）"营业收入"项目根据"主营业务收入"账户和"其他业务收入"账户的发生额合计填列。

（2）"营业成本"项目根据"主营业务成本"账户和"其他业务成本"账户的发生额合计填列。

（3）"营业税金及附加"项目根据"营业税金及附加"账户的发生额分析填列。

（4）"销售费用"项目根据"销售费用"账户的发生额分析填列。

（5）"管理费用"项目根据"管理费用"账户的发生额分析填列。

（6）"财务费用"项目根据"财务费用"账户的发生额分析填列。

（7）"资产减值损失"项目根据"资产减值损失"账户的发生额分析填列。

（8）"公允价值变动损益"项目根据"公允价值变动损益"账户的发生额分析填列。

（9）"投资收益"项目根据"投资收益"账户的发生额分析填列。若为投资损失，则以"-"填列。

（10）"营业外收入"项目根据"营业外收入"账户的发生额分析填列。

（11）"营业外支出"项目根据"营业外支出"账户的发生额分析填列。

（12）"所得税费用"项目根据"所得税费用"账户的发生额分析填列。

（13）"净利润"项目根据"本年利润"科目的有关余额分析填列。若为亏损，则以"-"号填列。

第四节　现金流量表

一、现金流量表的含义

现金流量表是指反映企业在一定会计期间现金和现金等价物流入和流出的报表。其中，现金是指企业库存现金以及可以随时用于支付的存款，不能随时用于支付的存款不属于现金。现金等价物是指企业持有的期限短、流动性强、易于转换为已知金额现金、价值变动风险很小的投资。

二、现金流量表的结构

根据企业业务活动的性质和现金流量的来源，现金流量表采用报告式的结构，将企业一定期间产生的现金流量分为三类：经营活动产生的现金流量、投资活动产生的现金流量和筹资活动产生的现金流量，最后汇总反映企业现金及现金等价物净增加额。

三、现金流量表的填列方法

1. 经营活动产生的现金流量

经营活动是指企业投资活动和筹资活动以外的所有交易和事项。经营活动现金流量相关项目反映和列报的信息如下：

（1）"销售商品、提供劳务收到的现金"项目反映企业销售商品、提供劳务实际收到的现金，包括销售收入和应向购买者收取的增值税销项税额，具体包括：本期销售商品、提供劳务收到的现金，以及前期销售商品、提供劳务本期收到的现金和本期预收的款项，减去本期销售本期退回的商品和前期销售本期退回的商品支付的现金。本项目根据"库存现金"、"银行存款"、"应收账款"、"预收账款"、"主营业务收入"、"其他业务收入"科目的记录分析填列。

（2）"收到的税费返还"项目反映企业收到返还的各种税费，如收到的增值税、营业税、所得税、消费税、关税和教育费附加返还款等。本项目根据"库存现金"、"银行存款"、"营业税金及附加"、"营业外收入"等科目的记录分析填列。

（3）"收到其他与经营活动有关的现金"项目反映企业除上述各项目外，收到的其他与经营活动有关的现金，如罚款收入、经营租赁固定资产收到的现金、流动资产损失中由个人赔偿的现金收入、除税费返还外的其他政府补助收入等。本项目根据"库存现金"、"银行存款"、"管理费用"、"销售费用"等科目的记录分析填列。

（4）"购买商品、接受劳务支付的现金"项目反映企业购买材料、商品、接受劳务实际支付的现金，包括支付的货款以及与货款一并支付的增值税进项税额，具体包括：本期购买商品、接受劳务支付的现金，以及本期支付前期购买商品、接受劳务的未付款项和本期预付款项，减去本期发生的购货退回收到的现金。本项目根据"库存现金"、"银行存款"、"应付票据"、"应付账款"、"预付账款"、"主营业务成本"、"其他业务成本"等科目的记录分析填列。

（5）"支付给职工以及为职工支付的现金"项目反映企业实际支付给职工的现金以及为职工支付的现金，包括企业为获得职工提供的服务本期实际给予各种形式的报酬以及其他相关支出，如支付给职工的工资、奖金、各种津贴和补贴等，以及为职工支付的其他费用。本项目根据"库存现金"、"银行存款"、"应付职工薪酬"等科目的记录分析填列。

（6）"支付的各项税费"项目反映企业按规定支付的各项税费，包括本期发生并支付的税费，以及本期支付以前各期发生的税费和预交的税金，如支付的教育费附加、矿产资源补偿费、印花税、房产税、土地增值税、车船使用税、营业税、增值税、所得税等。本项目根据"库存现金"、"银行存款"、"应交税费"等科目的记录分析填列。

（7）"支付其他与经营活动有关的现金"项目反映企业除上述各项目外，支付的其他与经营活动有关的现金，如罚款支出、支付的差旅费、业务招待费、保险费、经营租赁支付的现金等。本项目根据有关科目的记录分析填列。

2. 投资活动产生的现金流量

投资活动是指企业长期资产的购建和不包括在现金等价物范围内的投资及其处置活动。投资活动现金流量相关项目反映和列报的信息如下：

（1）"收回投资收到的现金"项目反映企业出售、转让或到期收回除现金等价物以外的交易性金融资产、持有至到期投资、可供出售金融资产、长期股权投资、投资性房地产而收到的现金。本项目根据"交易性金融资产"、"持有至到期投资"、"可供出售金融资产"、"长期股权投资"、"库存现金"、"银行存款"等科目的记录分析填列。

（2）"取得投资收益收到的现金"项目反映企业因股权性投资而分得的现金股利，以及从子公司、联营企业或合营企业分回利润而收到的现金。本项目根据"应收股利"、"应收利息"、"投资收益"、"交易性金融资产"、"可供出售金融资产"、"库存现金"、"银行存款"等科目的记录分析填列。

（3）"处置固定资产、无形资产和其他长期资产收回的现金净额"项目反映企业出售固定资产、无形资产和其他长期资产所取得的现金，减去为处置这些资产而支付的有关费用后的净额。本项目根据"固定资产清理"、"库存现金"、"银行存款"等科目的记录分析填列。

（4）"处置子公司及其他营业单位收到的现金净额"项目反映企业处置子公司及其他营业单位所取得的现金减去子公司或其他营业单位持有的现金和现金等价物以及相关处置费用后的净额。本项目根据有关科目的记录分析填列。

（5）"收到其他与投资活动有关的现金"项目反映企业除上述各项目外，收到的其他与投资活动有关的现金。本项目根据有关科目的记录分析填列。

（6）"购建固定资产、无形资产和其他长期资产支付的现金"项目反映企业购买、建造固定资产，取得无形资产和其他长期资产所支付的现金。本项目根据"固定资产"、"在建工程"、"工程物资"、"无形资产"、"库存现金"、"银行存款"等科目的记录分析填列。

（7）"投资支付的现金"项目反映企业进行权益性投资和债权性投资所支付的现金，包括企业取得的除现金等价物以外的交易性金融资产、持有至到期投资、可供出售金融资产、投资性房地产而支付的现金，以及支付的佣金、手续费等附加费用。本项目根据"交易性金融资产"、"持有至到期投资"、"可供出售金融资产"、"长期股权投资"、"库存现金"、"银行存款"等科目的记录分析填列。

（8）"取得子公司及其他营业单位支付的现金净额"项目反映企业取得子公司及其他营业单位购买出价中以现金支付的部分，减去子公司或其他营业单位持有的现金和现金等价物后的净额。本项目根据有关科目的记录分析填列。

（9）"支付的其他与投资活动有关的现金"项目反映企业除上述各项目外，支付的其他与投资活动有关的现金。本项目根据有关科目的记录分析填列。

3. 筹资活动产生的现金流量

筹资活动是指导致企业资本及债务规模和构成发生变化的活动。筹资活动现金流量相关项目反映和列报的信息如下：

（1）"吸收投资收到的现金"项目反映企业以发行股票、债券等方式筹集资金实际收到的款项净额。本项目根据"实收资本"、"资本公积"、"库存现金"、"银行存款"等科目的记录分析填列。

（2）"取得借款收到的现金"项目反映企业举借各种短期借款、长期借款而收到的现金。本项目根据"短期借款"、"长期借款"、"应付债券"、"库存现金"、"银行存款"等科目的记录分析填列。

（3）"收到其他与筹资活动有关的现金"项目反映企业除上述各项目外，收到的其他与筹资活动有关的现金。本项目根据有关科目的记录分析填列。

（4）"偿还债务支付的现金"项目反映企业以现金偿还债务的本金，包括归还金融企业的借款本金、偿付企业到期的债券本金等。本项目根据"短期借款"、"长期借款"、"应付债券"、"库存现金"、"银行存款"等科目的记录分析填列。

（5）"分配股利、利润或偿付利息所支付的现金"项目反映企业实际支付的现金股利、支付给其他投资单位的利润或用现金支付的借款利息、债券利息。本项目根据"应付股利"、"应付利息"、"利润分配"、"财务费用"、"在建工程"、"制造费用"、"研发支出"、"库存现金"、"银行存款"等科目的记录分析填列。

（6）"支付其他与筹资活动有关的现金"项目反映企业除上述各项目外，支付的其他与筹资活动有关的现金。本项目根据有关科目的记录分析填列。

4. 汇率变动对现金及现金等价物的影响

在编制现金流量表时，应当将企业外币现金流量以及境外子公司的现金流量折算成记账本位币。外币现金流量以及境外子公司的现金流量，应当采用现金流量发生日的即期汇率或按照系统合理的方法确定的、与现金流量发生日即期汇率近似的汇率折算。表11-118是一般企业现金流量表的基本格式。

第五节 综合举例

为了便于熟悉企业一个会计期间的业务核算，掌握账务处理程序的基本步骤以及各种经济业务的具体处理方法，现用一个完整的实例予以说明。

一、企业基本情况

千福商贸股份有限公司（简称千福公司）是一家小型生产企业，生产A、B两种产品。产品成本计算方法采用品种法，即以A、B产品为成本计算对象，分别汇集各产品耗费的原材料、生产工人薪酬以及各产品应负担的制造费用，然后计算各产品的完工产品成本与期末在产品成本。

该企业生产和管理耗用的原材料，由仓库部门月末向财会部门提供"发出材料汇总表"予以反映。当月实现销售产品的成本采用先进先出法进行计算和结转。

该企业属于增值税一般纳税人，涉及的税金有增值税、消费税、所得税，适用税率分别为17%、3%、25%。为了简化例题，城乡维护建设税、教育费附加等税费予以省略。

二、账务处理程序

千福商贸股份有限公司采用记账凭证账务处理程序核算各会计期间的经济业务。可以分为以下几个基本步骤：

（一）根据经济业务编制记账凭证

根据 2010 年 12 月发生的经济业务编制记账凭证。记账凭证采用专用记账凭证格式，分别为收款凭证、付款凭证、转账凭证，并分别收款凭证、付款凭证、转账凭证进行分类编号。在本例题的经济业务中，制造费用的汇集与分配、产品生产成本的计算与结转、消费税的计算与结转等，例题没有给出具体的计算或汇总过程，因此需要登记相关账户以后，才能得出制造费用发生额、产品成本发生额、当月取得的主营业务收入等，才能继续编制后半部分经济业务的记账凭证。

（二）根据会计凭证登记各种日记账

在实际工作中，每发生一笔经济业务并编制记账凭证以后，就应该根据记账凭证和原始凭证在日记账、明细账以及相关总账中进行平行登记。但是为了使例题更具有清晰性，便于学生接受知识，在本例题中登记账簿的工作将分若干步骤进行。本例题登记的现金日记账、银行存款日记账采用三栏式账页。

（三）根据会计凭证登记各种明细账

对于各种明细分类账，需要根据记账凭证并参考原始凭证进行登记。原材料采用数量金额式明细账账页，应收账款和应付账明细账采用三栏式明细账账页，应交税费——应交增值税明细账采用多栏式明细账账页。

（四）根据记账凭证逐笔登记总分类账

根据记账凭证逐笔登记总分类账，是记账凭证账务处理程序的基本特征。登记总分类账时，主要根据记账凭证进行登记，一般不需要依据原始凭证。

（五）根据有关账户的发生额及期末余额核对账目

期末，将全部经济业务登入账簿以后，需要计算与填写各种账簿的本期发生额和期末余额。根据《会计基础工作规范》第六十四条的规定，在月末结账栏分别写有"本月合计"字样，都表示月末结账。总账发生额及期末余额的核对，一般通过编制"总分类账户本期发生额试算平衡表"、"总分类账户期末余额试算平衡表"进行。总账与明细账的核对一般通过编制"总账与明细账核对表"进行核对。

（六）根据有关账户的发生额及期末余额编制会计报表

企业的主要会计报表包括资产负债表、利润表、现金流量表三大报表。其中，资产负债表是根据期末余额编制的，利润表和现金流量表是根据当期有关账户的发生额编制的。本例题的资产负债表、利润表严格按照会计准则的规定进行编制，现金流量表则采用公式法进行编制。

三、例题资料

（一）有关总账账户的期初余额

千福商贸股份有限公司 2010 年 11 月 30 日有关的总分类账户余额如表 11-1 所示。

表 11-1　　　　　　　　　　　会计科目余额表
　　　　　　　　　　　　　　　2010 年 11 月 30 日　　　　　　　　　　　　　　单位：元

科目名称	借方余额	科目名称	贷方余额
库存现金	600	短期借款	600 000
银行存款	240 000	应付账款	144 000
交易性金融资产	66 360	应付职工薪酬	97 800
应收账款	48 000	应交税费	18 000
其他应收款	2 400	应付利息	3 600
材料采购		应付股利	57 600
原材料	600 000	其他应付款	6 000
库存商品	180 000	长期借款	0
长期股权投资	300 000	实收资本	3 000 000
固定资产	2 400 000	资本公积	78 000
累计折旧	-600 000	盈余公积	48 000
在建工程	840 000	本年利润	680 400
无形资产	576 000		
长期待摊费用	2 400		
利润分配	77 640		
合　　计	4 733 400	合　　计	4 733 400

（二）有关明细账账户的期初余额
1. 原材料明细账
原材料——甲材料 300 吨，单价 1 200 元，合计 360 000 元
原材料——乙材料 1000 件，单价 108 元，合计 108 000 元
原材料——丙材料 1000 公斤，单价 132 元，合计 132 000 元
2. 库存商品明细账
库存商品——A 商品 10 件，每件 9 600 元，合计 96 000 元
库存商品——B 商品 20 件，每件 4 200 元，合计 84 000 元
3. 应收账款明细账
应收账款——二工厂 36 000 元
应收账款——三工厂 12 000 元
4. 应付账款明细账
应付账款——一工厂 144 000 元

5. 利润分配明细账

利润分配——提取公积金 68 040 元

利润分配——向投资者分配股利 57 600 元

利润分配——未分配利润 48 000 元

（三）当期发生的经济业务

千福商贸股份有限公司2010年12月发生下列经济业务：

（1）12月2日，接到开户银行通知，二工厂原欠的购货款36 000元现已收到。

（2）12月2日，接到开户银行通知，九通公司投资款240 000元已经收妥入账。

（3）12月3日，厂部办公室李广因到孝感市出差，预借差旅费1 080元，签发现金支票由其自行提款。

（4）12月3日，技术科陈章报销差旅费696元，由于出差前他预借960元，剩余款项264元退回财务科。

（5）12月5日，从银行提取现金96 000元以备发放工资。

（6）12月6日，发放应付上月职工薪酬96 000元。

（7）12月7日，从顺昌贸易公司采购甲材料20吨，单价1 164元，计23 280元，增值税税额3 957.6元，价税合计27 237.6元。款项已签发转账支票予以支付，材料尚未运达企业。

（8）12月8日，从二工厂采购乙材料100件，单价104.4元，计10 440元，增值税额1 774.8元，价税合计12 214.8元。款项尚未支付，材料尚未验收入库。

（9）12月8日，签发转账支票支付以上采购的甲、乙材料运杂费1 080元，其中甲材料应分摊720元，乙材料应分摊360元。

（10）12月9日，本月上项采购的甲、乙材料已全部验收入库，计算和结转材料采购成本。

（11）12月10日，向众合企业集团投资设备一台。设备原始价值240 000元，已提折旧60 000元，双方协商作价180 000元。

（12）12月10日，填写纳税申报表并签发转账支票交纳上月应交税费18 000元。

（13）12月12日，签发转账支票一张，合计金额144 000元，用以归还前欠一工厂货款。

（14）12月12日，厂部办公室李广出差回来，经会计科部门审核，应报销差旅费1 200元，由于出差前只借款1 080元，所以财务科补付给他现金120元。

（15）12月13日，车间工人张晶因病住院，按规定的报销标准报销医药费计120元，以现金付讫。

（16）12月14日，购进昌河牌中巴车一辆，进价及运费等共计51 600元，签发转账支票付清账款，汽车交付车队使用。

（17）12月18日，签发转账支票偿还已到期的半年期银行借款120 000元。

（18）12月18日，从兴业贸易有限公司购进丙材料200公斤，单价132元，合计26 400元，增值税额4 488元，价税合计30 888元，签发转账支票结清款项。材料如数验收入库，当即结转材料采购成本。

(19) 12月18日，转让生产暂时不需要的丙材料50公斤，转让价格205.13元，计总售价10 256.50元，增值税额1 743.61元，收到转账支票12 000.11元送交开户银行，并按进货单价132元结转销售成本6 600元。

(20) 12月19日，用银行存款支付本月应由生产车间负担的动力费28 800元。

(21) 12月19日，收到三工厂前欠购货款12 000元存入银行。

(22) 12月19日，销售给洪生有限责任公司A产品10台，单价18 000元，售价总额180 000元，增值税额30 600元，价税合计210 600元，款项全额收存银行。

(23) 12月19日，销售给河南南阳新大商场B产品16台，单价9 360元，售价总额149 760元，增值税额25 459.2元，价税合计175 219.2元。商品已经发出，款项收存银行。

(24) 12月20日，签发转账支票一张，合计金额4 800元，支付给武汉市汽车公司广告费，用以制作车厢广告。

(25) 12月20日，本月产品销售业务耗用丙材料20公斤，进货成本2 640元，同时，结转增值税进项税额448.8元。

(26) 12月20日，销售B产品4台给兴化工厂，单价9 360元，合计37 440元，增值税额6 364.8元，价税合计43 804.8元。商品已经发出，款项尚未收到。

(27) 12月21日，去年收取的梦达工厂包装物押金1 200元现已到期，由于对方至今未能归还包装物，经管理阶层批准将押金没收。

(28) 12月21日，计提本月固定资产折旧27 600元，其中，生产车间使用的固定资产应计折旧21 600元，厂部管理部门使用的固定资产应计折旧6 000元。

(29) 12月22日，委托开户银行将应支付给股东们的股利57 600元转账到各股东的银行存款户头。

(30) 12月24日，分摊应由本月负担的厂部固定资产大修理费用600元。

(31) 12月26日，仓库送来"发出材料汇总表"，即表11-2列示了本月消耗材料的用途、数量和金额。

表11-2　　　　　　　　　　发出材料汇总表
2010年12月　　　　　　　　　　　　　　　　　　单位：元

用料单位 \ 品名	甲种材料		乙种材料		丙种材料		合计
	数量（吨）	金额（元）	数量（件）	金额（元）	数量（公斤）	金额（元）	
A产品	100	120 000	50	5 400			125 400
B产品	50	60 000	30	3 240			63 240
车间一般耗用					20	2 640	2 640
合计		180 000		8 640		2 640	191 280

（32）12月30日，经劳资科会同财务科计算，应付本月职工薪酬96 000元，其中，A产品生产工人工资36 000元，B产品生产工人工资24 000元，生产车间管理人员工资4 800元，厂部管理人员工资31 200元。

（33）12月30日，按工资总额的14%计提职工福利费。

（34）12月31日，按3%的税率计算和结转本月应交消费税。

（35）12月31日，接开户银行通知，结算短期借款利息1 800元，其中，前几个月已经预提短期借款利息1 440元，其余列作本月费用。

（36）12月30日，汇集本月制造费用，并按本月生产工人工资比例在A、B产品间分配与结转。

（37）12月31日，全月投产A、B产品各21台，全部完工入库，计算并结转完工产品的实际生产成本。

（38）12月31日，采用先进先出法计算并结转本月已销产品的实际生产成本。A产品从本月销售量10台，B产品本月销售量20台。

（39）12月31日，结转本月主营业务收入、其他业务收入、营业外收入等收入类账户余额至本年利润账户。

（40）12月31日，收到联营单位昌明公司分配来投资利润48 000元，存入银行。

（41）12月31日，经批准将本月月末损失的现金540元直接作为非常损失处理。

（42）12月31日，结转本月主营业务成本、主营业务税金及附加、管理费用、财务费用、销售费用、其他业务成本、营业外支出等账户余额至本年利润账户。

（43）12月31日，结转投资收益账户余额至本年利润账户。

（44）12月31日，企业本年没有发生税收调整项目，因此，应按本年利润总额的25%计算和结转应交所得税。并将所得税费用账户的余额转至本年利润账户。

（45）12月31日，按税后利润的10%提取盈余公积金。

（46）12月30日，根据公司董事会决议，按税后利润的50%向股东们分配股利。

（47）将"本年利润"账户余额转入"利润分配——未分配利润"账户。

（48）将"利润分配——提取公积金"、"利润分配——向投资者分配股利"账户转入"利润分配——未分配利润"账户。

（四）例题要求

（1）根据经济业务编制记账凭证，并按照收款凭证、付款凭证、转账凭证分别编制顺序号。

（2）根据收款凭证、付款凭证登记现金日记账、银行存款日记账。

（3）根据记账凭证并结合原始凭证登记各种明细账。

（4）根据记账凭证逐笔登记总账。

（5）编制本期发生额试算平衡表与期末余额试算平衡表。

（6）根据账户余额与本期发生额等有关资料编制会计报表。

（五）例题答案

1. 根据经济业务编制记账凭证（如表11-3至表11-55所示）

表 11-3　业务（1）的记账凭证　　　**收 款 凭 证**
借方科目：银行存款　　　　　　　　2010 年 12 月 2 日　　　　　　　　　　　　收字第 1 号

摘　　要	贷方科目	明细科目	账页	金　额
收回欠款	应收账款	二工厂	√	36 000
合　计				￥36 000

会计主管：　　　　　记账：　　　　　出纳：　　　　　审核：　　　　　制证：

表 11-4　业务（2）的记账凭证　　　**收 款 凭 证**
借方科目：银行存款　　　　　　　　2010 年 12 月 2 日　　　　　　　　　　　　收字第 2 号

摘　　要	贷方科目	明细科目	账页	金　额
收到投资款	实收资本	九通公司	√	240 000
合　计				￥240 000

会计主管：　　　　　记账：　　　　　出纳：　　　　　审核：　　　　　制证：

表 11-5　业务（3）的记账凭证　　　**付 款 凭 证**
贷方科目：银行存款　　　　　　　　2010 年 12 月 3 日　　　　　　　　　　　　付字第 1 号

摘　　要	借方科目	明细科目	账页	金　额
暂付差旅费	其他应收款	李　广	√	1 080
合　计				￥1 080

会计主管：　　　　　记账：　　　　　出纳：　　　　　审核：　　　　　制证：

表 11-6　业务（4）的记账凭证　　　**转 账 凭 证**
　　　　　　　　　　　　　　　　　　2010 年 12 月 3 日　　　　　　　　　　　　转字第 1 号

摘　　要	会计科目	明细科目	账页	借方金额	贷方金额
报销差旅费	管理费用	差旅费	√	696	
	其他应收款	陈　章	√		696
合　计				￥696	￥696

会计主管：　　　　　记账：　　　　　审核：　　　　　制证：

表 11-7　业务（4）的记账凭证　　　**收 款 凭 证**
借方科目：现金　　　　　　　　　　2010 年 12 月 3 日　　　　　　　　　　　　收字第 3 号

摘　　要	贷方科目	明细科目	账页	金　额
退回多余差旅费	其他应收款	陈　章	√	264
合　计				￥264

会计主管：　　　　　记账：　　　　　出纳：　　　　　审核：　　　　　制证：

表 11-8 业务（5）的记账凭证　　　付 款 凭 证
贷方科目：银行存款　　　　　　2010 年 12 月 5 日　　　　　　　　　付字第 2 号

摘　要	借方科目	明细科目	账页	金　额
提现以备发放工资	现　金		√	96 000
合　计				¥ 96 000

会计主管：　　　　记账：　　　　出纳：　　　　审核：　　　　制证：

表 11-9 业务（6）的记账凭证　　　付 款 凭 证
贷方科目：现金　　　　　　　　2010 年 12 月 6 日　　　　　　　　　付字第 3 号

摘　要	借方科目	明细科目	账页	金　额
发放工资	应付职工薪酬		√	96 000
合　计				¥ 96 000

会计主管：　　　　记账：　　　　出纳：　　　　审核：　　　　制证：

表 11-10 业务（7）的记账凭证　　　付 款 凭 证
贷方科目：银行存款　　　　　　2010 年 12 月 7 日　　　　　　　　　付字第 4 号

摘　要	借方科目	明细科目	账页	金　额
购料 20 吨，单价 1 164 元	材料采购	甲种材料	√	23 280
	应交税费	应交增值税	√	3 957.6
合　计				¥ 27 237.6

会计主管：　　　　记账：　　　　出纳：　　　　审核：　　　　制证：

表 11-11 业务（8）的记账凭证　　　转 账 凭 证
　　　　　　　　　　　　　　　　2010 年 12 月 8 日　　　　　　　　　转字第 2 号

摘　要	会计科目	明细科目	账页	借方金额	贷方金额
购料 100 件，单价 104.4 元，货款未付	材料采购	乙种材料	√	10 440	
	应交税费	应交增值税	√	1 774.8	
	应付账款	二工厂	√		12 214.8
合　计				¥ 12 214.8	¥ 12 214.8

会计主管：　　　　记账：　　　　　　　　　审核：　　　　制证：

表 11-12 业务（9）的记账凭证

付 款 凭 证

2010 年 12 月 8 日

付字第 5 号

贷方科目：银行存款

摘　　要	借方科目	明细科目	账页	金　　额
付材料运费	材料采购	甲材料 720 乙材料 360	✓	1 080
合　　计				¥1 080

会计主管：　　　　记账：　　　　出纳：　　　　审核：　　　　制证：

表 11-13 业务（10）的记账凭证

转 账 凭 证

2010 年 12 月 9 日

转字第 3 号

摘　　要	会计科目	明细科目	账页	借方金额	贷方金额
材料验收入库，结转采购成本	原材料	甲种材料	✓	24 000	
		乙种材料	✓	10 800	
	采购材料	甲种材料	✓		24 000
		乙种材料	✓		10 800
合　　计				¥34 800	¥34 800

会计主管：　　　　记账：　　　　审核：　　　　制证：

表 11-14 业务（11）的记账凭证

转 账 凭 证

2010 年 12 月 10 日

转字第 4 号

摘　　要	会计科目	明细科目	账页	借方金额	贷方金额
以设备对外投资	长期股权投资	众合集团	✓	180 000	
	累计折旧		✓	60 000	
	固定资产		✓		240 000
合　　计				¥240 000	¥240 000

会计主管：　　　　记账：　　　　审核：　　　　制证：

表 11-15 业务（12）的记账凭证

付 款 凭 证

2010 年 12 月 10 日

付字第 6 号

贷方科目：银行存款

摘　　要	借方科目	明细科目	账页	金　　额
缴纳税金	应交税费	各种税金	✓	18 000
合　　计				¥18 000

会计主管：　　　　记账：　　　　出纳：　　　　审核：　　　　制证：

表 11-16　业务（13）的记账凭证　　　**付 款 凭 证**
贷方科目：银行存款　　　　　　　　2010 年 12 月 12 日　　　　　　　　　　付字第 7 号

摘　　要	借方科目	明细科目	账页	金　　额
偿还购货款	应付账款	一工厂	√	144 000
合　　计				￥144 000

会计主管：　　　　　记账：　　　　　出纳：　　　　　审核：　　　　　制证：

表 11-17　业务（14）的记账凭证　　　**转 账 凭 证**
　　　　　　　　　　　　　　　　　　2010 年 12 月 12 日　　　　　　　　　　转字第 5 号

摘　　要	会计科目	明细科目	账页	借方金额	贷方金额
报销差旅费	管理费用	差旅费	√	1 080	
	其他应收款	李广	√		1 080
合　　计				￥1 080	￥1 080

会计主管：　　　　　记账：　　　　　审核：　　　　　制证：

表 11-18　业务（14）的记账凭证　　　**付 款 凭 证**
贷方科目：现金　　　　　　　　　　2010 年 12 月 12 日　　　　　　　　　　付字第 8 号

摘　　要	借方科目	明细科目	账页	金　　额
补付差旅费	管理费用	差旅费	√	120
合　　计				￥120

会计主管：　　　　　记账：　　　　　出纳：　　　　　审核：　　　　　制证：

表 11-19　业务（15）的记账凭证　　　**付 款 凭 证**
贷方科目：现金　　　　　　　　　　2010 年 12 月 13 日　　　　　　　　　　付字第 9 号

摘　　要	借方科目	明细科目	账页	金　　额
报销医药费	应付职工薪酬	医药费	√	120
合　　计				￥120

会计主管：　　　　　记账：　　　　　出纳：　　　　　审核：　　　　　制证：

表 11-20　业务（16）的记账凭证　　　**付 款 凭 证**
贷方科目：银行存款　　　　　　　　2010 年 12 月 14 日　　　　　　　　　　付字第 10 号

摘　　要	借方科目	明细科目	账页	金　　额
购车付款	固定资产	昌河牌汽车	√	51 600
合　　计				￥51 600

会计主管：　　　　　记账：　　　　　出纳：　　　　　审核：　　　　　制证：

表11-21 业务（17）的记账凭证　　**付 款 凭 证**
贷方科目：银行存款　　　　　　2010年12月18日　　　　　　　　付字第 11 号

摘　　要	借方科目	明细科目	账页	金　　额
归还借款	短期借款		✓	120 000
合　　计				￥120 000

会计主管：　　　　记账：　　　　出纳：　　　　审核：　　　　制证：

表11-22 业务（18）的记账凭证　　**付 款 凭 证**
贷方科目：银行存款　　　　　　2010年12月18日　　　　　　　　付字第 12 号

摘　　要	借方科目	明细科目	账页	金　　额
购料200公斤，单价132元	材料采购	丙种材料	✓	26 400
	应交税费	应交增值税	✓	4 488
合　　计				￥30 888

会计主管：　　　　记账：　　　　出纳：　　　　审核：　　　　制证：

表11-23 业务（18）的记账凭证　　**转 账 凭 证**
　　　　　　　　　　　　　　　　2010年12月18日　　　　　　　　转字第 6 号

摘　　要	会计科目	明细科目	账页	借方金额	贷方金额
结转丙材料采购成本	原材料	丙种材料	✓	26 400	
	材料采购	丙种材料	✓		26 400
合　　计				￥26 400	￥26 400

会计主管：　　　　记账：　　　　审核：　　　　制证：

表11-24 业务（19）的记账凭证　　**收 款 凭 证**
借方科目：银行存款　　　　　　2010年12月18日　　　　　　　　收字第 4 号

摘　　要	贷方科目	明细科目	账页	金　　额
转让丙材料50公斤	其他业务收入	材料销售	✓	10 256.50
	应交税费	应交增值税	✓	1 743.61
合　　计				￥12 000.11

会计主管：　　　　记账：　　　　出纳：　　　　审核：　　　　制证：

表11-25 业务（19）的记账凭证　　**转 账 凭 证**
　　　　　　　　　　　　　　　　2010年12月18日　　　　　　　　转字第 7 号

摘　　要	会计科目	明细科目	账页	借方金额	贷方金额
结转已售材料成本	其他业务成本	材料销售成本	✓	6 600	
	原材料	丙种材料	✓		6 600
合　　计				￥6 600	￥6 600

会计主管：　　　　记账：　　　　审核：　　　　制证：

表 11-26 业务（20）的记账凭证　　**付 款 凭 证**
贷方科目：银行存款　　　　　　　2010 年 12 月 19 日　　　　　　　　　　付字第 13 号

摘　　要	借方科目	明细科目	账页	金　　额
支付动力费	制造费用	动力费	√	28 800
合　　计				¥ 28 800

会计主管：　　　　　　记账：　　　　　　出纳：　　　　　　审核：　　　　　　制证：

表 11-27 业务（21）的记账凭证　　**收 款 凭 证**
借方科目：银行存款　　　　　　　2010 年 12 月 19 日　　　　　　　　　　收字第 5 号

摘　　要	贷方科目	明细科目	账页	金　　额
收回欠款	应收账款	三工厂	√	12 000
合　　计				¥ 12 000

会计主管：　　　　　　记账：　　　　　　出纳：　　　　　　审核：　　　　　　制证：

表 11-28 业务（22）的记账凭证　　**收 款 凭 证**
借方科目：银行存款　　　　　　　2007 年 12 月 19 日　　　　　　　　　　收字第 6 号

摘　　要	贷方科目	明细科目	账页	金　　额
出售 A 产品 10 台	主营业务收入	A 产品	√	180 000
	应交税费	应交增值税	√	30 600
合　　计				¥ 210 600

会计主管：　　　　　　记账：　　　　　　出纳：　　　　　　审核：　　　　　　制证：

表 11-29 业务（23）的记账凭证　　**收 款 凭 证**
借方科目：银行存款　　　　　　　2010 年 12 月 19 日　　　　　　　　　　收字第 7 号

摘　　要	贷方科目	明细科目	账页	金　　额
出售 B 产品 16 台	主营业务收入	B 产品	√	149 760.00
	应交税费	应交增值税	√	25 459.20
合　　计				¥ 175 219.20

会计主管：　　　　　　记账：　　　　　　出纳：　　　　　　审核：　　　　　　制证：

表 11-30 业务（24）的记账凭证　　**付 款 凭 证**
贷方科目：银行存款　　　　　　　2010 年 12 月 20 日　　　　　　　　　　付字第 14 号

摘　　要	借方科目	明细科目	账页	金　　额
支付广告费	销售费用	广告费	√	4 800
合　　计				¥ 4 800

会计主管：　　　　　　记账：　　　　　　出纳：　　　　　　审核：　　　　　　制证：

表 11-31 业务（25）的记账凭证　　转 账 凭 证
2010 年 12 月 20 日　　　　　　　　　　　　转字第 8 号

摘　　要	会计科目	明细科目	账页	借方金额	贷方金额
销售产品耗料 20 公斤	销售费用		✓	3 088.80	
	原材料	丙种材料	✓		2 640.00
	应交税费	进项税额转出	✓		448.80
合　　计				￥3 088.80	￥3 088.80

会计主管：　　　　　　　记账：　　　　　　　审核：　　　　　　　制证：

表 11-32 业务（26）的记账凭证　　转 账 凭 证
2010 年 12 月 20 日　　　　　　　　　　　　转字第 9 号

摘　　要	会计科目	明细科目	账页	借方金额	贷方金额
销售 B 产品 4 台未收款	应收账款	兴化工厂	✓	43 804.80	
	主营业务收入	B 产品	✓		37 440.00
	应交税费	应交增值税	✓		6 364.80
合　　计				￥43 804.80	￥43 804.80

会计主管：　　　　　　　记账：　　　　　　　审核：　　　　　　　制证：

表 11-33 业务（27）的记账凭证　　转 账 凭 证
2010 年 12 月 21 日　　　　　　　　　　　　转字第 10 号

摘　　要	会计科目	明细科目	账页	借方金额	贷方金额
没收包装物押金	其他应付款	梦达工厂	✓	1 200	
	营业外收入	没收押金收入	✓		1 200
合　　计				￥1 200	￥1 200

会计主管：　　　　　　　记账：　　　　　　　审核：　　　　　　　制证：

表 11-34 业务（28）的记账凭证　　转 账 凭 证
2010 年 12 月 21 日　　　　　　　　　　　　转字第 11 号

摘　　要	会计科目	明细科目	账页	借方金额	贷方金额
计提折旧费用	制造费用	折旧费	✓	21 600	
	管理费用	折旧费	✓	6 000	
	累计折旧		✓		27 600
合　　计				￥27 600	￥27 600

会计主管：　　　　　　　记账：　　　　　　　审核：　　　　　　　制证：

表 11-35 业务（29）的记账凭证　　**付 款 凭 证**

贷方科目：银行存款　　　　2010 年 12 月 22 日　　　　　　付字第 15 号

摘　　要	借方科目	明细科目	账页	金　　额	
支付股利	应付股利		√	57 600	
合　　计				￥57 600	

会计主管：　　　　记账：　　　　出纳：　　　　审核：　　　　制证：

表 11-36 业务（30）的记账凭证　　**转 账 凭 证**

　　　　　　　　　　　　　　　2010 年 12 月 24 日　　　　　　转字第 12 号

摘　　要	会计科目	明细科目	账页	借方金额	贷方金额
摊销大修费	管理费用	固定资产大修	√	600	
	长期待摊费用		√		600
合　　计				￥600	￥600

会计主管：　　　　记账：　　　　审核：　　　　制证：

表 11-37 业务（31）的记账凭证　　**转 账 凭 证**

　　　　　　　　　　　　　　　2010 年 12 月 26 日　　　　　　转字第 13 号

摘　　要	会计科目	明细科目	账页	借方金额	贷方金额
耗用材料转账	生产成本	A 产品	√	125 400	
		B 产品	√	63 240	
	制造费用	材料费	√	2 640	
	原材料	甲种材料	√		180 000
		乙种材料	√		8 640
		丙种材料	√		2 640
合　　计				￥191 280	￥191 280

会计主管：　　　　记账：　　　　审核：　　　　制证：

表 11-38 业务（32）的记账凭证　　**转 账 凭 证**

　　　　　　　　　　　　　　　2010 年 12 月 30 日　　　　　　转字第 14 号

摘　　要	会计科目	明细科目	账页	借方金额	贷方金额
分配应付工资	生产成本	A 产品	√	36000	
	生产成本	B 产品	√	24 000	
	制造费用	工资	√	4 800	
	管理费用	工资	√	31 200	
	应付职工薪酬		√		96 000
合　　计				￥96 000	￥96 000

会计主管：　　　　记账：　　　　审核：　　　　制证：

表 11-39 业务（33）的记账凭证

转 账 凭 证

2010 年 12 月 30 日　　　　　　　　　　　　　　　转字第 15 号

摘　要	会计科目	明细科目	账页	借方金额	贷方金额
计提职工福利费	生产成本	A 产品	✓	5 040	
	生产成本	B 产品	✓	3 360	
	制造费用		✓	672	
	管理费用		✓	4 368	
	应付职工薪酬		✓		13 440
合　计				￥13 440	￥13 440

会计主管：　　　　　　记账：　　　　　　审核：　　　　　　制证：

表 11-40 业务（34）的记账凭证

转 账 凭 证

2010 年 12 月 31 日　　　　　　　　　　　　　　　转字第 16 号

摘　要	会计科目	明细科目	账页	借方金额	贷方金额
计提销售税金 3%	主营业务税金及附加		✓	11 016	
	应交税费	应交消费税	✓		11 016
合　计				￥11 016	￥11 016

会计主管：　　　　　　记账：　　　　　　审核：　　　　　　制证：

表 11-41 业务（35）的记账凭证

付 款 凭 证

贷方科目：银行存款　　　　　2010 年 12 月 31 日　　　　　付字第 16 号

摘　要	借方科目	明细科目	账页	金　额
支付利息	应付利息		✓	1 440
	财务费用	利息费用	✓	360
合　计				￥1 800

会计主管：　　　　记账：　　　　出纳：　　　　审核：　　　　制证：

表 11-42 业务（36）的记账凭证

转 账 凭 证

2010 年 12 月 30 日　　　　　　　　　　　　　　　转字第 17 号

摘　要	会计科目	明细科目	账页	借方金额	贷方金额
分配制造费用	生产成本	A 产品	✓	35 107.20	
	生产成本	B 产品	✓	23 404.80	
	制造费用		✓		58 512.00
合　计				￥58 512.00	￥58 512.00

会计主管：　　　　　　记账：　　　　　　审核：　　　　　　制证：

表 11-43 业务（37）的记账凭证　　**转 账 凭 证**

2010 年 12 月 31 日　　　　　　　　　　转字第 18 号

摘　要	会计科目	明细科目	账页	借方金额	贷方金额
结转完工入库产品生产成本	库存商品	A 产品	√	201 547.20	
		B 产品	√	114 004.80	
	生产成本	A 产品	√		201 547.20
		B 产品	√		114 004.80
合　计				¥ 315 552.00	¥ 315 552.00

会计主管：　　　　　记账：　　　　　审核：　　　　　制证：

表 11-44 业务（38）的记账凭证　　**转 账 凭 证**

2010 年 12 月 31 日　　　　　　　　　　转字第 19 号

摘　要	会计科目	明细科目	账页	借方金额	贷方金额
结转已销产品成本	主营业务成本		√	180 000	
	库存商品	A 产品	√		96 000
		B 产品	√		84 000
合　计				¥ 180 000	¥ 180 000

会计主管：　　　　　记账：　　　　　审核：　　　　　制证：

表 11-45 业务（39）的记账凭证　　**转 账 凭 证**

2010 年 12 月 31 日　　　　　　　　　　转字第 20 号

摘　要	会计科目	明细科目	账页	借方金额	贷方金额
结转各收入账户	主营业务收入		√	367 200.00	
	其他业务收入		√	10 256.50	
	营业外收入		√	1 200.00	
	本年利润		√		378 656.50
合　计				¥ 378 656.50	¥ 378 656.50

会计主管：　　　　　记账：　　　　　审核：　　　　　制证：

表 11-46 业务（40）的记账凭证　　**收 款 凭 证**

借方科目：银行存款　　2010 年 12 月 31 日　　　　收字第 8 号

摘　要	贷方科目	明细科目	账页	金　额
收到投资收益	投资收益	昌鸣公司	√	48 000
合　计				¥ 48 000

会计主管：　　　记账：　　　出纳：　　　审核：　　　制证：

表 11-47　业务（41）的记账凭证　　付 款 凭 证
贷方科目：现金　　　　　　　　　2010 年 12 月 31 日　　　　　　　付字第 17 号

摘　要	借方科目	明细科目	账页	金　额
处理现金损失	营业外支出		✓	540
合　计				￥540

会计主管：　　　　记账：　　　　出纳：　　　　审核：　　　　制证：

表 11-48　业务（42）的记账凭证　　转 账 凭 证
　　　　　　　　　　　　　　　　　2010 年 12 月 31 日　　　　　　　转字第 21 号

摘　要	会计科目	明细科目	账页	借方金额	贷方金额
结转各支出账户	本年利润		✓	250 468.8	
	主营业务成本		✓		180 000
	主营业务税金及附加		✓		11 016
	其他业务成本		✓		6 600
	营业外支出		✓		540
	管理费用		✓		44 064
	财务费用		✓		360
	销售费用		✓		7 888.8
合　计				￥250 468.8	￥250 468.8

会计主管：　　　　记账：　　　　审核：　　　　制证：

表 11-49　业务（43）的记账凭证　　转 账 凭 证
　　　　　　　　　　　　　　　　　2010 年 12 月 31 日　　　　　　　转字第 22 号

摘　要	会计科目	明细科目	账页	借方金额	贷方金额
结转投资收益	投资收益		✓	48 000	
	本年利润		✓		48 000
合　计				￥48 000	￥48 000

会计主管：　　　　记账：　　　　审核：　　　　制证：

表 11-50　业务（44）的记账凭证　　转 账 凭 证
　　　　　　　　　　　　　　　　　2010 年 12 月 31 日　　　　　　　转字第 23 号

摘　要	会计科目	明细科目	账页	借方金额	贷方金额
本月应交所得税	所得税费用		✓	44 046.93	
	应交税费	应交所得税	✓		44 046.93
合　计				￥44 046.93	￥44 046.93

会计主管：　　　　记账：　　　　审核：　　　　制证：

表 11-51 业务（44）的记账凭证　　转 账 凭 证

2010 年 12 月 31 日　　　　　　　　　　　　　转字第 24 号

摘　要	会计科目	明细科目	账页	借方金额	贷方金额
转入本年利润账户	本年利润		√	44 046.93	
	所得税费用		√		44 046.93
合　计				￥44 046.93	￥44 046.93

会计主管：　　　　　　记账：　　　　　　审核：　　　　　　制证：

表 11-52 业务（45）的记账凭证　　转 账 凭 证

2010 年 12 月 31 日　　　　　　　　　　　　　转字第 25 号

摘　要	会计科目	明细科目	账页	借方金额	贷方金额
计提盈余公积	利润分配	提取盈余公积	√	13 214.08	
	盈余公积		√		13 214.08
合　计				￥13 214.08	￥13 214.08

会计主管：　　　　　　记账：　　　　　　审核：　　　　　　制证：

表 11-53 业务（46）的记账凭证　　转 账 凭 证

2010 年 12 月 30 日　　　　　　　　　　　　　转字第 26 号

摘　要	会计科目	明细科目	账页	借方金额	贷方金额
分配应付利润	利润分配	向投资者分配	√	66 070.39	
	应付股利	应付投资人股利	√		66 070.39
合　计				￥66 070.39	￥66 070.39

会计主管：　　　　　　记账：　　　　　　审核：　　　　　　制证：

表 11-54 业务（47）的记账凭证　　转 账 凭 证

2010 年 12 月 31 日　　　　　　　　　　　　　转字第 27 号

摘　要	会计科目	明细科目	账页	借方金额	贷方金额
结转利润分配	本年利润		√	812 540.77	
	利润分配	未分配利润	√		812 540.77
合　计				￥812 540.77	￥812 540.77

会计主管：　　　　　　记账：　　　　　　审核：　　　　　　制证：

表 11-55　业务（48）的记账凭证

转 账 凭 证

2010 年 12 月 31 日　　　　　　　　　　　　　　　　　　　　　　　转字第 28 号

摘　　要	会计科目	明细科目	账页	借方金额	贷方金额
结转利润分配	利润分配	未分配利润	✓	204 924.47	
	利润分配	提取公积金	✓		81 254.08
		向投资者分配	✓		123 670.39
合　　计				￥204 924.47	￥204 924.47

会计主管：　　　　　　记账：　　　　　　审核：　　　　　　制证：

2. 根据记账凭证登记各种日记账（如表 11-56 和表 11-57 所示）

表 11-56　　　　　　　　　　　　　现金日记账　　　　　　　　　　　　　　第　页

2010 年		凭证		摘　要	借方	贷方	余额
月	日	收款	付款				
12	1			期初余额			600
12	4	收 3		陈章退回多余差旅费	264		864
12	5		付 2	提取现金备发工资	96 000		96 864
12	6		付 3	发放工资		96 000	864
12	12		付 8	补付李广差旅费		120	744
12	13		付 9	报销张晶医药费		120	624
12	31		付 17	现金被盗报损		540	84
12	31			本月合计	96 264	96 780	84

表 11-57　　　　　　　　　　　　　银行存款日记账

2010 年		凭证		摘　要	借方	贷方	余额
月	日	收款	付款				
12	1			期初余额			240 000
12	2	收 1		收回二工厂欠款	36 000		276 000
12	2	收 2		收投资款	240 000		516 000
12	3		付 1	李广暂借差旅费		1 080	514 920
12	5		付 2	提现备发工资		96 000	418 920
12	7		付 4	购进材料付款		27 237.6	319 682.4
12	8		付 5	支付购料运费		1 080	390 602.4

续表

2010年		凭证		摘　要	借方	贷方	余额
月	日	收款	付款				
12	10		付6	交纳上月税费		18 000	372 602.4
12	12		付7	归还货款		144 000	228 602.4
12	14		付10	购昌河牌汽车		51 600	177 002.4
12	18		付11	归还短期借款		120 000	57 002.4
12	18		付12	购材料付款		30 888	26 114.4
12	18	收4		转让多余材料	12 000.11		38 114.51
12	19		付13	支付车间动力费		28 800	9 314.51
12	19	收5		收回欠款	12 000		21 314.51
12	19	收6		取得销售收入	210 600		231 914.51
12	19	收7		取得销售收入	175 219.2		407 133.71
12	20		付14	支付广告费		4 800	402 333.71
12	22		付15	支付股东股利		57 600	344 733.71
12	31		付16	支付利息		1 800	342 933.71
12	31	收8		收投资收益款	48 000		390 933.71
12	31			本月合计	733 819.31	582 885.6	390 933.71

3. 根据记账凭证各种明细账（如表 11-58 至表 11-73 所示）

根据记账凭证及原始凭证，登记"原材料"、"生产成本"、"库存商品"、"应收账款"、"应付账款"、"应交税费——应交增值税"、"利润分配"明细分类账。

表 11-58　　　　　　　　　　**原材料明细类账**

类别：（略）　　　　　　　　　　　　最高储备量：（略）　　　　编号：

名称与规格：甲材料　　　计量单位：吨　　　最低储备量：（略）

存放地点：（略）　　　储备定额：（略）　　　　　　　　　　　　第　　页

2010年		凭证		摘要	收入			发出			结存		
月	日	字	号		数量	单价	金额	数量	单价	金额	数量	单价	金额
12	1			上月结转							300	1 200	360 000
12	9	转	3	验收入库	20	1 200	24 000				320	1 200	384 000
12	26	转	13	生产耗用				150	1 200	180 000	170	1 200	204 000
12	31			本月合计	20	1 200	24 000	150	1 200	180 000	170	1 200	204 000

表 11-59　　　　　　　　　　　　　原材料明细类账

类别：（略）　　　　　　　　　　　　　最高储备量：（略）　　　　编号：
名称与规格：乙材料　　　　　　　　　 最低储备量：（略）
存放地点：（略）
计量单位：件
储备定额：（略）　　　　　　　　　　　　　　　　　　　　　　　　第　页

2010年		凭证		摘要	收入			发出			结存		
月	日	字	号		数量	单价	金额	数量	单价	金额	数量	单价	金额
12	1			上月结转							1 000	108	108 000
12	9	转	3	验收入库	100	108	10 800				1 100	108	118 800
12	26	转	13	生产耗用				80	108	8 640	1 020	108	110 160
12	31			本月合计	100	108	10 800	80	108	8 640	1 020	108	110 160

表 11-60　　　　　　　　　　　　　原材料明细类账

类别：（略）　　　　　　　　　　　　　最高储备量：（略）　　　　编号：
名称与规格：丙材料　　　　　　　　　 最低储备量：（略）
存放地点：（略）
计量单位：公斤
储备定额：（略）　　　　　　　　　　　　　　　　　　　　　　　　第　页

2010年		凭证		摘要	收入			发出			结存		
月	日	字	号		数量	单价	金额	数量	单价	金额	数量	单价	金额
12	1			上月结转							1 000	132	132 000
12	18	转	6	材料验收入库	200	132	26 400				1 200	132	158 400
12	18	转	7	转让多余材料				50	132	6 600	1 150	132	151 800
12	20	转	8	用于产品销售				20	132	2 640	1 130	132	149 160
12	20	转	13	车间管理耗用				20	132	2 640	1 110	132	146 520
12	30			本月合计	200	132	26 400	90	132	11 880	1 110	132	146 520

表 11-61　　　　　　　　　　　　　生产成本明细账

生产成本：A产品

2010年		凭证		摘要	直接材料	直接工资	制造费用	借或贷	余额
月	日	字	号						
12	26	转	13	分配材料费用	125 400			借	125 400
12	30	转	14	分配工资费用		36 000		借	161 400
12	30	转	15	计提职工福利费		5 040		借	166 440
12	31	转	17	分配制造费用			35 107.2	借	201 547.2
12	31	转	18	结转完工产品成本	125 400	41 040	35 107.2	借	201 547.2

表 11-62
生产成本：B产品

生产成本明细账

2010年		凭证		摘要	直接材料	直接工资	制造费用	借或贷	余额
月	日	字	号						
12	26	转	13	分配材料费用	63 240			借	63 240
12	30	转	14	分配工资费用		24 000		借	87 240
12	30	转	15	计提职工福利费		3 360		借	90 600
12	31	转	17	分配制造费用			23 404.8	借	114 004.8
12	31	转	18	结转完工产品成本	63 240	27 360	23 404.8	借	114 004.8

表 11-63
产品编号：　　　　产品名称：A产品　　规格：　　　　计量单位：件

库存商品明细分类账

2010年		凭证		摘要	收入			付出			结存		
月	日	字	号		数量	单位成本	金额	数量	单位成本	金额	数量	单位成本	金额
12	1			上月结转							10	9 600	96 000
12	30	转	18	完工入库	21	9 597.49	201 547.2						
12	30	转	19	销售商品				10	9 600	96 000			
12	31			本月合计	21	9 597.49	201 547.2	10	9 600	96 000	21	9 597.49	201 547.2

表 11-64
产品编号：　　　　产品名称：B产品　　规格：　　　　计量单位：件

库存商品明细分类账

2010年		凭证		摘要	收入			付出			结存		
月	日	字	号		数量	单位成本	金额	数量	单位成本	金额	数量	单位成本	金额
12	1			上月结转							20	4 200	84 000
12	30	转	18	完工入库	21	5 428.8	114 004.8						
12	30	转	19	销售商品				20	4 200	84 000			
12	31			本月合计	21	5 428.8	114 004.8	20	4 200	84 000	21	5 428.8	114 004.8

表11-65　　　　　　　　　　　　　应收账款明细分类账
户名：二工厂

2010年		凭证		摘　要	借方金额	贷方金额	借或贷	余　额
月	日	字	号					
12	1			上月结转			借	36 000
12	2	收	1	收回欠款		36 000	平	0
12	31			本月合计		36 000	平	0

表11-66　　　　　　　　　　　　　应收账款明细分类账
户名：三工厂

2010年		凭证		摘　要	借方金额	贷方金额	借或贷	余　额
月	日	字	号					
12	1			上月结转			借	12 000
12	19	收	5	收回欠款		12 000	平	0
12	31			本月合计		12 000	平	0

表11-67　　　　　　　　　　　　　应收账款明细分类账
户名：兴化工厂

2010年		凭证		摘　要	借方金额	贷方金额	借或贷	余　额
月	日	字	号					
12	1			上月结转			借	0
12	20	转	9	销货未收款	43 804.8		借	43 804.8
12	31			本月合计	43 804.8		借	43 804.8

表11-68　　　　　　　　　　　　　应付账款明细分类账
户名：一工厂

2010年		凭证		摘　要	借方金额	贷方金额	借或贷	余　额
月	日	字	号					
12	1			上月结转				144 000
12	12	付	7	偿还欠款	144 000		平	0
12	31			本月合计	144 000		平	0

表 11-69   **应付账款明细分类账**
户名：二工厂

2010年		凭证		摘 要	借方金额	贷方金额	借或贷	余 额
月	日	字	号					
12	1			上月结转			贷	0
12	8	转	2	购料未付款		12 214.8	贷	12 214.8
12	31			本月合计		12 214.8	贷	12 214.8

表 11-70   **应交税费——应交增值税明细分类账**

2010年		凭证		摘 要	借方		贷方		余额	
月	日	字	号		进项税额	已交税金	销项税额	进项税额转出	借或贷	余额
12	7	付	4	购进材料	3 957.6				借	3 957.6
12	8	转	2	购进材料款未付	1 774.8				借	5 732.4
12	18	付	12	购进材料	4 488				借	10 220.4
12	18	收	4	出售丙材料			1 743.61		借	8 476.79
12	19	收	6	出售A产品			30 600		贷	22 123.21
12	19	收	7	出售B产品			25 459.2		贷	47 582.41
12	20	转	8	销售产品耗料				448.8	贷	48 031.21
12	20	转	9	销售B产品未收款			6 364.8		贷	54 396.01
12	31			本月合计	10 220.4		64 167.61	448.8	贷	54 396.01

利润分配明细账

表 11-71   账户名称：利润分配——提取公积金

2010年		凭证		摘 要	借方	贷方	借或贷	余 额
月	日	字	号					
12	1			期初余额			借	68 040
12	31	转	25	提取公积金	13 214.08		借	81 254.08
12	31	转	28	结转利润分配		81 254.08	平	0
12	31			本月合计	13 214.08	81 254.08	平	0

表 11-72   账户名称：利润分配——向投资者分配股利

2010年		凭证		摘 要	借方	贷方	借或贷	余 额
月	日	字	号					
12	1			期初余额			借	57 600
12	31	转	26	结转应付股利	66 070.39		借	123 670.39
12	31	转	28	结转利润分配		123 670.39	平	0
12	31			本月合计	66 070.39	123 670.39	平	0

表 11-73   账户名称：利润分配——未分配利润

2010年		凭证		摘要	借方	贷方	借或贷	余额
月	日	字	号					
12	1			期初余额			贷	48 000.00
12	31	转	27	结转利润分配		812 540.77	贷	860 540.77
12	31	转	28	结转利润分配	204 924.47		贷	655 616.3
12	31			本月合计	204 924.47	812 540.77	贷	655 616.3

4. 根据记账凭证登记逐笔登记总分类账（如表 11-74 至表 11-113 所示）

表 11-74   现金日记账   第　页

2010年		凭证		摘要	借方	贷方	余额
月	日	收款	付款				
12	1			期初余额			600
12	4	收3		陈章退回多余差旅费	264		864
12	5		付2	提取现金备发工资	96 000		96 864
12	6		付3	发放工资		96 000	864
12	12		付8	补付李广差旅费		120	744
12	13		付9	报销张晶医药费		120	624
12	31		付17	现金被盗报损		540	84
12	31			本月合计	96 264	96 780	84

表 11-75   银行存款日记账

2010年		凭证		摘要	借方	贷方	余额
月	日	收款	付款				
12	1			期初余额			240 000
12	2	收1		收回二工厂欠款	36 000		276 000
12	2	收2		收投资款	240 000		516 000
12	3		付1	李广暂借差旅费		1 080	514 920
12	5		付2	提现备发工资		96 000	418 920
12	7		付4	购进材料付款		27 237.6	391 682.4
12	8		付5	支付购料运费		1 080	390 602.4
12	10		付6	交纳上月税费		18 000	372 602.4
12	12		付7	归还货款		144 000	228 602.4
12	14		付10	购昌河牌汽车		51 600	177 002.4

续表

2010年		凭证		摘要	借方	贷方	余额
月	日	收款	付款				
12	18		付11	归还短期借款		120 000	57 002.4
12	18		付12	购材料付款		30 888	26 144.4
12	18	收4		转让多余材料	12 000.11		38 144.51
12	19		付13	支付车间动力费		28 800	9 314.51
12	19	收5		收回欠款	12 000		21 314.51
12	19	收6		取得销售收入	210 600		231 914.51
12	19	收7		取得销售收入	175 219.2		407 133.71
12	20		付14	支付广告费		4 800	402 333.71
12	22		付15	支付股东股利		57 600	344 733.71
12	31		付16	支付利息		1 800	342 933.71
12	31	收8		收投资收益款	48 000		390 933.71
12	31			本月合计	733 819.31	582 885.6	390 933.71

表11-76　账户名称：应收账款

2010年		凭证		摘要	借方金额	贷方金额	借或贷	余额
月	日	字	号					
12	1		3	期初余额			借	48 000
12	2	收	1	二厂归还欠款		36 000	借	12 000
12	19	收	5	收回欠款		12 000	借	0
12	26	转	9	销货未收款	43 804.8		借	43 804.8
12	31	转	9	本月合计	43 804.8	48 000	借	43 804.8

表11-77　账户名称：其他应收款

2010年		凭证		摘要	借方金额	贷方金额	借或贷	余额
月	日	字	号					
12	1			期初余额			借	2 400
12	3	付	1	李广借差旅费	1 080		借	3 480
12	3	转	1	陈章报差旅费		696	借	2 784
12	3	收	3	陈章退回现金		264	借	2 520
12	12	转	5	李广报销		-1 080	借	1 440
12	31			本月合计	1 080	2 040	借	1 440

表 11-78　　账户名称：长期待摊费用

2010年		凭证		摘　　要	借方金额	贷方金额	借或贷	余　　额
月	日	字	号					
12	1			期初余额			借	2 400
12	24	转	12	摊销报刊费		600	借	1 800
12	31			本月合计		600	借	1 800

表 11-79　　账户名称：材料采购

2010年		凭证		摘　　要	借方金额	贷方金额	借或贷	余　　额
月	日	字	号					
12	1			期初余额			借	0
12	7	付	4	购料付款	23 280		借	23 280
12	8	转	2	购料未付款	10 440		借	33 720
12	8	付	5	购料运费	1 080		借	34 800
12	9	转	3	验收入库		34 800	平	0
12	18	付	12	购料付款	26 400		借	26 400
12	18	转	6	验收入库		26 400	平	0
12	31			本月合计	61 200	61 200	平	0

表 11-80　　账户名称：原材料

2010年		凭证		摘　　要	借方金额	贷方金额	借或贷	余　　额
月	日	字	号					
12	1			期初余额			借	600 000
12	9	转	3	验收入库	34 800		借	634 800
12	18	转	6	验收入库	26 400		借	661 200
12	18	转	7	出售材料		6 600	借	654 600
12	20	转	8	产品销售耗料		2 640	借	651 960
12	26	转	13	生产耗料		191 280	借	460 680
12	31			本月合计	61 200	200 520	借	460 680

表 11-81　　账户名称：库存商品

2010年		凭证		摘　要	借方金额	贷方金额	借或贷	余　额
月	日	字	号					
12	1			期初余额			借	180 000
12	31	转	18	产品入库	315 552		借	495 552
12	31	转	19	出售产品		180 000	借	315 552
12	30			本月合计	315 552	180 000	借	315 552

表 11-82　　账户名称：长期股权投资

2010年		凭证		摘　要	借方金额	贷方金额	借或贷	余　额
月	日	字	号					
12	1			期初余额			借	300 000
12	10	转	4	向众合集团投资	180 000		借	480 000
12	31			本月合计	180 000		借	480 000

表 11-83　　账户名称：固定资产

2010年		凭证		摘　要	借方金额	贷方金额	借或贷	余　额
月	日	字	号					
12	1			期初余额			借	2 400 000
12	10	转	4	以设备投资		240 000	借	2 160 000
12	14	付	10	购汽车	51 600		借	2 211 600
12	31			本月合计	51 600	240 000	借	2 211 600

表 11-84　　账户名称：累计折旧

2010年		凭证		摘　要	借方金额	贷方金额	借或贷	余　额
月	日	字	号					
12	1			期初余额			贷	600 000
12	10	转	4	以设备投资	60 000		贷	540 000
12	21	转	11	提折旧		27 600	贷	567 600
12	31			本月合计	60 000	27 600	贷	567 600

表11-85　　账户名称：利润分配

2010年		凭证		摘　要	借方金额	贷方金额	借或贷	余　额
月	日	字	号					
12	1			期初余额			借	77 640
12	31	转	25	提盈余公积	13 214.08		借	90 854.08
12	30	转	26	应分投资者利润	66 070.39		借	156 924.47
12	31	转	27	结转分配利润		812 540.77	贷	655 616.3
12	31	转	28	结转分配利润	204 924.47	204 924.47	贷	655 616.3
12	31			本月合计	284 208.94	1 017 465.24	贷	655 616.3

表11-86　　账户名称：应付账款

2010年		凭证		摘　要	借方金额	贷方金额	借或贷	余　额
月	日	字	号					
12	1			期初余额			贷	144 000
12	8	转	2	购料未付款		12 214.8	贷	156 214.8
12	12	付	7	偿还欠款	144 000		贷	12 214.8
12	31			本月合计	144 000	12 214.8	贷	12 214.8

表11-87　　账户名称：应付职工薪酬

2010年		凭证		摘　要	借方金额	贷方金额	借或贷	余　额
月	日	字	号					
12				期初余额			贷	97 800
12	6	付	3	发放工资	96 000		贷	1 800
12	13	付	9	报销医药费	120		贷	1 680
12	30	转	14	分配应付工资		96 000	贷	97 680
12	30	转	15	提取职工福利费		13 440	贷	111 120
12	31			本月合计	96 120	109 440	贷	111 120

表11-88　　账户名称：其他应付款

2010年		凭证		摘　要	借方金额	贷方金额	借或贷	余　额
月	日	字	号					
12	1			期初余额			贷	6 000
12	21	转	10	转作营业外收入	1 200		贷	4 800
12	31			本月合计	1 200		贷	4 800

表11-89　　账户名称：应交税费

2010年		凭证		摘　要	借方金额	贷方金额	借或贷	余　额
月	日	字	号					
12	1			期初余额			贷	18 000
12	7	付	4	购料进项税额	3 957.6		贷	14 042.4
12	8	转	2	购料进项税额	1 774.8		贷	12 267.6
12	10	付	6	交纳税金	18 000		借	5 732.4
12	18	付	12	购料进项税额	4 488		借	10 220.4
12	18	收	4	转让材料销项税额		1 743.61	借	8 476.79
12	19	收	6	售A产品销项税额		30 600	贷	22 123.21
12	19	收	7	售B产品销项税额		25 459.2	贷	47 582.41
12	20	转	8	进项税额转出		448.8	贷	48 031.21
12	20	转	9	售B产品销项税额		6 364.8	贷	54 396.01
12	31	转	16	计提销项税金		11 016	贷	65 412.01
12	31	转	23	本月应交税费		44 046.93	贷	109 458.94
12	31			本月合计	28 220.4	119 679.34	贷	109 458.94

表11-90　　账户名称：应付股利

2010年		凭证		摘　要	借方金额	贷方金额	借或贷	余　额
月	日	字	号					
12	1			期初余额			贷	57 600
12	22	付	15	支付利润	57 600		平	0
12	30	转	26	应付利润		66 070.39	贷	66 070.39
12	31			本月合计	57 600	66 070.39	贷	66 070.39

表11-91　　账户名称：交易性金融资产

2010年		凭证		摘　要	借方金额	贷方金额	借或贷	余　额
月	日	字	号					
12	1			期初余额			借	66 360
12	31			本月合计			借	66 360

表 11-92　账户名称：短期借款

2010年		凭证		摘　要	借方金额	贷方金额	借或贷	余　额
月	日	字	号					
12	1			期初余额			贷	600 000
12	18	付	11	归还借款	120 000		贷	480 000
12	31			本月合计	120 000		贷	480 000

表 11-93　账户名称：应付利息

2010年		凭证		摘　要	借方金额	贷方金额	借或贷	余　额
月	日	字	号					
12	1			期初余额			贷	3 600
12	31	付	16	支付利息	1 440		贷	2 160
12	31			本月合计	1 440		贷	2 160

表 11-94　账户名称：实收资本

2010年		凭证		摘　要	借方金额	贷方金额	借或贷	余　额
月	日	字	号					
12	1			期初余额			贷	3 000 000
12	2	收	2	公司投资		240 000	贷	3 240 000
12	31			本月合计		240 000	贷	3 240 000

表 11-95　账户名称：资本公积

2010年		凭证		摘　要	借方金额	贷方金额	借或贷	余　额
月	日	字	号					
12	1			期初余额			贷	78 000
12	31			本月合计			贷	78 000

表 11-96　账户名称：盈余公积

2010年		凭证		摘　要	借方金额	贷方金额	借或贷	余　额
月	日	字	号					
12	1			期初余额			贷	48 000
12	31	转	25	提盈余公积		13 214.08	贷	61 214.08
12	31			本月合计		13 214.08	贷	61 214.08

表11-97　　账户名称：本年利润

2010年		凭证		摘　要	借方金额	贷方金额	借或贷	余　额
月	日	字	号					
12	1			期初余额			贷	680 400
12	31	转	20	结转收入账户		378 656.5	贷	1 059 056.5
12	31	转	21	转各支出账户	250 468.8		贷	808 587.7
12	31	转	22	转投资收益		48 000	贷	856 587.7
12	31	转	24	转税	44 046.93		贷	812 540.77
12	31	转	27	结转利润分配	812 540.77		平	0
12	31			本月合计	1 107 056.5	426 656.5	平	0

表11-98　　账户名称：投资收益

2010年		凭证		摘　要	借方金额	贷方金额	借或贷	余　额
月	日	字	号					
12	1			期初余额				0
12	31	收	8	收投资收益		48 000	贷	48 000
12	31	转	22	转入本月利润	48 000		平	0
12	31			本月合计	48 000	48 000	平	0

表11-99　　账户名称：生产成本

2010年		凭证		摘　要	借方金额	贷方金额	借或贷	余　额
月	日	字	号					
12	26	转	13	生产耗费	188 640		借	188 640
12	30	转	14	分配工资费用	60 000		借	248 640
12	30	转	15	提福利费	8 400		借	257 040
12	30	转	17	分配制造费	58 512		借	315 552
12	31	转	18	产品入库		315 552	平	0
12	31			本月合计	315 552	315 552	平	0

表 11-100　　账户名称：制造费用

2010年		凭证		摘　要	借方金额	贷方金额	借或贷	余　额
月	日	字	号					
12	19	付	13	动力费	28 800		借	28 800
12	21	转	11	提折旧费	21 600		借	50 400
12	26	转	13	耗用材料	2 640		借	53 040
12	30	转	14	分配工资	4 800		借	57 840
12	30	转	15	福利费	672		借	58 512
12	30	转	17	分配制造费		58 512	平	0
12	31			本月合计	58 512	58 512	平	0

表 11-101　　账户名称：主营业务收入

2010年		凭证		摘　要	借方金额	贷方金额	借或贷	余　额
月	日	字	号					
12	19	收	6	销售产品		180 000	贷	180 000
12	19	收	7	销售产品		149 760	贷	329 760
12	20	转	9	销售产品		37 440	贷	367 200
12	31	转	20	转入本年利润	367 200		平	0
12	31			本月合计	367 200	367 200	平	0

表 11-102　　账户名称：主营业务成本

2010年		凭证		摘　要	借方金额	贷方金额	借或贷	余　额
月	日	字	号					
12	31	转	19	转已销产成品	180 000		借	180 000
12	31	转	21	转入本年利润		180 000	平	0
12	31			本月合计	180 000	180 000	平	0

表 11-103　　账户名称：营业税金及附加

2010年		凭证		摘　要	借方金额	贷方金额	借或贷	余　额
月	日	字	号					
12	1			期初余额				0
12	31	转	16	计提销售税金	11 016		借	11 016
12	31	转	21	转入本年利润		11 016	平	0
12	31			本月合计	11 016	11 016	平	0

表 11-104　　账户名称：销售费用

2010年		凭证		摘　要	借方金额	贷方金额	借或贷	余　额
月	日	字	号					
12	1			期初余额				0
12	20	付	14	付广告费	4 800		借	4 800
12	20	转	8	产品销售耗料	3 088.8		借	7 888.8
12	30	转	21	转入本年利润		7 888.8	平	0
12	31			本月合计	7 888.8	7 888.8	平	0

表 11-105　　账户名称：其他业务收入

2010年		凭证		摘　要	借方金额	贷方金额	借或贷	余　额
月	日	字	号					
12	1			期初余额			贷	0
12	18	收	4	出售材料收入		10 256.5	贷	10 256.5
12	31	转	20	转入本年利润	10 256.5		平	0
12	31			本月合计	10 256.5	10 256.5		0

表 11-106　　账户名称：其他业务成本

2010年		凭证		摘　要	借方金额	贷方金额	借或贷	余　额
月	日	字	号					
12	1			期初余额				0
12	18	转	7	结转材料成本	6 600		借	6 600
12	31	转	21	转入本年利润		6 600	平	0
12	31			本月合计	6 600	6 600	平	0

表 11-107　　账户名称：管理费用

2010年		凭证		摘　要	借方金额	贷方金额	借或贷	余　额
月	日	字	号					
12	1			期初余额			借	0
12	3	转	1	陈章报差旅费	696		借	696
12	12	转	5	李广报销差旅费	1 080		借	1 776
12	21	付	8	李广报销差旅费	120		借	1 896
12	24	转	11	提取折旧费	6 000		借	7 896

续表

2010年		凭证		摘 要	借方金额	贷方金额	借或贷	余 额
月	日	字	号					
12	30	转	12	摊销大修理费	600		借	8 496
12	30	转	14	管理人员工资	31 200		借	39 696
12	30	转	15	计提福利费	4 368		借	44 064
12	31	转	21	转入本年利润		44 064	平	0
12				本月合计	44 064	44 064	平	0

表11-108　账户名称：财务费用

2010年		凭证		摘 要	借方金额	贷方金额	借或贷	余 额
月	日	字	号					
12	31	付	16	付利息	360		借	360
12	31	转	21	转入本年利润		360	平	0
12	31			本月合计	360	360	平	0

表11-109　账户名称：营业外收入

2010年		凭证		摘 要	借方金额	贷方金额	借或贷	余 额
月	日	字	号					
12	21	转	10	应付款转作营业外收入		1 200	贷	1 200
12	31	转	20	转入本年利润	1 200		平	0
12	31			本月合计	1 200	1 200	平	0

表11-110　账户名称：营业外支出

2010年		凭证		摘 要	借方金额	贷方金额	借或贷	余 额
月	日	字	号					
12	1			期初余额				0
12	31	付	17	处理现金短缺损失	540		借	540
12	31	转	21	转入本年利润		540	平	0
12	31			本月合计	540	540	平	0

表 11-111　　账户名称：在建工程

2010年		凭证		摘　要	借方金额	贷方金额	借或贷	余　额
月	日	字	号					
12	1			期初余额			借	840 000
12	31			本月合计			借	840 000

表 11-112　　账户名称：无形资产

2010年		凭证		摘　要	借方金额	贷方金额	借或贷	余　额
月	日	字	号					
12	1			期初余额			借	576 000
12	31			本月合计			借	576 000

表 11-113　　账户名称：所得税费用

2010年		凭证		摘　要	借方金额	贷方金额	借或贷	余　额
月	日	字	号					
12	1			期初余额				0
12	31	转	23	本月应交所得税	44 046.93		借	44 046.93
12	31	转	24	转入本年利润		44 046.93	平	0
12	41			本月合计	44 046.93	44 046.93	平	0

5. 编制本期发生额试算平衡报表与期末余额试算平衡表（如表 11-114 和表 11-115 所示）

根据总分类账的记录编制"总分类账户本期发生额试算表"和"总分类账户期末余额试算表"如下：

表 11-114　　　　　　　　**总分类账户本期发生额试算平衡表**

2010 年 12 月 31 日　　　　　　　　金额单位：元

账户名称	本期发生额	
	借方金额	贷方金额
现金	96 264	96 780
银行存款	733 819.31	582 885.6
应收账款	43 804.8	48 000
其他应收款	1 080	2 040
长期待摊费用	0	600

续表

账户名称	本期发生额	
	借方金额	贷方金额
原材料	61 200	200 520
库存商品	315 552	180 000
长期股权投资	180 000	0
固定资产	51 600	240 000
累计折旧	60 000	27 600
利润分配	284 208.94	1 017 465.24
应付账款	144 000	12 214.8
应付职工薪酬	96 120	109 440
其他应付款	1 200	0
应交税费	28 220.4	119 679.34
应付股利	57 600	66 070.39
短期借款	120 000	0
应付利息	1 440	0
实收资本	0	240 000
盈余公积	0	13 214.08
本年利润	1 107 056.5	426 656.5
主营业务收入	367 200	367 200
主营业务成本	180 000	180 000
营业税金及附加	11 016	11 016
销售费用	7 888.8	7 888.8
材料采购	61 200	61 200
投资收益	48 000	48 000
生产成本	315 552	315 552
制造费用	58 512	58 512
其他业务收入	10 256.5	10 256.5
其他业务成本	6 600	6 600
管理费用	44 064	44 064
财务费用	360	360
营业外收入	1 200	1 200
营业外支出	540	540
合计	4 495 555.25	4 495 555.25

表11-115　　　　　　　　　总分类账户期末余额试算平衡表
　　　　　　　　　　　　　　　2010年12月31日　　　　　　　　金额单位：元

账户名称	借方金额	贷方金额
现金	84	0
银行存款	390 933.71	0
应收账款	43 804.8	0
其他应收款	1 440	0
长期待摊费用	1 800	0
原材料	460 680	0
库存商品	315 552	0
长期股权投资	480 000	0
固定资产	2 211 600	0
累计折旧	0	567 600
利润分配	0	655 616.3
应付账款	0	12 214.8
应付职工薪酬	0	111 120
其他应付款	0	4 800
应交税费	0	109 458.94
应付股利	0	66 070.39
交易性金融资产	66 360	0
短期借款	0	480 000
应付利息	0	2 160
实收资本	0	3 240 000
资本公积	0	78 000
盈余公积	0	61 214.08
在建工程	840 000	0
无形资产	576 000	0
合计	5 388 254.51	5 388 254.51

6. 根据账户余额及发生额编制会计报表（如表 11-116 至表 11-118 所示）

表 11-116　　　　　　　　　　　　　　　资产负债表
编制单位：千福公司　　　　　　　　　　　2010 年 12 月 31 日　　　　　　　　　　　　　单位：元

资产	行次	期末余额	期初余额	负债和所有者权益	行次	期末余额	期初余额
流动资产：				流动负债：			
货币资金		391 017.71	240 600	短期借款		480 000	600 000
交易性金融资产		66 360	66 360	交易性金融负债		0	0
应收票据		0	0	应付票据		0	0
应收账款		43 804.8	48 000	应付账款		12 214.8	144 000
预付账款		0	0	预收账款		0	0
应收利息		0	0	应付职工薪酬		111 120	97 800
应收股利		0	0	应交税费		109 458.94	18 000
其他应收款		1 440	2 400	应付利息		2 160	3 600
存货		776 232	780 000	应付股利		66 070.39	57 600
一年内到期非流动资产		0	0	其他应付款		4 800	6 000
其他流动资产		0	0	一年内到期非流动负债		0	0
				其他流动负债		0	0
流动资产合计		1 278 854.51	1 137 360	流动负债合计		785 824.13	927 000
非流动资产：		0	0	非流动负债：		0	0
可供出售金融资产		0	0	长期借款		0	0
持有至到期投资		0	0	应付债券		0	0
长期应收款		0	0	长期应付款		0	0
长期股权投资		480 000	300 000	专项应付款		0	0
投资性房地产		0	0	预计负债		0	0
固定资产		1 644 000	1 800 000	其他非流动负债		0	0
在建工程		840 000	840 000	非流动负债合计		0	0
工程物资		0	0	负债合计		785 824.13	927 000
固定资产清理		0	0	所有者权益：		0	0
无形资产		576 000	576 000	实收资本		3 240 000	3 000 000
开发支出		0	0	资本公积		78 000	78 000
商誉		0	0	减：库存股		0	0
长摊待摊费用		1 800	2 400	盈余公积		61 214.08	48 000
其他非流动资产		0	0	未分配利润		655 616.3	602 760
非流动资产合计		3 541 800	3 518 400	所有者权益合计		4 034 830.38	3 728 760
资产总计		4 820 654.51	4 655 760	负债和所有者权益总计		4 820 654.51	4 655 760

表 11-117　　　　　　　　　　利　润　表
编制单位：千福公司　　　　　　2010 年 12 月　　　　　　　　　　　　单位：元

项　　目	行次	本期金额	全年累计金额
一、营业收入		377 456.5	4 529 472
减：营业成本		186 600	2 717 680
营业税金及附加		11 016	132 192
销售费用		7 888.8	94 656
管理费用		44 064	528 768
财务费用		360	4320
资产减值损失		0	0
加：公允价值变动净收益（净损失以"－"号填列）		0	0
投资净收益（净损失以"－"号填列）		48 000	100 000
二、营业利润（亏损以"－"号填列）		175 527.7	1 151 856
加：营业外收入		1 200	15 000
减：营业外支出		540	6 000
其中：非流动资产处置净损失（净收益以"－"号填列）		0	0
三、利润总额（亏损总额以"－"号填列）		176 187.7	1 160 856
减：所得税		44 046.93	290 214
四、净利润（净亏损以"－"号填列）		132 140.77	870 642

　　按照会计准则规定，12 月份利润表的最右一栏应为"上期金额"，但为便于初学者学习利润表的编制方法，本例利润表中的"本期金额"根据例题资料反映本年度 12 月份的数额，增设一栏"全年累计金额"反映全年数额。

表 11-118　　　　　　　　　　现金流量表
编制单位：千福公司　　　　　　2010 年 12 月　　　　　　　　　　　　单位：元

项　　目	行次	本期金额	上期金额
一、经营活动产生的现金流量：			
销售商品、提供劳务收到的现金		445 819.31	
收到的税费返还		0	
收到其他与经营活动有关的现金		96 264	
经营活动现金流入小计		542 083.31	
购买商品、接受劳务支付的现金		203 205.6	
支付给职工以及为职工支付的现金		96 000	

续表

项　　目	行次	本期金额	上期金额
支付的各项税费		18 000	
支付其他与经营活动有关的现金		131 460	
经营活动现金流出小计		448 665.6	
经营活动产生的现金流量净额		93 417.71	
二、投资活动产生的现金流量：		0	
收回投资收到的现金		240 000	
取得投资收益收到的现金		48 000	
处置长期资产收回的现金净额		0	
处置子公司及其他营业单位收到的现金净额		0	
收到其他与投资活动有关的现金		0	
投资活动现金流入小计		288 000	
购建长期资产支付的现金		51 600	
投资支付的现金		0	
取得子公司及其他营业单位支付的现金净额		0	
支付其他与投资活动有关的现金		0	
投资活动现金流出小计		51 600	
投资活动产生的现金流量净额		236 400	
三、筹资活动产生的现金流量：		0	
吸收投资收到的现金		0	
取得借款收到的现金		0	
收到其他与筹资活动有关的现金		0	
筹资活动现金流入小计		0	
偿还债务支付的现金		120 000	
分配股利、利润或偿付利息支付的现金		57 600	
支付其他与筹资活动有关的现金		1 800	
筹资活动现金流出小计		179 400	
筹资活动产生的现金流量净额		-179 400	
四、汇率变动对现金的影响		0	
五、现金及现金等价物净增加额		150 417.71	
期初现金及现金等价物余额		240 600	
期末现金及现金等价物余额		391 017.71	

按会计准则规定，现金流量表属于年报，应该反映全年的现金流量。为便于初学者学习现金流量表的基本编制方法，本表反映的是12月份的现金流量。

☞ 本章小结

会计报表是以企业日常会计核算资料为依据，按照规定的格式、内容和填报要求编制，反映企业财务状况和经营成果的书面报告文件。

资产负债表是反映企业某一特定日期财务状况的会计报表。资产负债表具体列示一个会计主体的资产、负债和所有者权益金额。资产负债表编制的理论依据是会计等式"资产＝负债＋所有者权益"。资产负债表有账户式和报告式两种结构。

利润表是反映企业在一定会计期间的经营成果的会计报表。利润表比较详细的列示一个会计主体在一定时期内收入、费用和利润的金额。利润表编制的理论依据是会计等式"收入－费用＝利润"。利润表有单步式和多步式两种结构。

现金流量表是反映企业在一定会计期间现金和现金等价物流入和流出的报表。现金流量包括经营活动、投资活动和筹资活动的现金流入量、现金流出量以及现金净流量。

☞ 思考题

1. 什么是会计报表？编制会计报表有什么作用？
2. 简述会计报表的分类标准、所分类别以及有关概念。
3. 编制会计报表的基本要求有哪些？
4. 什么是资产负债表？简述资产负债表的编制原理、基本结构和项目排列方法。
5. 资产负债表的年初数怎样填列？资产负债表的年初数有什么作用？
6. 资产负债表期末余额数据的基本取得方法是什么？资产负债表中"货币资金"、"应收账款"、"预付账款"、"存货"、"固定资产"、"长期待摊费用"、"未分配利润"等重要项目的本期数额怎样填列？
7. 什么是利润表？简述利润表的编制原理和基本结构。
8. 利润表各项目的含义是什么？本期数额如何填列？
9. 什么是现金流量表？现金流量表中的"现金"包括哪些内容？简述现金流量表的结构。
10. 了解现金流量表的编制方法。
11. 根据例题资料，详细说明记账凭证账务处理程序包括的一般步骤。
12. 熟练掌握根据经济业务编制记账凭证、登记各种账簿、月末结账、编制试算平衡表、编制资产负债表和利润表的程序和方法。

☞ 练习题

（一）目的：全面练习会计核算业务。

（二）资料：

1. 某企业 2010 年初有关账户的余额如下表所示：

账户期初余额表　　　　　　　　　　　　　　　　　　　　　单位：元

会计科目	期初余额（借）	会计科目	期初余额（贷）
库存现金	30 000	坏账准备	12 000
银行存款	210 000	累计折旧	120 000
应收账款	192 000	应付账款	170 000
长期股权投资	72 000	其他应付款	12 000
原材料	108 000	应交税费	6 6000
库存商品	210 000	长期借款	480 000
固定资产	840 000	实收资本	740 000
无形资产	210 000	利润分配	290 000
待处理财产损益	18 000		
合计	1 890 000	合计	1 890 000

2. 2010 年该企业发生了下列经济业务：

（1）企业取得产品销售收入 1 000 000 元，增值税销项税额 170 000 元。收到 500 000 元货款存入银行，余款尚未收到。商品已经发出。

（2）收回欠款单位前欠货款 300 000 元存入银行。

（3）结转已经实现销售的产品销售成本 400 000 元。

（4）支付给电车公司广告科广告费 5 000 元，以转账支票付讫。

（5）计算和结转本年应交消费税等销售税金 60 000 元。

（6）本年度共发生管理费用 140 000 元，其中，用银行存款支付办公费、水电费等 90 000 元，固定资产折旧费用 40 000 元，无形资产摊销 10 000 元。

（7）提取短期借款利息 20 000 元。

（8）用银行存款上交营业税金 60 000 元。

（9）用无形资产 80 000 元对外进行股权投资。

（10）购入原材料 30 000 元，增值税进项税额 5 100 元，以银行存款付清。

（11）取得长期借款 100 000 元存入银行。

（12）收到投资收益 180 000 元存入银行。

（13）购进汽车一辆，买价及各种相关税费 200 000 元。以银行存款付清，汽车已交付使用。

（14）几年前取得的长期借款 100 000 元已经到期，现以银行存款归还。

（15）结转全年的主营业务收入、营业外收入、投资收益、主营业务成本、销售费用、营业外支出、管理费用、财务费用。

（16）企业本年度没有发生所得税调整项目，以上述业务计算的利润总额为基数计算本年应交所得税，本企业适用税率25%。
（17）按税后利润的10%提取盈余公积。
（18）按税后利润的80%向投资者分配利润。
（三）要求：
（1）根据上述发生的经济业务编制会计分录。
（2）开设"T"账户，登记期初余额，将经济业务登入各账户并结出当年发生额和年末余额。
（3）根据上述资料编制企业2010年12月31日的资产负债表。
（4）根据上述资料编制2010年12月份的利润表。

第十二章 账务处理程序

◎**教学目的与要求** 通过本章的学习,应掌握账务处理程序的概念和种类;了解建立账务处理程序的基本原则;掌握记账凭证账务处理程序、科目汇总表账务处理程序的概念、特点、凭证与账簿的设置、核算步骤、优缺点及适用范围;理解汇总记账凭证等账务处理程序的概念、核算步骤。

◎**教学重点与难点** 本章的教学重点和难点是记账凭证和科目汇总表账务处理程序的概念、特点、凭证与账簿的设置、核算步骤、优缺点及适用范围。

第一节 账务处理程序的意义

在会计实践活动中,设置账户、填制与审核凭证、登记账簿以及编制会计报表等会计核算方法都不是孤立存在的,而是以一定的形式相互联系、相互结合在一起的。为了使会计工作做到有条不紊,确保账务处理能够及时地提供经济管理所需要的会计信息,就必须明确规定各种凭证、各种账簿和各种报表之间的衔接关系以及操作的先后顺序,并把它们有机地组织起来,从而构成一个完整的账务处理程序。

一、账务处理程序的意义

(一) 账务处理程序的概念

账务处理程序亦称会计核算组织形式,就是在会计核算中,以账簿体系为核心,把会计凭证、会计账簿、记账程序和记账方法有机组合起来的技术组织方式。

账簿体系是指账簿的种类、格式和各种账簿之间的相互关系。记账程序是指凭证的整理、传递、账簿的登记以及根据账簿编制会计报表的顺序。记账方法是指从审核、整理原始凭证开始,到记账凭证的填制、账簿的登记,以及编制会计报表等一系列工作的方法。不同的凭证设置、账簿组织、记账程序和记账方法互相结合在一起,就构成了不同的账务处理程序。

由于会计账簿,尤其是总分类账的格式和登记方法不同,决定了记账凭证和记账程序的不同,所以账簿组织是会计核算形式的核心部分。另外,各单位的规模大小不同,其经济业务性质不一,与之相适应的管理要求也各不相同,因而其使用的凭证和账簿的格式及记账顺序也应有所不同。

为了把会计核算工作科学地组织起来,保证及时处理账务并提供经济管理所需要的会计信息,各单位都应当根据国家有关会计法规和规章制度的规定,结合本单位的具体情况，采用适当的账务处理程序。

（二）账务处理程序的意义

合理地组织和安排账务处理程序，对于加强会计核算，提高企业管理水平，都具有重要意义。

（1）可以简化会计核算手续，提高工作效率，保证会计工作质量。

（2）可以减少凭证和账簿使用数量、节约费用开支。

（3）可以明确经济责任，加强岗位责任制，有利于会计工作的分工协作。

（4）可以加强对单位经济活动的控制，改善财产物资管理，更好地发挥会计的职能和作用。

二、账务处理程序的种类

各企业和行政事业单位的经营规模大小不一，经济业务内容繁简不同，经营管理的要求也不尽相同，因此，在账务处理程序上不必强求一致。各单位应根据自身实际情况，在会计核算基本程序的指导下，分别建立不同的账务处理程序，从而取得必需的会计核算资料，简化不必要的会计核算手续。

账务处理程序有：记账凭证账务处理程序、科目汇总表账务处理程序、汇总记账凭证账务处理程序、日记总账账务处理程序、电算化会计账务处理程序五种。这五种账务处理程序各有其内容和特点，但是在实际工作中，也不乏共同之处。各种账务处理程序的共同之处，可以称为会计核算基本程序。

各种账务处理程序的共同之处主要包括以下几点：首先，它们都要根据原始凭证或者原始凭证汇总表填制记账凭证；其次，它们都是根据记账凭证和原始凭证或原始凭证汇总表登记日记账和明细分类账；最后，它们都要根据账簿记录编制会计报表。

各种账务处理程序的根本区别在于登记总账的依据和程序不同。各单位应根据自己的经营规模、经济业务性质、业务数量以及会计人员的配备等实际情况出发，采用适当的账务处理程序。

三、建立账务处理程序的基本原则

建立合理、实用的账务处理程序，是科学地组织会计核算工作，提高会计核算工作质量，充分发挥会计作用的重要前提。各单位建立的账务处理程序，必须符合以下几项基本要求：

（一）贯彻会计核算与经济管理密切配合的原则

会计是一项重要的管理活动，因此，会计核算必须与经济管理的要求密切配合，为经济管理提供必要的会计核算资料。各单位在建立账务处理程序时，要认真研究本单位在经济管理上的具体要求，并根据这些要求来设计所需要的凭证、账簿和报表以及账务处理程序的核算步骤，以便通过会计核算，能正确、及时地反映单位的经济活动情况，实现会计的核算和监督职能，促进单位改进和提高经济管理水平。

（二）贯彻按照统一规定和从实际出发相结合的原则

为了满足政府经济管理和综合平衡工作的需要，保证会计指标在全国范围内口径一致,便于会计资料的汇总和分析利用,财政部门对企业采用的账务处理程序有一定的要求。我国《会计基础工作规范》第八十八条规定:"各单位应当建立账务处理程序制度。主要内容包括:会计科目及其明细科目的设置和使用;会计凭证的格式、审核要求和传递程序;会计核算方法;会计账簿的设置;编制会计报表的种类和要求;单位会计指标体系。"可见,《会计基础工作规范》只是规定了建立账务处理程序的一般原则,提出一些基本要求和基本做法,不可能也不必要规定得十分具体。各个单位建立什么样的账务处理程序,首先必须考虑全国的统一规定,然后也要考虑本单位的实际情况,做到既不违背统一规定,又能切合单位实际。

(三)贯彻如实反映情况和合理减少工作量相结合的原则

账务处理程序的建立,一方面,要有利于如实地反映经济活动情况,提供必要的总括核算资料和明细核算资料;另一方面,也必须注意减少会计核算的工作量,提高会计人员工作效率,节约人力物力,在不影响会计核算质量的前提下,力求做到简化。

总之,各经济单位在建立账务处理程序时,既要符合国家统一规定,又要符合本单位的实际情况;既要有利于简化会计核算工作,又要有利于单位的经济管理。

第二节 记账凭证账务处理程序

一、记账凭证账务处理程序的凭证、账簿设置

记账凭证账务处理程序是指根据经济业务发生以后所填制的各种记账凭证直接逐笔地登记总分类账,并定期编制会计报表的一种账务处理程序。

记账凭证账务处理程序是一种最基本的账务处理程序,它反映了账务处理的一般内容。记账凭证账务处理程序的主要特点是:根据记账凭证登记各种明细分类账、银行存款日记账和现金日记账,之后再根据记账凭证登记总分类账。这种根据记账凭证不经过汇总直接登记总分类账的方法,是账务处理程序的显著特征,其他各种账务处理程序基本上是在这种账务处理程序的基础上发展和演变而成的。

在采用记账凭证账务处理程序时,记账凭证可以采用收款凭证、付款凭证和转账凭证等专用记账凭证,也可以采用通用记账凭证。

会计账簿一般设置三栏式库存现金日记账和银行存款日记账;总分类账均采用三栏式账页,明细分类账可采用三栏式、数量金额式和多栏式账页。

在记账凭证账务处理程序下使用的会计报表主要有资产负债表、利润表和现金流量表、所有者权益变动表等。由于在国家颁布的会计准则或会计制度中对会计报表的种类和格式有统一规定,因而,不论各会计主体采用什么样的账务处理程序,会计报表的种类与格式都不会有很大的变动。

二、记账凭证账务处理程序的核算步骤

记账凭证账务处理的核算步骤是:

(1)根据各种原始凭证编制原始凭证汇总表,根据原始凭证或原始凭证汇总表编制

记账凭证。

(2) 根据收款和付款凭证登记现金日记账和银行存款日记账。

(3) 根据原始凭证或原始凭证汇总表以及记账凭证登记明细分类账。

(4) 根据记账凭证逐笔登记总分类账。

(5) 定期将日记账、明细分类账的发生额和余额与相关总分类账的当期发生额和期末余额进行核对。

(6) 期末根据总分类账和明细分类账的记录编制会计报表。

记账凭证账务处理程序的核算步骤如图 12-1 所示。

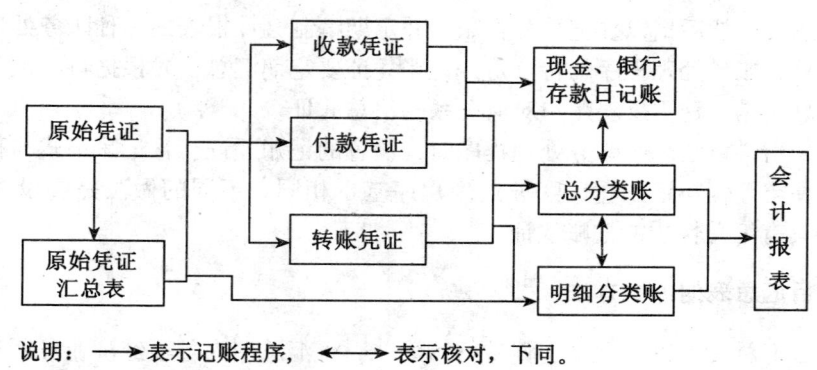

说明：——→表示记账程序，←——→表示核对，下同。

图 12-1　记账凭证账务处理程序的核算步骤

三、记账凭证账务处理程序的优缺点和适用范围

1. 记账凭证账务处理程序的优点

(1) 记账程序简明易懂，使用方便。由于根据记账凭证直接登记总账，省去编制记账凭证汇总表的手续。

(2) 总分类账能够比较详细地反映经济业务的发生情况。在记账凭证账务处理程序下，不仅对各种日记账和明细分类账采取逐笔登记的方法，而且总分类账也要逐笔登记。因而，在总分类账上能够详细地反映一个会计主体一定时期内所发生的全部经济业务情况。

2. 记账凭证账务处理程序的缺点

(1) 登记总分类账工作量过大。对发生的每一笔经济业务都要根据记账凭证逐笔在总分类账中进行登记，实际上与登记日记账和明细分类账的做法一样，是一种简单的重复登记，势必增大登记总分类账的工作量，特别是在经济业务比较多的情况下更是如此。

(2) 账页耗用多，预留账页多少难以把握。由于总分类账对发生的每一笔经济业务都要重复登记一遍，势必要耗用更多的账页，造成一定的浪费。如果在一个账簿上设置多个账户，由于登记业务的多少难以事先确定，则对于每一个账户应预留多少账页难以把握，预留过多会形成浪费，预留过少又会影响账户登记的连续性。

3. 记账凭证账务处理程序的适用范围

记账凭证账务处理程序一般只适用于规模较小、经济业务量比较少、记账凭证不多的会计主体。

第三节 科目汇总表账务处理程序

一、科目汇总表账务处理程序的凭证、账簿设置

科目汇总表账务处理程序又称记账凭证汇总表账务处理程序，它是根据记账凭证定期编制科目汇总表，然后据以登记总分类账，并定期编制会计报表的一种账务处理程序。

科目汇总表账务处理程序的特点是，记账凭证要定期汇总，并根据科目汇总表登记总账。科目汇总表是一种不反映账户对应关系的汇总凭证。

单位在采用科目汇总表账务处理程序时，设置的记账凭证、日记账格式与种类、明细账的格式与种类等，与记账凭证账务处理程序基本相同。不同的做法是要设置"科目汇总表"这种具有汇总性质的记账凭证。

二、科目汇总表的编制方法

编制科目汇总表可以分三个步骤进行：第一，将汇总期内各项经济业务所涉及的会计科目填在"会计科目"栏内。会计科目的顺序可与总分类账上会计科目的先后顺序一致，以便登记总分类账。第二，根据汇总期内所有记账凭证，按会计科目分别加总借、贷两方发生额，并将汇总后的金额填在各相应会计科目的"借方"和"贷方"栏目内。第三，汇总完后，在科目汇总表的末行加总所有科目的借方发生额和贷方发生额，进行发生额的试算平衡。

在采用科目汇总表账务处理程序的单位里，应根据经济业务量的多少来确定汇总的间隔时间和次数。业务较多的单位可以每日汇总，业务较少的单位可以定期汇总，但一般不得超过10天，以便及时了解和检查总分类账各科目在月份内经济业务的发生情况。

【例12-1】某企业2011年12月1日至10日发生了15笔经济业务，记账凭证已编制完毕，其会计分录如表12-1所示。

表 12-1　　　　　　　　　　　　　某企业会计分录

月	日	业务号	凭证种类	会计科目	借方金额	贷方金额
	1	(1)	转账1	材料采购	1 600	
				应付账款		1 600
	2	(2)	付款1	材料采购	900	
				银行存款		900

续表

月	日	业务号	凭证种类	会计科目	借方金额	贷方金额
	3	(3)	付款2	材料采购	1 000	
				银行存款		1 000
	4	(4)	转账2	原材料	800	
				材料采购		800
	5	(5)	转账3	原材料	900	
				材料采购		900
	6	(6)	付款3	应付账款	1 600	
				银行存款		1 600
	7	(7)	付款4	库存现金	500	
				银行存款		500
	8	(8)	收款1	银行存款	4 000	
				主营业务收入		4 000
	9	(9)	付款5	管理费用	150	
				银行存款		150
	10	(10)	收款2	银行存款	8 000	
				主营业务收入		8 000
	11	(11)	转账4	应收账款	2 000	
				主营业务收入		2 000
	12	(12)	付款6	管理费用	40	
				库存现金		40
	13	(13)	转账5	生产成本	880	
				原材料		880
	14	(14)	转账6	管理费用	20	
				原材料		20
	15	(15)	付款7	管理费用	30	
				库存现金		30

根据表 12-1 的会计分录汇总出各科目的发生额，并编制出科目汇总表如表 12-2 所示。

表 12-2

科目汇总表

2011 年 12 月

会计科目	借方金额	贷方金额	总账页数
材料采购	3 500	1 700	
银行存款	12 000	4 150	
原材料	1 700	900	
库存现金	500	70	
应付账款	1 600	1 600	
主营业务收入		14 000	
管理费用	240		
生产成本	880		
应收账款	2 000		
合　　计	22 420	22 420	

三、科目汇总表账务处理程序的核算步骤

科目汇总表账务处理程序的核算步骤是：

（1）根据原始凭证或原始凭证汇总表编制收款凭证、付款凭证和转账凭证。
（2）根据收款凭证和付款凭证登记现金日记账和银行存款日记账。
（3）根据收款凭证、付款凭证和转账凭证并参考原始凭证或原始凭证汇总表登记明细分类账。
（4）根据收款凭证、付款凭证和转账凭证，每日或定期编制科目汇总表。
（5）根据科目汇总表，每日或定期登记总分类账。
（6）将库存现金日记账、银行存款日记账、明细分类账分别与总分类账定期进行核对。
（7）根据总分类账和各种明细分类账编制会计报表。
科目汇总表账务处理程序的核算步骤如图 12-2 所示。

四、科目汇总表账务处理程序的优缺点和适用范围

1. 科目汇总表账务处理程序的优点

（1）可以大大减轻登记总账的工作量。在科目汇总表账务处理程序下，可根据科目汇总表上有关账户的汇总发生额，在月中定期或月末一次性登记总分类账，因而使登记总

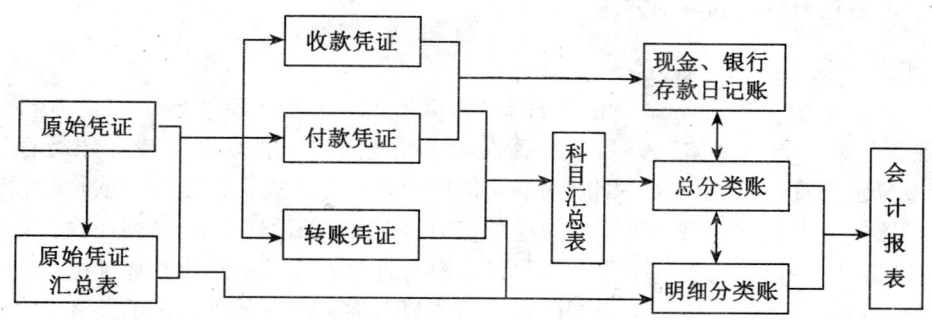

图 12-2　科目汇总表账务处理程序的核算步骤

分类账的工作量大为减轻。

（2）可以进行本期发生额的试算平衡，从而保证总分类账登记的正确性。在科目汇总表账务处理程序下，总分类账是根据科目汇总表上的汇总数字登记的。由于在登记总分类账之前通过科目汇总表进行了试算平衡，并且对汇总过程中可能存在的错误也容易发现，所以在所有账户借、贷发生额相等的基础上再登记账簿，在一定程度上能够保证总分类账登记的正确性。

2. 科目汇总表账务处理程序的缺点

（1）编制科目汇总表的工作量比较大。在科目汇总表账务处理程序下，对发生的经济业务也要填制各种专用记账凭证，然后还需要定期地对这些专用记账凭证进行汇总，编制作为登记总分类账依据的科目汇总表，增加了编制科目汇总表的工作量。

（2）科目汇总表不能够清晰地反映账户之间的对应关系。科目汇总表是按各个会计科目归类汇总其发生额的，不能显示有关账户之间的对应关系，无法反映经济业务的来龙去脉。

3. 科目汇总表账务处理程序的适用范围

科目汇总表账务处理程序一般适用于业务量较多的经济单位。

第四节　汇总记账凭证账务处理程序

一、汇总记账凭证账务处理程序的凭证、账簿设置

汇总记账凭证账务处理程序是指根据收款凭证、付款凭证和转账凭证定期汇总编制汇总收款凭证、汇总付款凭证和汇总转账凭证，然后根据汇总记账凭证登记总分类账，并定期编制会计报表的一种账务处理程序。

汇总记账凭证账务处理程序的显著特征是编制汇总记账凭证，并据以登记总分类账。

采用汇总记账凭证账务处理程序，除设置收款凭证、付款凭证和转账凭证以外，还须设置汇总收款凭证、汇总付款凭证和汇总转账凭证。在每一张汇总记账凭证中，都要求反映出一个主体账户与另一个或几个账户的对应关系。

二、汇总记账凭证的编制方法

1. 汇总收款凭证的编制方法

收款凭证是记录库存现金、银行存款增加的业务,所以会计分录的借方科目只有"库存现金"或"银行存款"科目。汇总收款凭证应按"库存现金"或"银行存款"科目的借方分别设置,定期将这一期间内的全部库存现金收款凭证、银行存款收款凭证,分别按与设置凭证科目亦即借方科目相对应的贷方科目加以归类、汇总填列一次,每月编制一张。在汇总时,计算出每一个贷方科目发生额合计数,填入汇总收款凭证的相应栏次。

经过上述汇总过程,就可以得到的各个贷方科目在汇总期间发生额的总和,然后根据各次的汇总数分次登记到有关账户中去。

在采用汇总记账凭证时,应在汇总记账凭证种类前加"汇"字和编号,如"汇现收字第×号"、"汇现付字第×号"、"汇银收字第×号"、"汇银付字第×号"和"汇转字第×号"等。

汇总收款凭证的基本格式如表 12-3 所示。

表 12-3 　　　　　　　　　　　汇总收款凭证

借方科目:银行存款

贷方科目	金　　额				总账页数	
	(1)	(2)	(3)	合计	借方	贷方
主营业务收入	46 000					
其他业务收入	6 700					
应收账款	90 000					
合　计	142 700					

附注:(1) 自 1 日至 10 日收款凭证自第 1 号至第 4 号共 4 张
　　　(2) 自__日至__日__凭证自第__号至第__号共__张
　　　(3) 自__日至__日__凭证自第__号至第__号共__张

2. 汇总付款凭证的编制方法

付款凭证是记录库存现金、银行存款减少的业务,所以会计分录的贷方科目只有"库存现金"或"银行存款"科目。汇总付款凭证应按"库存现金"或"银行存款"科目的贷方分别设置,定期将这一期间内的全部库存现金付款凭证、银行存款付款凭证,分别按与设置凭证科目亦即贷方科目相对应的借方科目加以归类、汇总填列一次,每月编制一张。汇总时计算出每一个借方科目发生额合计数,填入汇总付款凭证的相应栏次。

经过上述汇总过程,可以得到的各个借方科目发生额的合计数,然后根据各次的汇总数分次登记到有关账户中去。

汇总付款凭证的基本格式如表 12-4 所示。

表 12-4　　　　　　　　　　　　汇总付款凭证

贷方科目：银行存款

贷方科目	金　　额			合计	总账页数	
	(1)	(2)	(3)		借方	贷方
现金	38 000					
应付账款	120 600					
管理费用	68 000					
合　计	226 600					

附注：(1) 自 1 日至 10 日付款凭证自第 1 号至第 3 号共 3 张
　　　(2) 自__日至__日__凭证自第__号至第__号共__张
　　　(3) 自__日至__日__凭证自第__号至第__号共__张

3. 汇总转账凭证的编制方法

转账凭证专门记录不涉及库存现金、银行存款收付款的业务，所以，会计分录中借贷方科目没有规律性。为了避免漏汇和重汇，使汇总工作有条理地进行，汇总转账凭证应按记账凭证中每一个贷方科目分别设置为主体科目，也就是在汇总转账凭证中只能选一个贷方科目为设置凭证科目，以便保持一个贷方科目同一个或几个借方科目的对应关系，定期进行汇总，每月编制一张。

在汇总过程中，计算出每一个借方科目发生额合计数，填入汇总转账凭证的相应栏次。

汇总转账凭证的格式如表 12-5 所示。

表 12-5　　　　　　　　　　　　汇总转账凭证

贷方科目：原材料

贷方科目	金　　额			合计	总账页数	
	(1)	(2)	(3)		借方	贷方
管理费用	89 000					
生产成本	98 200					
制造费用	36 000					
合　计	223 200					

附注：(1) 自 1 日至 10 日转账凭证自第 1 号至第 3 号共 3 张
　　　(2) 自__日至__日__凭证自第__号至第__号共__张
　　　(3) 自__日至__日__凭证自第__号至第__号共__张

三、汇总记账凭证账务处理程序的核算步骤

汇总记账凭证账务处理程序的核算步骤是：

（1）根据原始凭证或原始凭证汇总表编制收款凭证、付款凭证和转账凭证。

（2）根据收款凭证和付款凭证逐笔登记库存现金日记账和银行存款日记账。

（3）根据收款凭证、付款凭证和转账凭证，并参考原始凭证或原始凭证汇总表，逐笔登记明细分类账。

（4）根据收款凭证、付款凭证和转账凭证，定期编制汇总收款凭证、汇总付款凭证和汇总转账凭证。

（5）根据汇总收款凭证、汇总付款凭证和汇总转账凭证登记总分类账。

（6）月末，将库存现金日记账、银行存款日记账和各种明细分类账的发生额和余额与总分类账中相应账户的发生额和余额进行核对。

（7）月末，根据总分类账和明细分类账的记录编制会计报表。

汇总记账凭证核算组织程序的账务处理程序的核算步骤如图12-3所示。

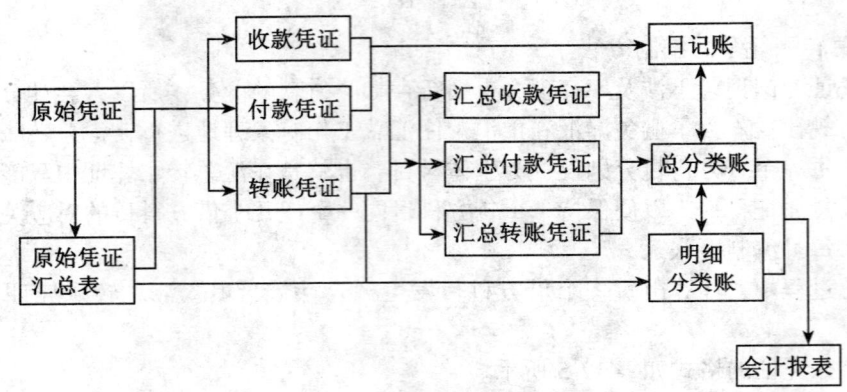

图12-3　汇总记账凭证账务处理程序的核算步骤

四、汇总记账凭证账务处理程序的优缺点及适用范围

1. 汇总记账凭证账务处理程序的优点

（1）在汇总记账凭证上能够清晰地反映账户之间的对应关系。在汇总记账凭证账务处理程序下，所采用的是专用记账凭证和汇总记账凭证。汇总记账凭证采用按会计科目对应关系进行分类汇总的方法，能够清晰地反映出有关账户之间的对应关系，可以反映一定会计期间经济业务的详细情况。

（2）可以减少登记总分类账户的工作量。在汇总记账凭证账务处理程序下，可以根据汇总记账凭证上有关账户的汇总发生额，在月份当中定期或月末一次性登记总分类账，可以使登记总分类账的工作量大为减少。

2. 汇总记账凭证账务处理程序的缺点

（1）定期编制汇总记账凭证的工作量比较大。对发生的经济业务首先要填制收款凭证、付款凭证和转账凭证，然后还需要定期分类地对这些专用记账凭证进行汇总，编制出作为登记总分类账依据的汇总记账凭证，增加了编制汇总记账凭证的工作量。而且汇总转账凭证不是按经济业务的性质进行归类、汇总，因而不利于日常核算工作的合理分工。
（2）对汇总过程中可能存在的错误难以发现。编制汇总记账凭证是一项比较复杂的工作，容易发生汇总错误。而且汇总记账凭证本身又不能体现出有关数字之间的平衡关系，即使存在汇总错误，也很难及时发现。
3. 汇总记账凭证账务处理程序的适用范围
汇总记账凭证账务处理程序适用于规模较大、经济业务较多、财会力量较强的经济组织。

第五节 日记总账账务处理程序

一、日记总账账务处理程序的凭证、账簿设置

日记总账账务处理程序是根据记账凭证直接逐笔登记兼具日记账与总账性质的日记总账，并定期编制会计报表的账务处理程序。

采用日记总账账务处理程序的单位，仍应设置收款凭证、付款凭证和转账凭证以及库存现金日记账和银行存款日记账，并设置一本"日记总账"和设置一定种类的明细分类账，以便进行必要的续时核算和明细分类核算。

库存现金日记账和银行存款日记账可以采用"三栏式"账簿，明细分类账可以根据具体情况分别采用"三栏式"、"多栏式"和"数量金额式"账簿。

总分类账采用日记总账格式。日记总账是一种既具有序时账簿，又具有分类账簿功能的联合账簿。日记总账的账页为多栏式，即将经济业务发生以后可能涉及的所有会计账户，全部分设专栏集中列示在同一张账页上，每一账户又具体分设借方和贷方两栏。

日记总账的格式如表12-6所示。

表12-6　　　　　　　　　日记总账

2006年		记账凭证	摘要	发生额	银行存款		材料采购		应交税费		（略）
月	日				借方	贷方	借方	贷方	借方	贷方	借方
5	1		月初余额		90 000		50 000			21 700	
	5	银付3	购材料	11 700		11 700	10 000		1 700		
	10	银付5	交税费	20 000		20 000			20 000		
			（略）								
			本月合计	285 000		35 000	10 000	8 000	21 700		
			月末余额		55 000		52 000		0		

（按会计科目设置专栏）
（登记经济业务的发生总额）
（发生的经济业务在相应的会计科目栏的同一行中登记）
（本月全部账户借、贷方发生额合计应分别同"发生额"合计数相符）

二、日记总账的登记方法

在采用日记总账账务处理程序时,关键在于把握日记总账的登记方法。日记总账的登记方法应注意以下几点:

(1) 在根据记账凭证逐笔登记日记总账时,除写明经济业务的简要内容外,对于每一项经济业务的借方发生额和贷方发生额,应该在同一行次相关的不同会计科目"借方"栏和"贷方"栏内分别登记,并将发生额记入"发生额"栏内。

(2) 对于收款和付款业务,可以根据收款凭证和付款凭证逐日汇总登记,也可以不经汇总而逐笔登记。

(3) 月终,应结算各科目的发生额合计数,计算出各科目月末借方或贷方余额。"发生额"栏所列本月发生额合计数,应该与全部科目本月借方发生额合计、本月贷方发生额合计核对相符;各科目的借方余额合计应该与贷方余额合计核对相符。

三、日记总账账务处理程序的核算步骤

日记总账账务处理的核算步骤是:

(1) 根据原始凭证或原始凭证汇总表编制记账凭证。
(2) 根据收款凭证、付款凭证逐笔登记库存现金和银行存款日记账。
(3) 根据原始凭证或原始凭证汇总表或记账凭证逐笔登记明细分类账。
(4) 根据记账凭证登记日记总账。
(5) 将各明细分类账的发生额和余额与日记总账相应科目的发生额和余额相核对;将库存现金日记账、银行存款日记账的发生额和余额与日记总账中的库存现金、银行存款科目的发生额和余额相核对。
(6) 期末,根据日记总账和明细分类账的记录编制会计报表。

日记总账账务处理程序的核算步骤如图12-4所示。

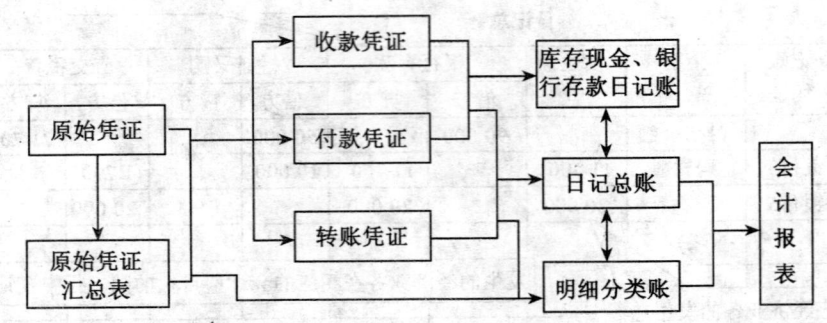

图12-4 日记总账账务处理程序的核算步骤

四、日记总账账务处理程序优缺点及适用范围

1. 日记总账账务处理程序的优点

（1）可以大大简化总分类账的登记手续。在日记总账账务处理程序下，将日记账和总分类账结合在一起，直接根据记账凭证登记总分类账，并且将所有会计科目都集中在一张账页上，因而可以简化登记总分类账的手续。

（2）在日记总账上能够清晰地反映会计账户之间的对应关系。日记总账将全部会计科目分专栏列在一张账页上，从账面上可以看清楚各账户之间的对应关系，便于了解经济业务的全貌和进行会计分析与会计检查。

2. 日记总账账务处理程序的缺点

（1）增加了登记日记总账的工作量。与记账凭证账务处理程序相同，在日记总账账务处理程序下，对于发生的每一笔经济业务都要根据记账凭证逐笔登记日记总账，并且与登记日记账的工作也发生了重复，从而使得登记日记总账的工作量加大。

（2）不便于记账分工和查阅。在使用会计科目比较多的经济单位里，日记总账的账页势必设计过宽，不便于进行记账和查阅。如果会计人员较多，则不便于分工记账。同时，在登记账簿时，也容易发生串行或串列的错误。

3. 日记总账账务处理程序的适用范围

日记总账账务处理程序一般适用于规模小、业务量少、使用会计科目不多的会计主体。但在使用电子计算机进行账务处理的企业里，由于账簿的登记等是由计算机来完成的，因而很容易克服这种账务处理程序的缺点。

第六节 电算化会计账务处理程序

一、电算化会计账务处理程序的特点

电算化会计是以计算机技术为基础，融合系统工程学、电子技术等学科，对会计数据进行收集、存储、加工、传递、维护，为会计信息使用者输出相应的会计信息，以满足其进行管理和决策的一种管理活动。

传统的手工账务处理程序是从原始凭证为起点，依次编制记账凭证、登记日记账和明细分类账、登记总分类账和编制会计报表，中间还有对账、试算平衡等工作环节。这样的处理程序存在着诸如数据大量重复、信息提供不及时、准确性差、工作强度大等缺陷。电算化会计拥有强大的数据处理能力。因此，电算化会计账务处理程序与手工会计账务处理程序相比，有以下显著特点：

1. 增加对原始凭证输入的正确性校验和对出错凭证的修改处理

由于电算化会计信息系统的信息质量主要取决于输入数据的正确性，为了保证数据的质量，必须对输入计算机的数据进行多种方式的检查和验证。

2. 电算化会计账务处理程序采取科目汇总表记账程序

在手工记账的情况下，不同的账务处理程序，在账簿组织、凭证设置、核算步骤等方面各具特色。采用电算化会计账务处理程序后，由于会计信息全部储存在计算机内部，可以根据各种条件进行查询，同时，又能够做到日记账、明细账和辅助账同时登记，因此，为了简化处理程序，一般采用科目汇总表账务处理程序。

3. 增加凭证、账簿和报表的查询和打印工作

所有会计数据进入计算机后，是以电子方式、二进制形式存储于机器内部，查阅和使用账簿等会计信息必须经过输出设备输出。同时，凭证文件应作为会计档案在机内存档备查。

4. 以记账凭证作为账务处理程序的起点

计算机不能搜集和审核原始凭证，所以电算化会计账务处理程序的起点是记账凭证，而原始凭证的整理、审核仍然需要手工完成。记账凭证既可以是手工录入，也可以由其他核算系统转来，如职工薪酬、固定资产、成本核算等子系统如果已经电算化，就可以用机内文件形式直接读出使用，记入各种账簿。

5. 只提供"记账"这一独立步骤

在电算化会计账务处理程序下，登记账簿不再是手工条件下一系列分工结算、结转、汇总、试算等工作量很大且烦琐步骤的集合，而是提供执行"记账"功能这一步骤，根据已经审核的凭证数据更新相应的数据库文件即可。

6. 免除对账程序

在电算化会计账务处理程序下，除了银行对账、往来单位对账以外，其余账目，无须核对。因为在电算化会计账务处理程序中，所有的输出信息都是来自同样的数据库文件，只要完成了正常的数据更新，必然账账相符，所以没有必要核对账目。

二、电算化会计账务处理程序的核算步骤

电算化会计账务处理程序按照工作对象可以分为会计账务子系统和会计报表子系统两个组成部分。从会计理论上来讲，会计核算包括编制会计报表，账务子系统应该包括会计报表的编制，但是由于编制固定的会计报表不能满足会计改革和企业管理的需要，所以电算化会计账务处理程序还要建立单独的会计报表子系统。会计报表子系统不仅可以编制会计准则规定的会计报表，而且还可以根据企业的需要编制各种内部管理用报表。

电算化会计账务处理程序的核算步骤是：

（1）初始处理。初始处理是指根据会计账户信息对系统进行初始化设置，是系统正式运行之前的操作。初始处理包括设置会计科目、凭证类型、初始余额录入以及其他设置等功能模块。该处理是整个电算化会计核算系统的基础。这一步骤的处理需要会计人员手工操作。

（2）日常处理。日常处理主要是指根据原始凭证进行凭证处理，包括凭证的输入、修改、审核、查询、入账与打印。需要注意的是：在输入凭证之前需要会计人员手工搜集和审核原始凭证，确保输入数据的准确性。这一处理需要会计人员手工录入和维护。

（3）会计账户基础数据文件处理。用来存储根据初始处理而确定的会计账户基础数据，包括账套参数、会计科目字典数据、会计账户期初余额、各类辅助科目字典数据、各类辅助账户期初余额、自动转账凭证定义等。

（4）记账凭证数据文件处理。用来存储根据日常处理而确定的记账凭证数据，包括凭证号、制证日期、会计科目码、原始凭单号、金额、借贷方向、入账标志、制证人、审核人等。

(5) 账务子系统。账务子系统包含出纳管理、账簿输出、期末处理、系统维护等部分。出纳管理由库存现金日记账、银行存款日记账、银行对账组成;账簿输出包括科目余额表输出、总账输出、明细账输出、综合查询;期末处理包括自动转账、月末转账、年末转账;系统维护包括科目维护、币别维护、账套维护、人员管理、口令维护、文件恢复、文件备份。账务子系统的运行全部由计算机完成,会计人员只需发出指令即可。

(6) 报表子系统。报表子系统包括报表定义、报表生成、报表输出、报表核对、报表管理。报表定义包含新表登记、报表栏目定义、表体元素定义、钩稽关系定义;报表输出包含报表查询、报表打印、报表传输;报表管理包括报表归档、报表修改、报表删除、报表备份、报表恢复。会计人员只需选择想要得到的报表类别,其他工作全部交由计算机完成。电算化会计账务处理程序的核算步骤如图12-5所示。

电算化会计账务处理程序与传统的账务处理程序有很大差异,要使电算化会计账务处理程序得到充分应用,就需要加强信息化建设,将会计核算、财务管理、生产管理等工作融合成一个有机的整体。会计工作人员和相关管理者也应该加强学习,熟练电脑操作软件,更好地发挥会计的核算和监督作用。

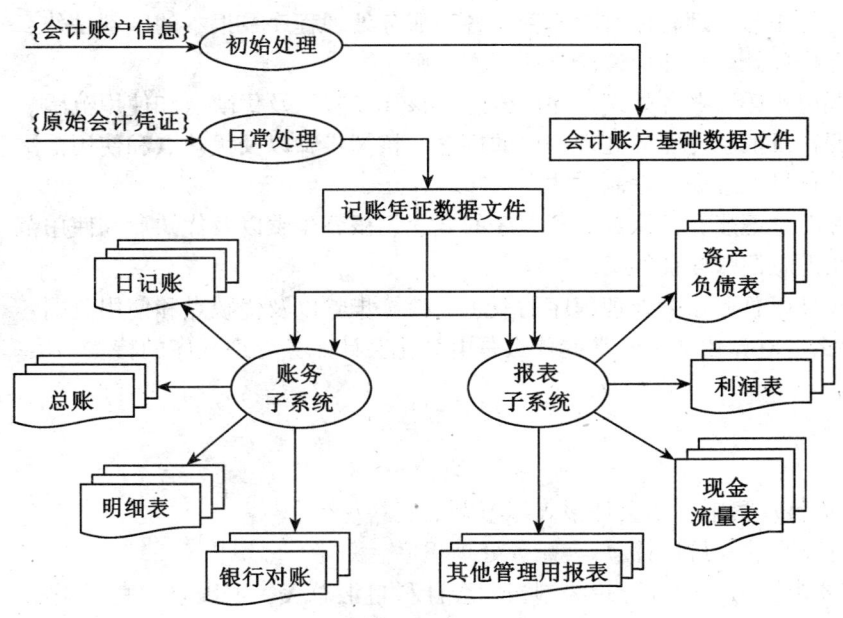

图 12-5　电算化会计账务处理程序的核算步骤

☞ 本章小结

账务处理程序是在会计核算中,以账簿体系为核心,把会计凭证、会计账簿、记账程序和记账方法有机组合起来的技术组织方式。

账务处理程序有记账凭证账务处理程序、科目汇总表账务处理程序、汇总记账凭证账务处理程序、日记总账账务处理程序、电算化会计账务处理程序五种。

记账凭证账务处理程序是根据经济业务发生以后所填制的各种记账凭证直接逐笔地登记总分类账，并定期编制会计报表的一种账务处理程序。

科目汇总表账务处理程序是根据记账凭证定期编制科目汇总表，然后据以登记总分类账，并定期编制会计报表的一种账务处理程序。

汇总记账凭证账务处理程序是根据收款凭证、付款凭证和转账凭证定期汇总编制汇总收款凭证、汇总付款凭证和汇总转账凭证，然后根据汇总记账凭证登记总分类账，并定期编制会计报表的一种账务处理程序。

日记总账账务处理程序是根据记账凭证直接逐笔登记兼具日记账与总账性质的日记总账，并定期编制会计报表的一种账务处理程序。

电算化会计账务处理程序是以计算机技术为基础，融合系统工程学、电子技术等学科，对会计数据进行收集、存储、加工、传递、维护，为会计信息使用者输出相应的会计信息，以满足其进行管理和决策的一种账务处理程序。

☞思考题

1. 什么是账务处理程序？合理的设置账务处理程序有什么意义？
2. 常用的账务处理程序有哪五种？各种账务处理程序最根本的区别是什么？
3. 建立账务处理程序应遵循哪些基本原则？
4. 掌握记账凭证账务处理程序的概念、核算步骤以及优缺点和使用范围。
5. 掌握科目汇总表账务处理程序的概念、核算步骤以及优缺点和使用范围。
6. 谈谈科目汇总表的编制方法。
7. 掌握汇总记账凭证账务处理程序的概念、核算步骤以及优缺点和使用范围。
8. 谈谈汇总记账凭证的编制方法。
9. 掌握日记总账账务处理程序的概念、核算步骤以及优缺点和使用范围。
10. 什么是电算化会计？掌握什么是电算化会计账务处理程序的特点、核算步骤。

☞练习题

习题一

（一）资料：第十一章会计报表练习题的资料。

（二）目的：练习科目汇总表账务处理程序。

（三）要求：根据会计分录编制当期会计科目汇总表，据以登记总分类账，并进行月末结账。

习题二

（一）资料：第十一章会计报表练习题的资料。

（二）目的：练习汇总记账凭证的编制。

（三）要求：编制月末汇总记账凭证。

第十三章 会计报表分析

◎**教学目的与要求** 通过本章的学习，应掌握会计报表分析的概念，理解会计报表分析的意义与原则；理解会计报表分析的步骤；掌握比较分析法的概念、比较形式以及例题；掌握因素分析法的概念、连环替代法的基本要点、差额计算法的运用；掌握比率分析法的概念、三种主要比率；掌握盈利能力状况、资产质量状况、债务风险情况、经营增长情况的分析涉及的分析指标的含义、计算公式以及这些指标的意义。

◎**教学重点与难点** 本章的教学重点是会计报表分析的方法及有关经济指标的计算和分析。本章的教学难点有关经济指标的计算和分析。

第一节 会计分析的意义和原则

一、会计报表分析的意义

会计报表分析是以会计报表为主要依据，采用专门的技术方法，对企业盈利能力、资产质量、债务风险、经营增长状况进行分析和评价，以便利益相关者作出正确决策的一种管理活动。

会计报表分析就其利用的主要资料以及所要达到的目标来看，它是会计核算的继续和发展。会计核算完成的是记账、算账、报账等基础性工作，这并没有全面完成会计工作的任务，还必须利用这些资料对经济活动及其结果进行考核分析，以便挖掘降低成本费用、提高经济效益的潜力，加强财务管理，减少损失浪费，规避债务风险，提高企业在市场中的竞争能力。会计报表分析的意义主要体现在以下几个方面：

1. 为投资者和债权人的决策提供帮助

一般来说，投资者最关注企业的投资回报率和投资风险程度，他们希望了解企业的短期盈利能力和长期发展潜力。通过分析会计报表，可以揭示包括目标利润、目标成本等企业财务目标能否实现的信息，从而便于投资者作出继续投资或者抽回投资的决策。同时，投资者还可以分析评价企业经营管理人员的经营业绩，考核他们作为企业资产的经营者是否称职，以便选聘更加合适的经营管理人员。

债权人主要关心企业的偿债能力，关心企业的资本结构及长期负债与短期负债之间比例的合理性，期望届时收回本金和利息。一般来说，短期债权人更多关注企业的各项流动比率，而长期债权人则会更多考虑企业的经营方针、发展方向、潜在风险等。通过会计报表分析，可以为债权人提供这些方面的分析结论。

2. 为经营管理者进行经营决策提供依据和线索

企业经营管理人员对会计报表分析，一方面，要评判企业经营业绩和财务状况；另一方面，还要预测企业未来的发展趋势，既要为保持企业良好的偿债能力、运营能力和竞争能力服务，又要为科学决策，实现企业价值最大化，确保各方利益，构建可持续发展的财务环境和经营环境服务。通过会计报表分析，能够客观地、全面地评价企业财务状况、经营成果及现金流量，揭示企业经济活动中存在的问题，为经营管理人员掌握企业经济活动是否正常、企业经营前景是否良好提供分析结论，以便他们作出是否扩大生产规模以及是否调整经营战略等决策提供依据和线索。

3. 为政府有关管理部门提供管理信息

对企业有监督和管理职能的部门包括工商、税务、财政、审计等职能部门，这些部门通过会计报表分析主要了解企业纳税情况、遵守政府法规和市场秩序情况，以及职工的收入情况等，以便分析、制定合理的宏观调控政策。通过会计报表分析，有关管理部门可以得到这些信息。

二、会计报表分析的原则

会计报表分析的对象与会计核算的对象都是会计主体的资金运动，因而进行会计报表分析时应遵循以下原则：

1. 以会计核算资料为主要依据

会计报表分析无论是事前、事中还是事后分析，都必须从资金运动的实际情况出发，实事求是地进行分析。而会计核算资料正是集中反映资金运动情况的，尤其是一系列核算指标为会计报表分析提供了资料依据。此外，计划资料、预测资料等，有利于考核计划执行情况、分析企业发展前景，也是分析时不可缺少的重要资料。

2. 以财务计划为主要标准

为了防止会计管理的盲目性和财务活动中的无计划状况，企业必须对资金、成本和利润等进行科学预测，编制全面的财务计划。企业的财务计划一经确定，就成为企业的奋斗目标，这些指标分解落实以后，就成为企业内部各部门和个人的经济责任。因此，财务计划就成了会计分析的主要标准。此外，为了从不同角度进行分析，还应将上期的、历史最好水平的、同行业先进水平的相同性质的财务指标作为分析评价企业经济活动情况的参考资料。

3. 以国家法规、政策为依据

在会计报表分析中，必须以国家的法规政策为依据对经济活动的合法性进行分析。市场经济是法制经济，违反政策法规，就会扰乱市场经济秩序。因此，必须坚持以国家政策法规为分析依据的原则。

4. 以提高经济效益为中心

在会计报表分析中，不论是查找差距、揭露矛盾、调查原因，还是提出建议、采取措施，都必须围绕提高经济效益这个中心开展分析工作。

第二节 会计报表分析的步骤和方法

一、会计报表分析的步骤

会计报表分析是一项复杂的管理活动，分析人员必须以分析目的为主线，按照科学的分析程序，运用适当的分析方法，进行有效的分析，从而保证分析工作有条不紊地进行。会计报表分析的基本步骤如下：

1. 明确分析目的，制订分析计划

在进行会计报表分析时，分析人员都有一定的分析目的。分析主体不同、分析内容不同，分析的目的也就不同。会计报表分析的目的是整个分析工作的出发点，它决定着分析范围的大小、收集哪些方面的资料、收集多少资料、采用哪些分析方法等，因此必须首先确定分析目的。

确定了分析目的之后，应该制定详细的分析计划。分析计划包括分析目的、分析要求、组织分工、时间进度、资料依据、分析评价的标准等。

2. 收集分析资料，掌握基本情况

根据分析目的、分析计划确定所要收集的分析资料。会计报表分析最基本的资料是会计报表，包括资产负债表、利润表和现金流量表，以及会计报表附注和财务状况说明书等。同时，还必须收集企业内部和外部与分析目的相关的资料，如行业情况信息、债务人的信誉状况等。

3. 确定分析标准，选择分析方法

会计报表分析的对象是特定的企业，在得出分析结论的过程中，必须将企业的财务状况和经营业绩与分析标准相比较，从而进行判断。因而分析人员需要对分析标准进行选择。会计报表分析可分别以经验数据、历史数据、同行业数据和本企业预定数据为标准。

分析标准确定以后，还应结合会计报表分析的目的选择合理的分析方法。会计报表分析的目的不同，所使用的分析方法也不相同。常用的分析方法有比较分析法、比率分析法、因素分析法等。这些方法各有特点，在进行会计报表分析时，根据分析的需要可以结合使用。

4. 明确指标差异，分析具体原因

在掌握大量数据资料和情况之后，采用科学的分析方法和合理的分析标准，开始对企业的经济活动情况进行分析。通过指标对比，找出差异，揭露问题，由此确定重点分析目标。

抓住重点分析目标以后，要进一步分析形成差异的原因，分析有关影响因素及其依存关系，并确定各项因素变动的作用方向和影响程度，进而透过现象看本质，寻找企业经济活动内在的规律性，以便发现企业经营管理过程中存在的问题。

5. 提出改进建议，撰写分析报告

在进行会计报表分析以后，应在分析的基础上进行评价，总结经验教训，指出未来发展趋势，提出加强生产经营管理的措施和建议，预测下期增收节支可能实现的目标。

会计报表分析报告是对分析工作的总结，也是会计报表分析的最后工作步骤。在会计报表分析报告中，要把分析对象、分析目的、分析程序、分析结论和依据，以及提出的改进建议完整地撰写出来。

二、会计报表分析的方法

会计报表分析常用的技术方法有比较分析法、因素分析法、比率分析法等。

（一）比较分析法

比较分析法是通过比较同质经济指标，以便揭示经济指标数量差异的一种分析方法。比较分析法的主要作用在于揭示差异、发现问题，并为进一步分析指明方向。比较分析法是最基本的分析方法。比较分析法一般有以下三种比较形式：

（1）实际指标与计划指标或定额指标对比，借以分析计划或定额的完成情况。这种形式所计算的结果可为进一步分析提供依据，但还应注意是否存在有意压低计划或定额指标的问题。

（2）本期实际指标与上期或上年同期或历史最好水平的实际指标对比，借以分析发展动态和发展趋势，为进一步剖析问题提供线索。

（3）本期实际指标与国内外同行业先进水平对比，借以在更大范围内寻找差距，取长补短，改善经营管理，增强竞争能力。

在上述三种对比形式中，我们将被比较的计划指标、定额指标、前期指标、国内外同行业先进指标等统称为基数指标。那么，指标对比法需要运用的计算公式可归纳为以下三个：

实际指标较基数指标（±）额 = 实际指标 - 基数指标

实际指标占基数指标的% = （实际指标÷基数指标）×100%

实际指标较基数指标（±）% = （实际指标 - 基数指标）÷基数指标×100%

【例 13-1】 某企业 2010 年销售甲、乙两种产品，上年实际销售收入、本年计划销售收入、本年实际销售收入，以及本年比上年、比计划增减的销售收入数额及比例如表 13-1 所示。

表 13-1　　　　　　　　　某企业主营业务收入比较分析表

2010 年度

产品名称	计量单位	上年实际	本期计划	本期实际	比上年实际增减		比本期计划增减	
					金额	百分比	金额	百分比
甲产品	万元	1 704	1 752	1 761	+57	+3.3	+9	+0.5
乙产品	万元	1 320	1 536	1 524	+204	+15.4	-12	-0.7

从表 13-1 的基本资料和计算结果看，该企业 2010 年度甲产品的实际销售收入较上年实际和本年计划均有所增长，但比计划只是略有超额；乙产品销售收入比上年实际增长幅

度较大,但与计划相比,却未能完成任务,还须进一步分析未完成计划的原因。

在应用比较分析法时,要注意指标的可比性。用于对比的数量指标在对比内容、对比时间、计算方法、计算标准上必须口径一致,否则,将难以得出正确的比较结果。

(二) 因素分析法

因素分析法是依据分析指标与其影响因素之间的关系,按照一定的程序和方法,确定各因素对分析指标总差异影响方向和影响程度的一种技术方法。因素分析法包括连环替代法和差额计算法两种具体计算方法。

1. 连环替代法

连环替代法是从数值上测定各个相互联系的经济因素对有关经济指标影响程度的一种分析方法。利用比较分析法确定了差异后,需要进一步查明形成差异的原因以及这些因素对经济指标的影响程度,这就需用连环替代法。连环替代法的基本要点如下:

(1) 根据影响某项经济指标的诸因素,按其依存关系将经济指标的基数和实际数列成算式。例如,产品计划总成本=计划产量×计划单位成本;产品实际总成本=实际产量×实际单位成本,并算出实际指标与基数指标的总差异。

(2) 以基数指标体系为计算的基础,按一定顺序依次用实际指标体系中的各因素逐一代替其相应基数。有几个因素就替代几次,每替代一次就计算出一个新的乘积。

(3) 将每次替代所得出的新乘积,与这一因素被替代前的乘积进行比较,两者的差额就是该因素变动对综合经济指标的影响数额。

(4) 将各个因素的影响数额相加,其代数和应该同第一步骤计算的该经济指标的实际数与基数之间的总差异数额相等。

【例 13-2】某企业产品成本中 A 材料费用总额变动受产品产量、单位产品的材料消耗量以及材料的单位成本三个因素影响。2010 年有关计划、实际数额如表 13-2 所示。

表 13-2　　　　　　　　　甲材料耗用情况分析表

2010 年度

项　目	单位	计划数	实际数	差异(实际−计划)
产品产量	件	2 000	1 900	−100
单位产品材料耗用量	公斤	8	9	+1
材料单价	元	16	18	+2
材料费用	元	256 000	307 800	+51 800

要求:用连环替代法计算各因素变动对材料费用差异额的影响程度。

材料费用消耗总额=产品产量×单位产品材料消耗量×材料单价

A 材料计划消耗数额=2 000×8×16=256 000 (元)

A 材料实际消耗数额=1 900×9×18=307 800 (元)

实际指标与基数指标的差异额=307 800−256 000=51 800 (元)

第一次替代指标 = 1 900×8×16 = 243 200（元）
产品产量变动的影响 = 243 200-256 000 = -12 800（元）
第二次替代指标 = 1 900×9×16 = 273 600（元）
单位消耗量变动的影响 = 273 600-243 200 = 30 400（元）
第三次替代指标 = 1 900×9×18 = 307 800（元）
材料单价变动的影响 = 307 800-273 600 = 34 200（元）
三个因素变动影响数额的合计数 = -12 800+30 400+34 200 = 51 800（元）

可见，三个因素影响数额的合计数，与事先计算的实际指标与基数指标的差异额51 800元是相等的。

根据上例的计算过程，可以看出连环替代法有以下几个特点：

(1) 计算程序的连环性。由上述计算程序可见，连环替代法是按既定顺序逐次以一个因素的实际数替代其基数的。除第一次替代外，每个因素替代都是在前一个因素替代的基础上依次进行的，并且每次替代后，实际数就被保留下来，直到所有因素全部变成实际数为止。

(2) 因素替代的顺序性。顺序性的要求，也是由计算上的连环性和用连环比较方法确定影响结果所决定的。因为，在确定各因素影响值时，是以前面各因素已经变动而其后各因素尚未变动为条件的，如果各因素替代的顺序改变，则计算出来的各因素影响程度就随之不同。确定合理的替代顺序应遵循如下原则：符合因素之间相互依存、相互制约的内在逻辑关系，并考虑计算的实际经济意义；数量指标在前，质量指标在后；实物量指标在前，价值量指标在后。若同时有几个数量指标、几个质量指标，则基本因素在前，从属因素在后；主要因素在前，次要因素在后。

(3) 计算条件和结果的假定性。在运用因素分析法测定每一因素变动影响时，是以假定其他因素不变为前提条件的。因此，计算结果也只能表明是在某种假定条件下的影响结果，若替代顺序不同，则各因素变动的影响数额也不同。

2. 差额计算法

差额计算法是连环替代法的一种简化形式。差额计算法的原理与连环替代法是完全相同的，应用连环替代法应注意的问题，在应用差额计算法时同样也要注意。二者的区别仅在于分析程序上，差额计算分析法比连环替代法简化，它可以直接利用各影响因素的实际数与基期数的差额，在假定其他因素不变的条件下，计算各因素对分析指标的影响程度。差额法实际上是将连环替代法计算过程中的前后两个步骤合并为一个步骤进行而已。

因素分析法在会计报表分析中被广泛使用，它既可以全面分析各因素对某一经济指标的总体影响，又可以单独分析出某个因素对某一经济指标的影响程度，进而为寻找财务指标出现偏差的原因指明了方向。

【例 13-3】承【例 13-2】的资料，运用差额计算法予以计算分析。

A 材料计划消耗数额 = 2 000×8×16 = 256 000（元）
A 材料实际消耗数额 = 1 900×9×18 = 307 800（元）
实际指标与基数指标的差异额 = 307 800-256 000 = 51 800（元）

产品产量变动的影响=（1 900-2 000）×8×16=-12 800（元）
单位消耗量变动的影响=1 900×（9-8）×16=30 400（元）
材料单价变动的影响=1 900×9×（18-16）=34 200（元）
三个因素变动影响数额的合计数=-12 800+30 400+34 200=51 800（元）

三个因素影响数额的合计数，与事先计算的实际指标与基数指标的差异额51 800元仍然是相等的。

以上两种计算结果都表明，该期材料费用实际比计划增长51 800元，在这个总差异中，因产量减少100件，使材料费用降低12 800元；因材料单位消耗量增加1公斤，使材料费用上升30 400元；因材料单价升高2元，使材料费用上升34 200元，三因素影响的差异合计总共为51 800元。

对材料费用的分析，不能一概而论，要结合企业的实际情况作出合理评价。比如，在本例中，企业产量下降，如果是由于宏观经济原因造成产品销售不畅，那么减少产量节省材料费用可以给予好评；反之，如果产品供不应求，企业反而缩小生产规模减少产品产量，那么以这种方式节省材料费用，显然不是企业利益相关者所期望的。所以，企业还要根据计算结果，深入实际，一个环节一个环节的进一步分析更具体的原因。

3. 比率分析法

比率分析法是通过计算不同质经济指标之间的比率来揭示经济指标内在联系和经济活动正常度的分析方法。比率是相对数，排除了规模的影响。采用这种分析方法，能够把某些看似不可比但实际上存在内在相关性的经济指标进行对比，并从中揭示出决策有用的信息。

比率分析法所计算的比率主要有以下三类：

（1）结构比率。结构比率又称构成比率，是用以计算某项经济指标的各个组成部分占总体的比重，是反映部分与总体之间关系的比率。计算公式为：

结构比率=总体中某个组成部分的数额÷总体数额

利用构成比率指标，可以考察总体中某个部分的形成和安排是否合理，以便协调各项财务活动。如流动资产占全部资产的比重、固定资产占全部资产的比重等，都是观察个体指标在总体指标中的比重是否合理。

（2）效率比率。效率比率是用以计算某项经济活动所费与所得的比例，反映投入与产出之间关系的比率。如净利润与净资产的比率、主营业务利润与主营业务收入的比率、利润总额与成本费用总额的比率等。利用效率比率指标，可以进行得失比较，考查经营管理的效率与效益。

（3）相关比率。相关比率是将两个性质不同但又相互关联的指标进行对比，以反映企业财务状况的比率。如流动资产与流动负债的比率、速动资产与流动负债的比率、负债总额与资产总额的比率等。利用相关比率指标，可以考察企业单一经济活动或整个经济活动现有状况的合理性，预测未来风险大小，以保障生产经营活动能够顺畅运行。

第三节　主要经济指标的计算与分析

国务院国有资产监督管理委员会财务监督与考核评价局2010年发布的《中央企业综

合绩效评价管理暂行办法》，规定了企业应从以下几个方面加强企业的绩效考核：盈利能力状况、资产质量状况、债务风险情况、经营增长状况等。根据会计报表使用者的目的，地方企业和其他所有制企业也可以从这些方面进行会计报表分析。

一、盈利能力状况分析

盈利能力是指企业获取利润的能力。利润是企业内外各方都关心的中心问题。利润是使投资者取得投资收益、债权人收取本息的资金来源，是经营者经营业绩和管理效能的集中表现，是职工集体福利设施不断完善的重要保障，同时，获利能力也是有关人员对企业进行收益预测的中心。因此，企业盈利能力分析十分重要。

反映获利能力的指标有净资产收益率、主营业务利润率、成本费用利润率等。

（一）净资产收益率

净资产收益率是指企业一定时期内的净利润同平均净资产的比率。净资产收益率充分体现了投资者投入企业的自有资本获取净收益的能力，突出反映了投资与报酬的关系，是评价企业资本经营效益的核心指标。净资产收益率的计算公式为：

净资产收益率＝净利润÷平均净资产×100%

其中：平均净资产＝（所有者权益年初数+所有者权益年末数）÷2

【例13-4】千福公司2010年净利润为870 642元，期初净资产3 728 760元，期末净资产4 034 830.38元。千福公司2010年的净资产收益率为：

净资产收益率＝870 642÷（4 034 830.38+3 728 760）÷2＝22.43%

净资产收益率是评价企业自有资本及其积累获取报酬水平的最具综合性与代表性的指标，可以反映企业资本运营的综合效益。该指标通用性强，适应范围广，不受行业局限。通过对净资产收益率的综合对比分析，可以看出企业获利能力在同行业中所处的地位，以及与同类企业的差异水平。一般认为，企业净资产收益率越高，企业自有资本获取收益的能力越强，运营效益越好，对企业投资人、债权人的保证程度越高。

在2010年国家发布的《中央企业综合绩效评价管理暂行办法》中，规定了全国国有企业全行业绩效评价标准值，本节例题假设千福公司属于国有企业，以便确立一个比较标准。2010年国家规定的净资产收益率优秀值12.60%，千福公司的净资产收益率22.43%，达到了优秀标准值。

在实际工作中，要采用沃尔比重评分法的原理计算各个企业若干考核与分析指标的综合得分，最终给各个企业排出名次。限于篇幅，本书仅计算分析指标的实际值，并与国家规定的优秀、良好、平均、较低、较差值进行对比，直接说明企业达到的水平。

（二）主营业务利润率

主营业务利润率是指企业一定时期内主营业务利润同主营业务收入净额的比率。它表明企业每单位主营业务收入能带来多少主营业务利润，反映了企业主营业务的获利能力，是评价企业经营效益的主要指标。主营业务利润率的计算公式为：

主营业务利润率＝主营业务利润÷主营业务收入×100%

其中，主营业务利润＝主营业务收入－主营业务成本－主营业务税金及附加

【例 13-5】千福公司 2010 年主营业务收入、主营业务成本、主营业务税金及附加占营业收入、营业成本、营业税金及附加的 90%，所以分别为 4 076 524.80 元、2 445 912 元、118 972.80 元，主营业务利润 1 151 640 元。千福公司 2010 年的主营业务利润率为：

主营业务利润率 = 1 151 640 ÷ 4 076 524.80 × 100% = 28.25%

2010 年国家规定的主营业务利润率优秀值 21.30%，千福公司的净资产收益率 28.25%，达到了优秀标准值。

主营业务利润率指标反映企业的主营业务获利水平，只有当企业主营业务突出，即在主营业务利润率较高的情况下，才能在竞争中占据优势地位。以主营业务利润率为基础，结合企业的主营业务收入和主营业务成本分析，能够充分反映出企业成本控制、费用管理、产品营销、经营策略等方面的不足与成绩。主营业务利润率指标越高，说明企业产品定价科学，产品附加值高，营销策略得当，主营业务市场竞争力强，发展潜力大，获利水平高。

（三）成本费用利润率

成本费用利润率是企业一定时期的利润总额同企业成本费用总额的比率，它反映企业获得的收益与生产经营过程中发生的耗费之间的关系。计算公式为：

成本费用利润率 =（利润总额 ÷ 成本费用总额）× 100%

公式中成本费用总额是指企业营业成本、销售费用、管理费用、财务费用之和。利润总额是指企业实现的全部利润，包括企业当年营业利润、投资收益、补贴收入、营业外收支净额和所得税等项内容，如为亏损，则以负数表示。

【例 13-6】千福公司 2010 年利润总额 1 160 856 元，营业成本 2 717 680 元，销售费用 94 656 元，管理费用 528 768 元，财务费用 4 320 元。则千福公司 2010 年成本费用利润率为：

成本费用利润率 = 1 160 856 ÷（2 717 680 + 94 656 + 528 768 + 4 320）× 100% = 34.70%

2010 年国家规定的成本费用利润率优秀值 11.70%，千福公司的成本费用利润率 34.70%，达到了优秀标准值。

成本费用率指标从资金耗费的角度评价企业收益状况，有利于促进企业加强内部管理，节约支出，提高经营效益。该指标越高，表明企业为取得收益所付出的代价越小，企业成本费用控制得越好，企业的获利能力越强。

二、资产质量状况分析

资产质量状况分析是指通过会计报表分析，了解企业资产质量状况，分析取得收入与占用资产之间的比例关系、不良资产占全部资产的比例关系等。通过对企业资产质量的分析，能使各利益相关者对企业经营状况有一个全面、清晰的了解和认识。

反映资产质量状况的分析指标主要有总资产周转率、应收账款周转率、流动资产周转率等。

(一) 总资产周转率

总资产周转率是指企业一定时期营业收入净额同平均资产总额的比值。总资产周转率是综合评价企业全部资产经营质量和利用效率的重要指标。计算公式如下：

总资产周转率（次）= 营业收入净额÷平均资产总额×100%

其中，平均资产总额=（资产总额年初数+资产总额年末数）÷2

【例 13-7】 千福公司 2010 年营业收入净额 4 529 472 元，期初资产总额 4 655 760 元，期末资产总额 4 820 654.51 元。则千福公司 2010 年总资产周转率为：

总资产周转次数 = 4 529 472÷（4 655 460+4 820 654.51）÷2×100% = 0.96（次）

总资产周转天数 = 360÷0.96 = 375（天）

2010 年国家规定的总资产周转次数优秀、良好、平均值分别为 1.60 次、1.00 次、0.5 次，千福公司的总资产周转次数 0.96 次，接近良好标准值。

总资产周转率是考察企业资产运营效率的一项重要指标，体现了企业经营期间全部资产从投入到产出周而复始的流转速度，反映了企业全部资产的管理质量和利用效率。由于该指标是一个包容性较强的综合性指标，因此，从因素分析的角度来看，它要受到流动资产周转率、应收账款周转率和存货周转率等指标的影响。

通过该指标的对比分析，不仅能够反映出企业本年度及以前年度总资产的运营效率及其变化，而且能够发现企业与同类企业在资产利用方面存在的差距，促进企业挖掘潜力、积极创收、提高产品的市场占有率、提高资产利用效率。一般情况下，该指标数值越高，表示企业的总资产周转速度越快，销售能力越强，资产利用效率越高。

(二) 应收账款周转率

应收账款周转率是企业一定时期内营业收入净额同平均应收账款余额的比率。反映应收账款周转速度的经济指标，有应收账款周转次数和应收账款周转天数两种。计算公式为：

应收账款周转次数 = 营业收入净额÷应收账款平均余额

应收账款周转天数 =（分析期天数×应收账款平均余额）÷营业收入

其中，应收账款平均余额 =（期初应收账款+期末应收账款）÷2

公式中的分析期天数分别为年度 360 天、季度 90 天、月份 30 天。根据现行有关制度规定，为了与总资产周转率、存货周转率计算口径一致，应收账款周转率使用营业收入净额，而不使用赊销收入净额计算。

【例 13-8】 千福公司 2010 年营业收入净额 4 529 472 元，期初应收账款余额 48 000 元，期末应收账款余额 43 804.80 元。则千福公司 2010 年应收账款周转率为：

应收账款周转次数 = 4 529 472÷（48 000+43 804.80）÷2 = 98.68（次）

应收账款周转天数 = 360÷98.68 = 3.65（天）

2010 年国家规定的应收账款周转次数优秀值 21.90 次，千福公司的应收账款周转次数 98.68 次，达到了优秀标准值。

在一定时期内应收账款周转的次数越多，周转天数越少，说明应收账款变现的速度越快，企业资金被外单位占用的时间越短，管理工作的效率越高。这不仅有利于企业及时收回货款，减少或避免发生坏账损失的可能性，而且有利于提高企业资产的流动性，提高企业偿还短期债务的能力。

对应收账款周转率进行分析，主要目的是促进企业通过合理制定赊销政策、严格销货合同管理、及时结算等途径加强应收账款的前后期管理，加快应收账款回收速度，盘活企业营运资金。

(三) 流动资产周转率

流动资产周转率是指企业一定时期营业收入净额同平均流动资产总额的比值。计算公式如下：

$$流动资产周转率（次）= 营业收入净额 \div 流动资产平均余额$$

其中：流动资产平均余额 =（期初流动资产+期末流动资产）÷2

【例13-9】 千福公司2010年营业收入净额4 529 472元，期初流动资产余额1 137 360元，期末流动资产余额1 278 854.51元。则千福公司2010年流动资产周转率为：

$$流动资产周转次数 = 4\ 529\ 472 \div (1\ 278\ 854.51 + 1\ 137\ 360) \div 2 = 3.75（次）$$

$$流动资产周转天数 = 360 \div 3.75 = 96（天）$$

2010年国家规定的流动资产周转次数优秀值2.80次，千福公司的应收账款周转次数3.75次，达到了优秀标准值。

流动资产周转率反映了企业流动资产的周转速度，是从企业全部资产中流动性最强的流动资产角度对企业资产的利用效率进行分析，以进一步揭示影响企业资产质量的主要因素。如果流动资产周转速度快，企业就会节约流动资产的占用，相当于扩大了资金投入，增强了企业的流动能力。

要实现流动资产周转率的良性变动，应以营业收入增幅高于流动资产增幅作保证。在企业内部，通过对该指标的分析对比，一方面，可以促进企业加强内部管理，充分有效地利用其流动资产，如降低成本、调动暂时闲置的货币资金用于短期投资创造收益等；另一方面，也可以促进企业采取措施扩大销售，提高流动资产的综合使用效率。

三、债务风险情况分析

对企业债务风险情况分析，就是对企业到期偿还其所承担债务的资金保障能力的分析，企业偿债能力的强弱是影响企业生存和发展的重要前提。偿债能力强，债务风险就小。在市场经济条件下，企业追求利润最大化或者企业价值最大化的财务目标，存在着极大的不确定性。如果企业经营不善，财务状况不佳，甚至到期不能偿还债务，则企业就会被迫破产倒闭，更谈不上获利。因此，对企业债务风险情况进行分析，应从短期偿债能力和长期偿债能力两方面进行。

(一) 短期偿债能力分析

短期偿债能力就是企业以流动资产偿还流动负债的能力，它反映企业偿付日常到期债务的实力。企业能否及时偿付到期的流动负债是反映企业财务状况好坏的重要标志。短期偿债能力也是金融机构、投资者、材料供应商所关心的重要问题。对金融机构来说，企业要具有充分的偿还能力才能保证其债权的安全,按期取得利息,到期收回本金。对投资者来说,如果企业的短期偿债能力发生问题,就势必要求有关人员主动去筹集资金,这样就会减少经营管理的时间,而且还会增加筹资成本,影响企业的盈利能力。对供应商来说,则可能影响应收账款的收取。反映短期偿债能力的财务指标主要有以下几项:

1. 流动比率

流动比率是流动资产与流动负债的比率。反映企业用可在短期内转变为现金的流动资产偿还到期流动负债的能力。计算公式如下:

$$流动比率=流动资产\div 流动负债\times 100\%$$

【例 13-10】千福公司 2010 年流动资产余额 1 278 854.51 元,流动负债余额 785 824.13元。则千福公司 2010 年流动比率为:

$$流动比率=1\ 278\ 854.51\div 785\ 824.13\times 100\%=163\%$$

2010 年国家没有考核这项指标,但根据国际公认的流动比率200%来看,千福公司的流动比率达到了163%,接近优秀值。

流动比率越高,反映企业短期偿债能力越强。一般认为2∶1的比例比较适宜。它表明企业财务状况稳定可靠,除了满足日常生产经营的流动资金需要外,还有足够的财力偿付到期的短期债务。但是,流动比率也不能过高,过高的流动比率表明企业流动资产占用较多,并且是使用长期资本投放于流动资产占用上,没有合理运用应付款项类的流动负债,从而影响资金的使用效率和企业的获利能力。

对于流动比率的分析,除了观察流动比率的高低以外,还要观察流动资产的质量和流动负债的质量。如果在流动资产中,存在大量的没有使用价值的原材料以及冷背呆滞的商品,而流动负债又要急需偿还,那么,再高的流动比率也无法说明企业的短期偿债能力强。

2. 速动比率

速动比率是企业速动资产与流动负债的比率。速动资产是流动资产减去存货后的差额,具体包括货币资金、交易性金融资产、应收款项。速动比率反映企业流动资产中可以立即用于偿付流动负债的能力。存货是流动资产中变现较慢的部分,它要经过产品的加工、销售和账款的回收才能变为现金,而且存货中还可能包括超储积压的材料、不适销对路而难以变现的产品,因此,在计算速动比率时扣除了存货。计算公式为:

$$速动比率=速动资产\div 流动负债\times 100\%$$
$$速动资产=流动资产-存货$$

【例 13-11】千福公司 2010 年流动资产余额 1 278 854.51 元,其中,存货余额 776 232 元,流动负债余额 785 824.13 元。则千福公司 2010 年速动比率为:

$$速动比率=(1\ 278\ 854.51-776\ 232)\div 785\ 824.13\times 100\%=153\%$$

2010 年国家规定的速动比率优秀值128.80%,千福公司的速动比率153%,达到了优秀标准值。

有些企业的流动比率虽然较高,但是如果流动资产中易于变现的资产很少,则企业的短期偿还能力仍然很差,而速动比率能够更准确地反映企业的短期偿债能力。一般认为 1∶1较为合适。如果速动比率过低,则说明企业的偿债能力不强;如果速动比率过高,则说明企业拥有过多的速动资产,而可能失去一些有利的投资和获利机会。

(二) 长期偿债能力分析

长期偿债能力是企业偿还长期负债的能力。反映这一能力的指标有:资产负债率、利息保障倍数、负债与股权比率等。

1. 资产负债率

资产负债率是企业负债总额对资产总额的比率,它表明在企业资产总额中,债权人提供资金所占的比重,以及企业资产对债权人权益的保障程度。资产负债率越小,企业的长期偿债能力越强。计算公式为:

$$资产负债率 = 负债总额 \div 资产总额 \times 100\%$$

【例13-12】千福公司2010年负债总额785 824.13元,资产总额4 820 654.51元。则千福公司2010年资产负债率为:

$$资产负债率 = 785\ 824.13 \div 4\ 820\ 654.51 \times 100\% = 16.30\%$$

2010年国家规定的资产负债率优秀值、良好值、平均值、较低值、较差值分别为47%、57.50%、67.50%、83%、95%。可见,资产负债率越高,表明企业的财务状况越差。千福公司资产负债率较低,说明企业长期偿债能力很强。

资产负债率也表示企业对债权人资金的利用程度。一般认为,资产负债率控制在30%~50%之间比较合适。如果企业的资产负债率较大,则对企业所有者来说,利用较少的自有资本投资,形成较多的生产经营用资产,这不仅扩大了生产经营规模,而且在经营状况良好的情况下,还可以利用财务杠杆的原理,得到较多的投资利润。但是,过高的资产负债率,蕴藏着过高的财务风险。过低的资产负债率也不合理,因为从适度负债经营的管理理念来说,资金成本率往往小于资金利润率,如果举债过少,则会影响企业生产规模的扩大以及难以利用财务杠杆的原理带来更大的收益。

2. 利息保障倍数

利息保障倍数是指企业在一定时期内取得的息税前营业利润与利息费用的比例,用以衡量偿付借款利息的能力。计算公式为:

$$利息保障倍数 = 息税前营业利润 \div 利息费用$$

【例13-13】千福公司2010年利润总额1 160 856元,财务费用4 320元。则千福公司2010年利息保障倍数为:

$$利息保障倍数 = (1\ 160\ 856 + 4\ 320) \div 4\ 320 = 269.72$$

2010年国家规定的利息保障倍数优秀值5.7倍,千福公司的利息保障倍数269.72倍,达到了优秀标准值。

息税前营业利润是指支付利息和所得税之前的利润。利息保障倍数反映经营收益对所需支付债务利息的倍数。倍数足够大,企业就有充足的能力偿付利息。一般认为,该项指标至少要大于1;否则,表明企业无力举债经营。

四、经营增长情况分析

经营增长情况分析是指对企业未来生产经营活动的发展趋势和发展潜能进行的分析。良好的经营增长情况，应该依靠企业通过自身生产经营活动的不断扩大积累而形成。不断扩大积累主要依托于不断增长的营业收入、不断增长的自有资本以及不断增长的利润，同时，还必须加大新技术、新产品的研究支出，才能够使企业有一个可持续发展的广阔空间。

经营增长情况分析的指标有营业收入增长率、资本保值增值率、技术投入比率等。

（一）营业收入增长率

营业收入增长率是指企业本年营业收入增长额同上年营业收入总额的比率。营业收入增长率表示与上年相比，企业营业收入的增减变动情况，是评价企业成长状况和发展能力的重要指标。计算公式为：

营业收入增长率＝本年营业收入增长额÷上年营业收入总额×100%

本年营业收入增长额是企业本年营业收入与上年营业收入的差额。如果本年营业收入低于上年，则本年营业收入增长额用负数表示。上年营业收入总额是指企业上年全年营业收入总额。

【例13-14】 千福公司2010年营业收入4 529 472元，上年营业收入4 076 525元。则千福公司2010年营业收入增长率为：

营业收入增长率＝（4 529 472－4 076 525）÷4 076 525×100%＝11.11%

2010年国家规定的营业收入增长率优秀值、良好值分别为15.40%、8.30%，千福公司的营业收入增长率11.11%，达到了良好标准值。

营业收入增长率是衡量企业经营状况和市场占有能力、预测企业经营业务拓展趋势的重要标志，也是企业扩张增量和存量资本的重要前提。不断增加的营业收入，是企业生存的基础和发展的条件。

营业收入增长率若大于0，则表示企业本年的营业收入有所增长，指标值越高，表明增长速度越快，企业市场前景越好；若该指标小于0，则说明企业或是产品不适销对路、质次价高，或是售后服务等方面存在问题，产品销售不出去，市场份额萎缩。

（二）资本保值增值率

资本保值增值率是指企业年末所有者权益同年初所有者权益的比率。该指标表示企业当年资本在企业自身的努力下的实际增减变动情况。计算公式为：

资本保值增值率＝（年末所有者权益÷年初所有者权益）×100%

【例13-15】 千福公司2010年年初所有者权益3 728 760元，年末所有者权益4 034 830.38元。千福公司2010年资本保值增值率为：

资本保值增值率＝4 034 830.38÷3 728 760×100%＝108%

2010年国家规定的资本保值增值率优秀值、良好值、平均值分别为112.80%、108.30%、105.50%。千福公司的资本保值增值率108%，达到了平均值。

资本保值增值率等于100%，为资本保值；资本保值增值率大于100%，为资本增值；

资本保值增值率小于100%，为资本减值。

资本保值增值率反映了投资者投入企业资本的保全性和增长性，该指标越高，表明企业的资本保全状况越好，所有者权益增长越快，债权人的债务越有保障，企业发展后劲越强。投资者据此不仅可以明确自身权益的保障程度，而且可以考核经营者受托责任的履行情况，全面评价企业的经济效益。

（三）技术投入比率

技术投入比率是企业本年科技支出与本年营业收入的比率，反映企业在科技进步方面的投入，在一定程度上可以体现企业的发展潜力。计算公式为：

$$技术投入比率 = 本年科技支出合计 \div 本年营业收入 \times 100\%$$

【例13-16】 千福公司2010年的营业收入4 529 472元，假设该企业现有的无形资产576 000元的20%是在2010年外购和自行开发完成的，那么该企业2010年的科技支出115 200元。千福公司技术投入比率为：

$$技术投入比率 = 115\ 200 \div 4\ 529\ 472 \times 100\% = 2.5\%$$

2010年国家规定的技术投入比率优秀值1.7%，千福公司的技术投入比率2.5%，达到了优秀标准值。

本年科技支出是指用于研究开发、技术改造、科技创新等方面的支出以及对外支付的技术转让费支出等。技术投入比率从企业的技术创新方面反映了企业的发展潜力和可持续发展能力。

技术创新是企业在市场竞争中保持竞争优势、不断发展壮大的前提。技术投入比率集中体现了企业对技术创新的重视程度和投入情况，是评价企业持续发展能力的重要指标。该指标越高，表明企业对新技术的投入越多，企业对市场的适应能力越强，未来竞争优势越明显，生存发展的空间越大，发展前景越好。

☞本章小结

会计报表分析是以会计报表为主要依据，采用专门的技术方法，对企业盈利能力、资产质量、债务风险、经营增长状况进行分析和评价，以便利益相关者作出正确决策的一种管理活动。

会计报表分析，可以为投资者和债权人的决策提供帮助，为经营管理者进行经营决策提供依据和线索，为政府有关管理部门提供管理信息。

会计报表分析需要以会计核算资料为依据，以财务计划为标准，以国家法规政策为依据，以提高经济效益为中心。

会计报表分析的步骤是：明确分析目的，制订分析计划；收集分析资料，掌握基本情况；确定分析标准，选择分析方法；明确指标差异，分析具体原因；提出改进建议，撰写分析报告。

会计分析的基本方法有比较分析法、因素分析法、比率分析法等。

会计报表分析可以从企业的盈利能力状况、资产质量状况、债务风险情况、经营增长情况等方面进行分析。

分析企业盈利能力的经济指标主要有净资产收益率、主营业务利润率、成本费用利润率等。分析企业资产质量状况的经济指标主要有总资产周转率、应收账款周转率、流动资产周转率等。债务风险情况分析的经济指标主要有流动比率、速动比率、资产负债率、利息保障倍数等。经营增长情况分析的经济指标主要有营业收入增长年率、资本保值增值率、技术投入比率等。

☞思考题

1. 什么是会计报表分析？会计报表分析的意义是什么？
2. 会计报表分析的意义和原则是什么？
3. 什么是比较分析法？比较分析法有哪三种比较形式？
4. 什么是因素分析法？它可以细分为哪两种方法？
5. 什么是连环替代法？简述这种方法的基本要点。
6. 什么是差额计算法？
7. 什么是比率分析法？计算的比率一般有哪三种？什么是结构比率、效益比率、相关比率？
8. 什么是盈利能力？反映盈利能力的经济指标主要有哪些？掌握它们的概念、计算公式和分析意义。
9. 什么是资产质量状况分析？反映资产质量状况的经济指标主要有哪些？掌握它们的概念、计算公式和分析意义。
10. 什么是债务风险情况分析？反映债务风险状况的经济指标主要有哪些？掌握它们的概念、计算公式和分析意义。
11. 什么是经营增长情况分析？反映经营增长情况的经济指标主要有哪些？掌握它们的概念、计算公式和分析意义。

☞练习题

（一）目的：练习会计报表分析有关经济指标的计算和分析。

（二）资料：第十一章会计报表练习题的资料。

（三）要求：根据编制的资产负债表、利润表所提供的资料，计算有关分析指标，并作出分析评价。

第十四章 会计工作组织

◎**教学目的与要求** 通过本章的学习,应掌握会计工作组织的概念;理解会计工作组织的意义和要求;掌握会计机构的设置方法和会计工作组织形式;了解会计机构岗位责任制;了解会计人员的职责、权限与职业道德;理解会计人员的从业资格与技术职称;掌握有关的会计法规与制度;理解会计档案及其管理办法。

◎**教学重点与难点** 本章的教学重点和难点是会计法律与制度

第一节 会计工作组织的意义和要求

会计工作组织是处理会计机构的设置、会计人员的配备、会计法规制度的制定与执行、会计档案的管理等会计事务工作的一种管理活动。

一、会计工作组织的意义

会计工作是国家经济建设中的重要工作。会计工作的好坏,不仅能够反映出一个单位生产经营管理水平的高低,而且也关系到国家有关方针、政策及财经制度的贯彻执行情况,对整个国民经济工作都具有重要影响。因此,合理地组织会计工作,对于实现会计目标、发挥会计作用都具有重要意义。

(一) 合理组织会计工作,有利于提高会计工作的质量和效率

会计工作是一项复杂细致、科学严密的工作。企业生产经营活动过程中的全部经济业务,都是通过记账、算账、编制报表等一系列工作来完成的,以此对单位的经济活动进行核算和监督。会计工作的各程序、各项数据之间存在着密切的联系,任何差错都会影响整个会计工作的正常进行。合理地组织会计工作,事先规定好正确的操作程序和各种手续,在工作中严格执行规章制度,可以防止出现错漏或者在出现错漏时能够及时修正,从而提高会计工作质量和工作效率。

(二) 合理组织会计工作,有利于遵守和维护国家的财经法规

企业的经济活动和财务收支,都必须按照国家的方针、政策、法律和制度的规定进行。会计工作既要如实反映企业的经济活动和财务收支情况,又要以国家的方针、政策、法律和制度为标准,对企业的经济活动进行有效的核算和监督。因此,科学、合理的组织会计工作,可以促进企业认真贯彻国家的经济工作方针、政策以及相关财经法规和制度。

(三) 合理组织会计工作,有利于配合和促进其他经济管理工作

会计工作是经济管理工作的重要组成部分,各单位发生的经济业务都要通过会计工作

进行核算和监督。因此，会计既有自己独立的职能，又与其他管理工作存在着相互促进、相互制约的密切关系。会计工作既要与其他诸如供销部门的业务核算以及统计工作等密切配合，又会促进这些管理工作质量的提高。因此，只有按照一定的要求科学地组织会计工作，把会计工作做好，同时，正确处理同其他经济管理工作的分工协作关系，使得它们口径一致，相互协调，共同完成经济管理的工作任务。

（四）合理组织会计工作，有利于加强企业内部经济责任制

内部经济责任制属于企业内部的经营管理制度，包括岗位责任制、财务责任制、模拟市场交换责任制、内部授权经营责任制等。科学、合理地组织会计工作，可以促进企业内部及有关部门更好地履行自己的经济责任。各组织内部经济责任制的加强，则可以科学、合理地利用经济资源，提高经营管理水平和经济效益，取得最佳经营成果。

二、会计工作组织的要求

会计工作组织的要求是指企业在会计工作的组织过程中，为做好会计工作、提高会计工作质量和效率必须遵守的一般原则。具体来说，会计工作的组织，应该达到以下要求：

（一）统一性

社会主义市场经济的建设和维护，要求各企业的经济活动必须在国家宏观调控指导下进行。因此，会计所提供的经济信息，既要满足有关方面了解会计主体财务状况、经营成果的需要和加强内部经营管理的需要，又要符合国家宏观经济管理的要求。为了使会计活动有法可依，有章可循，充分发挥会计的作用，国家对会计工作管理办法、经济业务的会计处理方法等都作了统一规定。各单位必须严格执行《中华人民共和国会计法》（以下简称《会计法》），严格执行《企业会计准则》和《事业单位会计准则》以及其他有关会计制度的规定，按照"统一领导，分级管理"的原则建立会计工作管理体制，保证能够为国家加强国民经济宏观调控提供所需要的经济指标。

（二）适应性

国家对会计工作的统一要求，只是对会计工作的"共性"作出的原则规定，而各个会计主体都存在着"个性"特征，它们各自的经济活动范围、业务内容不同，会计信息的要求也不尽一致。因此，各单位在执行国家会计工作统一要求的前提下，应本着适应本单位生产经营规模、生产活动特点、业务繁简程度和管理要求的原则，合理设置会计机构、配备会计人员、建立和健全内部会计规章制度，以便加强本单位的经济管理工作。

（三）效益性

会计工作是一项要求严密而又细致的工作，需要精心设计，科学组织。如果会计信息质量不高甚至出现差错，则必将造成严重后果。各单位的会计工作组织，必须以保证会计工作质量为前提，充分发挥会计的职能作用，严格规定各项会计手续和工作程序。但是，企业经营的最终目的，是谋求最大的经济利益。同样，会计工作的组织，也必须遵守成本效益原则。因此，各单位在保证会计工作质量的前提下，对于会计人员的配备及分工，凭证、账簿、报表的设计，各项会计程序的规定和方法的选择等，必须本着精简、合理的原则，争取以最少的人力、物力和财力消耗，谋求最佳的工作效益。

（四）控制性

组织会计工作，必须加强平时稽核工作，建立健全单位内部控制制度。企业内部发生的一切经济业务，必须经过两个以上部门或两个以上的人员办理，使彼此之间发生互相牵制的作用，以达到监督的目的。企业应建立和健全内部会计管理体系、会计人员岗位责任制度、账务处理程序制度、原始记录管理制度、物资消耗定额管理制度、计量验收制度、财产清查制度、财务收支审批制度、财务会计分析制度等内部控制制度。

第二节 会 计 机 构

一、会计机构的设置

会计机构是由专职会计人员组成并负责组织领导和从事会计工作的职能部门。科学地设置会计机构，是保证会计工作顺利进行的重要条件。

由于会计工作和财务工作都是综合性的经济管理工作，关系十分密切，在实际工作中，通常把二者合并在一起，设置一个财务会计机构来统一处理会计业务和办理财务工作。

（一）主管会计机构的设置

《中华人民共和国会计法》第七条规定："国务院财政部门主管全国的会计工作。县级以上地方各级人民政府财政部门管理本行政区域内的会计工作。"

目前，中央财政部设置会计司，在财政部领导下主管全国会计工作。财政部会计司的主要职能是：研究提出会计改革和发展的政策建议；草拟会计法律法规和国家统一会计制度，并组织贯彻实施；加强会计国际交流，推动会计国际趋同和等效；制定和组织实施内部控制规范及相关实施办法；负责全国会计从业资格和会计专业技术资格考试工作；开展全国高级会计领军人才培养工作，指导会计人员继续教育；组织全国会计人员表彰评比；制定注册会计师行业发展规划和政策措施，办理相关行政许可事项的审批、注册备案和管理工作；指导会计理论研究等。

地方财政部门、单位主管部门设置财务会计司、局、处，负责组织领导和监督本地区、本系统所属单位的会计工作。它们的主要任务是：根据国家统一规定的要求，结合实际情况，制定适合本地区、本系统的会计制度；了解检查和指导所属单位的会计工作情况，并帮助他们解决工作上存在的问题；审核、批复所属单位上报的会计报表，并编制本地区、本系统的汇总会计报表；负责本地区、本系统会计人员业务培训工作等。

（二）单位内部会计机构的设置

《中华人民共和国会计法》第三十六条规定："各单位应当根据会计业务的需要，设置会计机构，或者在有关机构中设置会计人员并指定会计主管人员；不具备设置条件的，应当委托经批准设立从事会计代理记账业务的中介机构代理记账。"

1. 根据业务需要设置独立会计机构

实行独立核算的大中型企业、实行企业化管理的事业单位，以及财政收支数额较大、会计业务较多的机关团体和其他组织，都要设置由本单位领导人直接领导的会计机构。设置会计机构的单位，应当配备会计机构负责人。

2. 与单位内部其他部门合并设置会计人员并指定会计主管人员

不具备单独设置会计机构条件的，可以在本单位内部的其他有关机构中配备专职会计人员并指定会计主管人员。单位内部的合设机构一般应是与会计工作接近的机构，如计划、统计或经营管理部门，或者是有利于发挥会计职能作用的内部综合部门，如办公室等。只配备专职会计人员的单位也必须具有健全的财务会计制度和严格的财务手续，专职会计人员的专业职能不能被其他职能所替代。

3. 委托社会中介机构代理记账

不具备设置会计机构和配备会计人员条件，又不配备会计人员的单位，应根据财政部发布的《代理记账管理办法》，委托经批准设立的从事会计代理记账业务的中介机构代理记账，使单位的会计工作有序进行，正常的经营管理活动不受影响。

企业内部的各业务部门和后勤部门，应根据工作需要，设置专职的核算人员或拟定专人负责会计核算工作。如规模较大的工业企业各车间和大型商品流通企业的商品部，应设置财务会计机构，负责各部门的财务会计工作。企业财务会计机构内部应当根据自身的具体条件进行合理分工，建立岗位责任制，提高工作效率。

二、会计工作的组织形式

企业财务会计机构的工作范围与会计工作的组织形式有着密切关系。企业会计工作的组织形式一般可以为集中核算和分散核算两种。

1. 集中核算组织形式

集中核算是指将单位会计工作主要集中在公司、厂级会计部门进行的一种组织形式。采用集中核算组织形式，单位经济业务的明细核算、总分类核算、会计报表编制和各有关项目的考核分析等会计工作，全部集中在公司或厂级会计部门进行。单位内部各职能部门、车间、仓库的会计组织或会计人员，对本部门所发生的经济业务不进行全面的、完整的核算，只负责登记原始记录和填制原始凭证，并经初步整理后，定期为公司或厂级会计部门提供进一步核算的资料。

实行集中核算，可以减少核算环节，简化核算手续，精简会计人员，但不便于企业内部有关部门及时利用核算资料进行考核与分析。集中核算一般适用于中、小型企业。

2. 分散核算组织形式

分散核算也称为非集中核算，就是将与企业内部各部门、车间业务相关的明细分类核算，分散在各部门、车间进行核算的一种组织形式。

采用分散核算组织形式，是将企业某些经济业务的凭证整理、明细核算、与企业内部各单位日常管理需要相适应的内部报表的编制和分析等工作，分散到直接从事该业务的车间、部门进行。如材料的明细核算由供应部门以及所属的仓库进行。但是，在采取分散核算组织形式的企业里，经济业务的总分类核算、全厂会计报表的编制和分析，仍由厂级会计部门集中进行。厂级会计部门还应对企业内部各单位的会计工作进行业务上的指导和监督。

实行分散核算，有利于企业内部有关部门及时利用会计核算资料进行考核与分析，但会增加会计人员的数量，对厂级会计部门集中掌握和监督企业内部各单位的经济业务情况也有一定影响。分散核算组织形式适用于大中型企业。

集中核算和分散核算是相对的，而不是绝对的。在实际工作中，有些企业对某些会计业务采用集中核算，而对另一些业务采用分散核算。但无论采用哪种核算形式，企业对银行存款业务、物资购销业务、收款付款业务等，都应由厂级会计部门集中办理。

三、会计机构岗位责任制

会计机构岗位责任制，亦称会计人员岗位责任制，就是在会计机构内部按照会计工作的内容和会计人员的配备情况，将会计机构的工作划分为若干个岗位，并为每个岗位规定职责和要求的责任制度。

目前，企业设置的基本会计工作岗位及其职责如下：

（一）会计机构负责人岗位的职责

组织制定企业会计制度，具体领导本企业的会计工作，负责组织编制本单位财务计划，积极组织完成纳税任务，审查或参与拟订经济合同、协议等经济文件，参与经济管理决策，依法实行会计监督，推行现代化管理手段，努力提高会计人员职业道德和业务技术水平，组织增收节支，提高企业财务管理水平。

（二）出纳岗位的职责

办理现金收付和银行结算业务；登记库存现金和银行存款日记账；保管库存现金和各种有价证券；保管有关印章、空白收据和空白支票。出纳人员不能监管收入、费用、债权、债务账簿的登记工作和稽核工作以及会计档案保管工作；出纳人员除填制向银行存入现金或从银行提取现金的收付款项凭证以外，不得填制其他收付款凭证。

（三）总账、报表岗位的职责

负责总账的登记，负责编制资产负债表、利润表、现金流量表等有关会计报表，编写财务情况说明书，负责管理会计凭证和会计报表。

（四）往来核算岗位的职责

负责对购销业务及应收应付、费用等往来款项，建立必要的结算和管理制度，办理往来款项的结算业务，负责往来款项的明细核算。

（五）财务预算岗位的职责

负责拟订资金调度及管理办法，编制财务收支计划，负责资金筹集、企业各项投资的财务论证工作。

（六）收入、利润及利润分配核算岗位的职责

负责编制收入、利润计划及其明细核算，负责销售业务核算，负责利润分配的明细核算，编制收入和利润报表，进行利润的分析和考核，协助有关部门对产成品进行清查盘点。

（七）工资核算岗位的职责

负责计算职工的各种薪酬和奖金，办理职工的工资结算，并进行有关的明细核算，分析工资总额计划的执行情况，控制工资总额支出，参与制订工资计划。

（八）成本核算岗位的职责

拟订成本核算办法，制订成本费用计划，负责成本管理基础工作，核算产品成本和期间费用，根据本单位管理制度编制成本费用报表并进行分析和考核，协助管理在产品和自制半成品。

（九）固定资产核算岗位的职责

负责审核固定资产购建、调拨、内部转移、租赁、清理，进行固定资产的明细核算，参与固定资产清查，编制固定资产报表，参与制订固定资产重置、更新和修理计划，指导和监督固定资产管理部门和使用部门的固定资产管理工作。

（十）材料物资核算岗位的职责

会同有关部门拟订材料物资的核算与管理办法，审查汇编材料物资的采购计划，负责材料物资的明细核算，会同有关部门编制材料物资计划成本目录，配合有关部门制定材料物资消耗定额，参与材料物资的清查盘点。

（十一）稽核岗位的职责

负责审查财务成本计划，审查各项财务收支，复核会计凭证和财务会计报表。

（十二）会计档案管理岗位的职责

负责制定会计档案的立卷、归档、保管、调阅和销毁管理制度，管理会计档案；严格办理调阅会计档案手续，负责超保管期会计档案的销毁工作。

（十三）会计电算化岗位的职责

负责会计电算化应用软件使用和年度账目设置、科目设置变更、新旧年度会计科目结转等电算化工作。负责管理会计电算备份的软盘资料，负责岗位权限设置、所有客户、商品类别、仓库等标准编码建立，督促有关结算站点做好日常数据备份，网络数据安全备份、维护、软件操作纠错等。

各企业应根据单位具体情况及工作业务量设置会计岗位，可以一人一岗、一人多岗或一岗多人，但应注意各岗位之间的相互衔接、配合和协调运转。各单位会计岗位的设置及其职责的规定，可根据单位实际情况，作出适时、必要的调整。

四、代理记账机构

随着民营经济、个体经济的发展，出现了大量的中小型企业。有些中小型企业的经营规模小，业务量少，职工人数不多，可以不设置专门的会计机构或者配备专门的会计人员，将本单位的会计业务委托给有关专门机构代理记账。

（一）代理记账机构的设立及其职责和权限

根据我国《代理记账管理办法》的规定，从事代理记账业务的机构，至少应有三名持有会计从业资格证书的专职人员，同时，聘用一定数量相同条件的兼职从业人员开展工作；代理记账机构的设立需要依法经过工商行政管理部门或者其他管理部门核准登记；代理记账机构要有健全的代理记账业务规范和财务会计管理制度；主管代理记账业务的负责人必须具有会计师以上的专业技术资格。从事代理记账业务的前提是已领取由财政部统一颁布的《代理记账许可证书》。

从事代理记账人员应遵守会计法规，依法履行职责；保守商业秘密；对委托人示意要求做出的非正常会计处理、提供不实会计资料以及其他不符合法律、法规要求的,应当拒绝办理;对委托人提出的有关会计处理原则问题,负有解释的责任等。

(二)代理记账机构的业务范围

代理记账的中介机构可以接受委托,代表委托人办理以下会计业务:根据委托人提供的原始凭证和其他资料,按照国家统一会计制度的规定,进行会计核算,包括审核原始凭证、填制记账凭证、登记会计账簿、编制会计报表等;定期向政府有关部门和其他会计报表使用者提供会计报表;定期向税务机关提供税务资料;承办委托人委托的其他会计业务。

第三节 会 计 人 员

会计人员是从事会计工作、处理会计业务、完成会计任务的专业人员。配备数量适当和业务素质过硬的会计人员,是一个单位会计工作顺利开展的重要条件和基本保证。要充分发挥会计人员在企业经营管理中的作用,提高会计信息质量,必须使其明确自己的职责和权限。

一、会计人员的职责与权限

(一)会计人员的职责

1. 进行会计核算

会计人员要以实际发生的经济业务事项进行会计核算,填制会计凭证,等记账簿,编制财务会计报表。进行会计核算,及时提供真实可靠、能满足利益相关者所需要的会计信息,是会计人员最基本的职责。

2. 实行会计监督

各单位的会计机构、会计人员对本单位实行会计监督。会计人员对不真实、不合法的原始凭证,有权不予接受;对记载不准确、不完整的原始凭证,予以退回,要求更正补充;发现账簿记录与实物、款项不符时,应当按照有关规定进行处理;无权自行处理的,应当立即向本单位负责人报告,请求查明原因,作出处理;对违反国家统一的财政制度、财务制度规定的收支,不予办理。

3. 拟订本单位办理会计事务的具体办法

根据国家的会计法规、制度和财政经济方针、政策及上级机关的有关规定,结合本单位的具体情况,拟订本单位会计工作必须遵循的要求和办理会计事务的具体办法,如会计人员岗位责任制度、内部稽核制度、财产清查制度和成本计算方法等。

4. 参与拟订有关计划的制订、考核与分析工作

会计部门应负责编制财务计划和预算,并考核、分析其执行情况,揭示执行中的问题,查明原因,提出改进的措施和建议。会计人员还应积极参与本单位经济计划和业务计划的拟订工作,运用本身掌握的资料和专业知识,对这些计划的制订,提出改进建议和措施,促使有关部门改进经营管理,增收节支,杜绝浪费,充分发挥会计参与管理的职能作用。

5. 办理其他会计事务

其他会计事务是指上述各项尚未包括的其他会计业务。比如，协助单位内部其他管理部门做好管理的基础工作，提供关于改制、合并、分立等方面有关的会计信息，举办单位管理人员财会知识的培训等。

(二) 会计人员的权限

为保障会计人员能够切实履行自己的职责，实现会计目标，国家赋予了他们一些必要的权限。会计人员的主要权限有：

1. 有权依法办事

会计人员有权要求本单位有关部门、人员认真执行国家批准的计划、预算，遵守国家财经纪律和财务会计制度。如有违反法律、法规的行为，会计人员有权拒绝付款，拒绝报销或拒绝执行，并向本单位领导报告。

对于弄虚作假、营私舞弊、欺骗上级等违法乱纪行为，会计人员必须坚决拒绝执行，并向本单位领导人或上级机关、财政部门报告。

2. 有权参与经营管理

会计人员有权参与本单位编制计划、制定定额、签订经济合同的事项，有权参与有关生产、经营管理会议。有权提出规范财务开支和提高经济效益等方面的合理化建议。

3. 有权监督财务活动

会计人员有权监督、检查本单位有关部门的财务收支、资金使用情况，有权监督财产物资的收发、保管、计量、检验等情况。有关部门必须配合会计人员的工作，提供相关资料，如实反映财务情况。

会计人员的工作权限是会计人员履行会计职责的重要保证，只有赋予了会计人员一定的权限，才便于会计工作的顺利开展。会计人员的工作权限是由《会计法》等相关法规所赋予的，各级管理部门必须支持会计人员的工作，对会计人员反映的有关损害国家利益、违反财经纪律的行为，经查证属实的，一定要认真及时处理，并保护会计人员的正当权益。

二、会计人员职业道德

会计人员职业道德是指会计人员在从事会计工作时应该遵循的道德准则，是调整会计人员与政府、单位和他人之间经济利益关系的行为规范的总和。我国《会计基础工作规范》第十八条至第二十三条专门提出了会计职业道德的有关规定。

(一) 爱岗敬业

热爱本职工作，是做好一切工作的出发点。会计人员只有建立了这个出发点，才会勤奋、努力钻研业务技术，使自己的知识和技能适应会计工作的要求。

(二) 熟悉法规

会计工作不是单纯的记账、算账和报账，而是时时、事事、处处涉及执法守规方面的问题。会计人员应当熟悉和严格执行财经法律、法规和国家统一的会计制度，同时，还要进行法规的宣传，提高法制观念。

(三) 依法办事

会计人员应当按照会计法律、法规和国家统一会计制度规定的程序和要求进行会计工作，保证所提供的会计信息合法、真实、准确、及时、完整。

(四) 客观公正

会计人员在办理会计事务中，应当实事求是、客观公正。这是一种工作态度，也是会计人员追求的一种境界。做好会计工作，不仅要有过硬的技术本领，而且还要有实事求是的精神和客观公正的态度。

(五) 搞好服务

会计人员应当熟悉本单位的生产经营和业务管理情况，运用掌握的会计信息和会计方法，为改善单位内部管理、提高经济效益服务。

(六) 保守秘密

会计人员应当保守本单位的商业秘密。除法律规定和单位领导人同意以外，不能私自向外界提供或者泄露单位的会计信息。

根据《会计基础工作规范》的规定，财政部门、业务主管部门和各单位应定期检查会计人员遵守职业道德的情况，并作为会计人员晋升、晋级、聘任专业职务、表彰奖励的重要考核依据。会计人员违反职业道德的，由所在单位进行处罚；情节严重的，由会计证发证机关吊销其会计证。

三、会计人员的从业资格与技术职称

(一) 会计人员的从业资格

《中华人民共和国会计法》第三十八条规定："从事会计工作的人员，必须取得会计从业资格证书。"会计从业资格证书是具备会计从业资格的证明文件，该证书在全国范围内有效。会计人员必须持证上岗，任何单位不得任用未取得会计从业资格证的人员担任会计工作。

会计从业资格的取得实行考试制度。我国《会计从业资格管理办法》规定，具备教育部门认可的中专（含中专）以上会计类专业学历的人员，自毕业之日起两年内（含两年）可以免考会计学基础、初级会计电算化或者珠算（五级）。被吊销会计从业资格证书的人员，符合重新申请取得会计从业资格条件的，均须参加会计从业资格考试。

(二) 会计人员的专业技术职务

为了充分调动会计人员的积极性，鼓励他们不断提高业务水平，有关部门应根据会计人员的政治表现、学识水平、业务能力以及国家组织的会计人员技术职务考试成绩，评定相应的技术职务。《会计专业职务试行条例》将会计人员专业技术职务设置为高级会计师、会计师、助理会计师和会计员四种。

根据《会计专业职务试行条例》及有关规定，会计专业职务及其任职条件为：

1. 会计员

会计员应初步掌握财务会计知识和技能，熟悉并能执行有关会计法规和财务会计制度，能担负一个岗位的财务会计工作，具备规定学历。

2. 助理会计师

助理会计师应掌握一般的财务会计理论和专业知识，熟悉并执行有关的财经方针、政策和财务会计法规、制度，能担负一个方面或某个重要岗位的财务会计工作，具备规定学历和专业工作经历。

3. 会计师

会计师应较系统地掌握财务会计理论和专业知识，掌握并能贯彻执行有关的财经方针、政策和财务会计法规、制度，具有一定的财务会计工作经验，能担负一个单位或管理一个地区、一个部门、一个系统某个方面的财务会计工作，具备规定学历和专业工作经历。

4. 高级会计师

高级会计师应较系统地掌握经济、财务会计理论和专业知识，具有较高的政策水平和丰富的财务会计工作经验，能担负一个地区、一个部门、一个系统的财务会计管理工作，具备规定学历和工作经历。

会计人员除应当具备上述必要的专业知识和专业技能外，还应当按照国家有关规定参加会计业务的培训。各单位应当合理安排会计人员培训，保证会计人员每年有一定时间用于学习和参加培训。

四、总会计师与注册会计师

（一）总会计师

1. 总会计师的设置

总会计师是一个行政职务，而不是会计人员专业技术职务。我国从1961年开始，在规模较大的国有企业中，逐步试行总会计师制度。1978年，国务院颁布施行的《会计人员职权条例》中规定："企业要建立总会计师的经济责任制。"1990年12月，为了确定总会计师的职权和地位，发挥总会计师在加强经济管理，提高经济效益中的作用，国务院颁布实施了《总会计师条例》。《总会计师条例》第三条明确规定："总会计师是单位行政领导成员，协助单位主要行政领导人工作，直接对单位主要行政领导人负责。"

《中华人民共和国会计法》第三十六条规定："国有的和国有资产占控股地位或者主导地位的大、中型企业必须设置总会计师。总会计师的任职资格、任免程序、职责权限由国务院规定。"

2. 总会计师的基本职责

（1）负责组织本单位的下列工作：编制和执行预算，财务收支计划、信贷计划；拟定资金筹措和使用方案，开辟财源，有效地使用资金；进行成本费用预测、计划、控制、核算、分析和考核，督促本单位有关部门降低消耗，节约费用，提高经济效益；建立、健全经济核算制度，利用财务会计资料进行经济活动分析，承办单位主要行政领导人交办的其他工作。

（2）负责对本单位财务会计机构的设置和会计人员的配备，会计专业技术职务的设置和聘任提出方案；组织会计人员的业务培训和考核；支持会计人员依法行使职权。

（3）协助单位主要行政领导人对企业的生产经营、行政事业单位的业务发展以及基本建设投资等问题作出决策;参与新产品开发、技术改造、科技研究、商品价格和工资奖金等方案的制订;参与重大经济合同和经济协议的研究、审查。

3. 总会计师的权限

(1) 对违反国家财经法律、法规、方针、政策、制度和有可能在经济上造成损失、浪费的行为,有权制止或者纠正;当制止、纠正无效时,提请单位主要行政领导人处理。

(2) 有权组织本单位各职能部门直属基层组织的经济核算、财务会计和成本管理方面的工作。

(3) 主管审批财务收支工作。除一般的财务收支可以由总会计师授权的财会机构负责人或者其指定人员审批外,重大的财务收支须经总会计师审批或者由总会计师报单位主要行政领导人批准。

(4) 预算与财务收支计划、成本和费用计划、信贷计划、财务专题报告、会计决策报表报经总会计师签署;涉及财务收支的重大业务计划、经济合同、经济协议等在单位内部须经总会计师签字。

(5) 会计人员的任用、晋升、调动、奖惩应当事先征求总会计师的意见;会计机构负责人或者会计主管人员的人选,应当由总会计师进行业务考核,依照有关规定审批。

(二) 注册会计师

注册会计师是依法取得注册会计师证书并接受委托从事审计、会计咨询业务、会计服务业务的执业人员。注册会计师的工作机构称为会计师事务所。

根据《中华人民共和国注册会计师法》的规定,申请担任注册会计师的人员,须具备规定的学历和一定的实际会计工作经验,经全国统一考试合格,由财政部门批准注册后,才能从事注册会计师工作。

注册会计师可以承办下列审计业务:审查企业会计报表,出具审计报告;验证企业资本,出具验资报告;办理企业合并、分立、清算等事宜中的审计业务,出具有关的报告;承办法律、行政法规规定的其他审计业务。注册会计师依法执行审计业务出具的报告,具有证明效力。

会计师事务所是国家批准的依法设立的承办审计、会计咨询业务和会计服务业务的中介组织。经批准设立的会计师事务所,在取得法人资格后才能营业。会计师事务所实行独立核算、自收自支并依法纳税。我国会计师事务所可以由注册会计师发起设立,内设主任会计师、各部门经理等。

第四节 会计法规与制度

会计法规与制度是组织和从事会计工作必须遵守的规范,是经济法规和制度的重要组成部分。我国的企业会计法规制度体系可以划分为三个层次:会计法律;会计行政法规、会计准则、地方性财经法规和制度;单位内部会计制度。

一、会计法律

会计法律是调整我国经济生活中会计关系的法律总规范,是会计法规制度体系中层次最高的法律规范。我国的会计法律是由全国人民代表大会常务委员会依照法定程序制定，并以国家强制力保障其实施的《中华人民共和国会计法》，它是我国进行会计工作的基本依据。

(一) 《会计法》的颁布时间

我国第一部《会计法》于1985年1月21日由第六届全国人民代表大会常务委员会第九次会议通过，并于同年5月1日开始实施。1993年12月29日，第八届全国人民代表大会常务委员会第五次会议通过了《关于修改中华人民共和国会计法的决定》，对会计法进行了修改。1999年10月31日，第九届全国人民代表大会常务委员会第十二次会议根据进一步深化经济体制改革对会计工作提出的新的要求，审议通过了重新修订的会计法。重新修订后的会计法，自2000年7月1日开始实施。

(二) 《会计法》的基本内容

现行《会计法》共七章、五十五条，包括总则、会计核算、公司与企业会计核算的特别规定、会计监督、会计机构和会计人员、法律责任及附则。具体内容如下：

第一章"总则"，规定了会计法的立法宗旨、适用范围和对会计工作的总要求。

第二章"会计核算"，对会计核算事项和会计核算流程中各个环节的工作哪些是"必须"做的，哪些是"应当"做的，哪些是"不得"做的，作出了明确规定。

第三章"公司、企业会计核算的特别规定"，专门针对公司和企业会计核算的内容和行为作出规范。

第四章"会计监督"，分别从企业自身及其相关人员、注册会计师以及财政、审计、税务、人民银行、证券监管、保险监管等部门和人员的角度对会计监督作出规定。

第五章"会计机构和会计人员"，分别对会计机构的设置、会计人员的任职资格、权利、责任、职业道德等问题作出规定。

第六章"法律责任"，主要对违反会计法的相关人员应承担的法律责任进行规定。法律责任虽然是对会计人员的约束，但从另一个角度来看，这也是对守法人员的一种保护措施。

第七章"附则"，对"单位负责人"、"国家统一会计制度"等专业术语作出解释，并规定了《会计法》实施的时间。

《会计法》对会计工作的规定是完整的、总括性的。一方面，它对会计工作必须做什么、应该做什么、可以做什么、不可以做什么都作出了明确规定，旨在规范会计行为，保证会计资料和会计信息的真实、完整，加强经济管理和财务管理，提高经济效益，维护社会主义市场经济秩序；另一方面，《会计法》还特别关注与会计工作相关的各部门及其人员的权利和责任。

二、会计行政法规、会计准则、地方性财经法规与制度

(一) 会计行政法规

会计行政法规是指由国务院制定并发布，或者国务院有关部门拟定并经国务院批准发布，调整经济生活中某些方面会计关系的法律规范。会计行政法规主要偏重于会计的组织管理工作。如国家有关部门发布的《企业财务会计报告条例》、《总会计师条例》、《会计

基础工作规范》、《会计档案管理办法》、《代理记账管理办法》、《小企业会计制度》等。

(二) 会计准则

会计准则是指导财务会计行为,合理处理会计信息系统中各种经济业务的规范。会计准则是根据会计法制定的,它是从属于会计法的各项具体规定。我国2007年1月1日开始实施的会计准则包括基本会计准则和具体会计准则两个部分。其中,基本准则是制定会计核算制度的依据,也是制定具体会计准则的依据。而具体会计准则是根据基本会计准则制定的,主要是为了具体的规范企业的会计确认、计量和报告行为,保证会计信息质量而作出的规定。

1. 基本会计准则

《企业会计准则——基本准则》包括十一章,共五十条。

第一章"总则",主要明确了制定基本会计准则的目的、会计准则的适用范围、会计核算的基本前提以及应采用的记账方法。

第二章"会计信息质量要求",主要规定了会计核算应该遵循的一些基本原则,具体包括真实性原则、相关性原则、清晰性原则、可比性原则、一致性原则、实质重于形式原则、重要性原则、谨慎性原则、及时性原则。

第三章至第八章"会计要素原则",将企业会计要素划分为资产、负债、所有者权益、收入、费用、利润六大要素,并阐述了各项会计要素的概念和确认标准。

第九章"会计计量",主要规定会计的计量属性,要求企业采用历史成本、重置成本、可变现净值、现值、公允价值对会计要素进行计量。

第十章"财务会计报告",主要规定财务会计报告的含义以及财务会计报告的组成内容。财务会计报告包括资产负债表、利润表、现金流量表以及会计报表附注。

第十一章"附则",主要规定了基本准则的解释权限和施行时间。

2. 具体会计准则

我国现行的具体会计准则包括三十八项,这些具体会计准则可以分为一般业务准则、特殊行业的特定业务准则和报告准则三类。一般业务准则主要规范各类企业普遍适用的一般经济业务的确认和计量要求,包括存货、长期股权投资、固定资产、无形资产、资产减值、职工薪酬、股份支付、或有事项、收入、建造合同、政府补助、借款费用、所得税、外币折算、企业合并、租赁、会计政策和会计估计变更以及差错更正、资产负债表日后事项等会计准则。特殊行业的特定业务准则主要规范特殊行业的特定业务的确认和计量要求,如金融工具的确认和计量、金融资产转移、套期保值、石油天然气开采等会计准则。报告准则主要规范普遍适用于各类企业的报告类准则,如财务报表列报、现金流量表、中期财务报告、合并财务报表、分部报告、关联方披露等会计准则。

为了配合广大会计人员理解和执行企业会计准则,财政部还发布了《企业会计准则应用指南》。《企业会计准则应用指南》是根据基本会计准则和具体会计准则制定的指导会计实务的操作性指南,主要解决在运用准则处理经济业务时涉及的会计科目、账务处理、会计报表及其格式等。

(三) 地方性会计法规

地方性会计法规是由省、自治区、直辖市人民代表大会或常务委员会在同宪法、会计法律、行政法规不相抵触的前提下，根据本地区情况制定发布的关于会计核算、会计监督、会计机构和会计人员以及会计工作管理的规范性文件。如福建省厦门市2009年11月26日发布了《厦门市会计人员条例》，并于2010年3月1日开始执行。

三、单位内部会计制度

单位内部会计制度是在国家会计法律和法规、会计准则以及其他相关制度的指导下，由企业根据自身的经营管理需要而制定的适用于本企业内部会计工作的规范和管理制度。

第五节 会计档案

一、会计档案的意义

会计档案是指会计凭证、会计账簿和会计报表等会计核算专业资料，它是记录和反映经济业务的重要史料和证据。

为了加强会计档案的科学管理，统一全国档案制度，做好会计档案工作，财政部门和国家档案管理局联合制定和颁布了《会计档案管理办法》，统一规定了会计档案的立卷、归档、保管、调动和销毁等具体办法。

各单位必须加强对会计档案管理的领导，建立和健全会计档案的立卷、归档、保管、调阅和销毁等管理制度，保证会计档案妥善保管、有序存放、方便查阅、严防毁损散失和泄密。

建立和保管会计档案可以为单位和国家有关部门制订经济方针和经济计划、进行经济预测和决策提供重要的信息。

建立和保管会计档案可以防止会计资料散失，有利于会计资料的保存和查阅，起到史料作用和查证作用。

二、会计档案的资料整理

会计凭证是重要的经济资料和会计档案。任何单位在完成经济手续和记账之后，必须按规定的立卷归档制度形成会计档案资料。

会计账簿每册为一卷，在更换新账以后，将旧账归入会计档案。年度终了，各单位应将已更换的各种活页账簿、卡片账簿以及必要的备查账簿连同账簿使用登记表装订成册，加上封面，注明企业名称、所属日期、共计页数和记账人员姓名等，并且加盖公章，与订本账簿一起归档保管。

各种会计报表编制完毕后应当专门留存一份归入会计档案，由留存部门按月报、季报、年报归类。一卷内有多份报表的情况，要填写在卷内目录和案卷备考上。会计报表归档后，如果上级主管部门在批复时有更动，应将此批复连同更动后的资料一起归入档案。

重要的会计检查报告和分析报告也应归入会计档案。由财会部门保管的重要文件、资料，如合同、协议、决议等，也应单独装订成册，编定页码，立卷归档。

三、会计档案的归档和保管

每年的会计凭证、账簿、报表都应由财会部门按照归档的要求，负责整理立卷，装订成册，编制会计档案保管清册。

当年的会计档案，在会计年度终了后，可暂由本单位财务会计部门保管一年，期满之后，应当由财务会计部门编制移交清册，移交本单位档案部门保管。财务会计部门必须将应归档的会计档案全部移交档案部门，不得自行封包保存。档案部门必须按期点收。档案部门接收的会计档案，原则上要保持原卷册的封装，个别需要拆封重新整理的，应由财会部门和经办人员共同拆封整理，以明确责任。

采用电子计算机进行会计核算的单位，应当保存打印出的纸质会计档案。具备采用磁带、光盘等磁性介质保存会计档案条件的，由国务院主管部门统一规定，并报财政部、国家档案局备案。

四、会计档案的调阅和复制

各单位应积极利用会计档案为其经济管理服务，并建立调阅制度，设置借阅登记簿，详细登记调阅日期、调阅人、调阅理由、归还日期等，本单位人员调阅会计档案，需经财会部门和档案部门负责人同意。外单位人员调阅会计档案，应持有正式介绍信，并须单位负责人批准。

一般情况下，会计档案原件不得借出，如有特殊需要，须报经上级主管单位批准，但不得拆散原卷册，并应按期归还。调阅人员未经批准，不得擅自摘录有关数字，遇特殊情况需要影印复制会计档案的，必须经本单位领导批准，并在登记簿上详细记录会计档案影印复制的情况。

五、会计档案的保管期限和销毁手续

会计档案的重要程度不同，保管期限也有所不同。会计档案的保管期限分为永久保管、定期保管两类。定期保管期限分为 3 年、5 年、10 年、15 年、25 年五种。企业会计档案的具体保管期限如表 14-1 所示。

表 14-1　　　　　　　　　　企业会计档案保管期限

序号	档案名称	保管期限	备注
一	会计凭证类		
1	原始凭证	15 年	
2	记账凭证	15 年	
3	汇总凭证	15 年	
二	会计账簿类		
4	总账	15 年	包括日记总账

续表

序号	档案名称	保管期限	备注
5	明细账	15年	
6	日记账	15年	现金和银行存款日记账保管25年
7	固定资产卡片		固定资产报废清理后保管5年
8	辅助账簿	15年	
三	财务报告类		包括各级主管部门汇总财务报告
9	月、季度财务报告	3年	包括文字分析
10	年度财务报告（决算）	永久	包括文字分析
四	其他类		
11	会计移交清册	15年	
12	会计档案保管清册	永久	
13	会计档案销毁清册	永久	
14	银行存款余额调节表	5年	
15	银行对账单	5年	

除了永久性保存的会计资料外，其他资料在保管期满后需要销毁时，必须严格按照《会计档案管理办法》规定的销毁程序申报和办理销毁手续。

在销毁会计档案时，应由本单位档案管理部门提出销毁意见，会同财会部门共同鉴定，严格审查并编造"会计档案销毁清册"上报审批。在报经批准后，由档案部门和财务会计部门共同派员监销。

国家机关在销毁会计档案时，应当由同级财政部门、审计部门派员参加监销。各级财政部门在销毁会计档案时，应当由同级审计机关派员参加监销。

在销毁会计档案前，监销人员应当按照会计档案销毁清册所列示的内容清点核对所要销毁的会计档案。在销毁后，监销人员在销毁清册上签名盖章，并将监销情况报告本单位负责人。

☞本章小结

会计工作组织是处理会计机构的设置、会计人员的配备、会计法规制度的制定与执行、会计档案的管理等会计事务工作的一种管理活动。

会计机构是由专职会计人员组成并负责组织领导和从事会计工作的职能部门。科学地设置会计机构，是保证会计工作顺利进行的重要条件。

全国的主管会计机构以及单位内部会计机构都必须按照有关规定合理设置。

会计工作有集中核算、分散核算两种组织形式。集中核算是指将单位会计工作主要集中在公司、厂级会计部门进行的一种组织形式。分散核算是指将与企业内部各部门、车间业务相关的明细分类核算，分散在各部门、车间进行核算的一种组织形式。

会计人员的技术职务有会计员、助理会计师、会计师、高级会计师四种。

我国会计法规体系包括会计法、会计行政法规、会计准则、地方性会计法规、单位内部会计制度等。

会计档案是指会计凭证、会计账簿和会计报表等会计核算专业资料，它是记录和反映经济业务的重要史料和证据。我国《会计档案管理办法》统一规定了会计档案的立卷、归档、保管、调动和销毁等具体办法。

☞思考题

1. 什么是会计工作组织？会计工作组织的意义是什么？
2. 会计工作组织应该符合哪些要求？
3. 什么是会计机构？主管会计机构以及单位内部会计机构是怎样设立的？主管会计机构以及单位内部会计机构的职能是什么？
4. 企业会计工作的组织形式有哪两种？什么是集中核算、分散核算？
5. 企业一般设置哪些会计岗位？各会计岗位的职责是什么？
6. 代理记账机构的设立条件是什么？代理记账机构可以经办哪些业务？
7. 会计人员主要有哪些职责？有哪些权限？
8. 什么是会计人员职业道德？会计人员应具备几个方面的职业道德？
9. 会计人员的从业资格是什么？怎样取得会计人员从业资格证书？
10. 会计人员的专业技术职务有哪几种？
11. 会计师、总会计师、注册会计师有什么联系和区别？
12. 什么是会计法规与制度？我国的会计法规制度可以分为哪三个层次？
13. 说明我国《会计法》的颁布时间和大致内容。
14. 基本会计准则的内容是什么？我国有哪些具体会计准则？
15. 什么是单位内部会计制度？
16. 什么是会计档案？了解会计档案包括的内容、归档保管、调阅复制、保管期限、期满销毁的有关规定。